SV

Michael Rutschky
Das Merkbuch

Eine Vatergeschichte

Suhrkamp Verlag

Erste Auflage 2012
© Suhrkamp Verlag Berlin 2012
Alle Rechte vorbehalten, insbesondere das der Übersetzung,
des öffentlichen Vortrags sowie der Übertragung
durch Rundfunk und Fernsehen, auch einzelner Teile.
Kein Teil des Werkes darf in irgendeiner Form
(durch Fotografie, Mikrofilm oder andere Verfahren)
ohne schriftliche Genehmigung des Verlages reproduziert
oder unter Verwendung elektronischer Systeme verarbeitet,
vervielfältigt oder verbreitet werden.
Satz und Druck: Memminger MedienCentrum AG
Printed in Germany
ISBN 978-3-518-42265-6

Das Merkbuch

Der Schreibsekretär stammt aus dem Biedermeier. Ein schönes Trumm, dunkel gemasertes Holz, auf Glanz poliert, steht er da. Wenn man die Schreibplatte heraus- und herunterklappt, zeigt sich eine Art Innenarchitektur. Gleichförmige Schubladen rahmen ein offenes Gefach (das wohl für das Schreibzeug reserviert war, Gänsekiele, Federmesser, Tinte, Streusand).
Eine Art Innenhof. Die Bodenplatte schaut vollkommen nichtssagend aus. Dass sie den geheimen Keller kaschiert, der sich über die ganze Breite des Schreibsekretärs erstreckt, muss man wissen: Sehen kann man es nicht.
Es gilt, links die unterste Schublade der Innenarchitektur gänzlich herauszuziehen. Dann kann man einen Stöpsel ertasten, der proper eingepasst ist, damit er die Schublade nicht behindert und also unbemerkbar bleibt. Wenn man ihn entfernt, kann man die Bodenplatte des Innenhofs herausziehen und das Kellergewölbe öffnen.
Es war nicht leer. Es enthielt, sorgfältig geschichtet, eine Sammlung kleiner Bücher ungefähr gleichen Formats. Die Farbe ist vor allem schwarz, es findet sich aber auch Dunkelgrün und Dunkelblau, sogar Rot. Aber vor allem Schwarz.

1951

Was ist das? Ein Monument? Eine Gedenktafel? Ein Grabstein? Ein Grabstein für den unbekannten Zeugen seiner Zeit. Der ohne jede Absicht, die Zeit zu bezeugen, sein Leben dahinbrachte, der anonyme Mann der Menge, die einsam durch die großen Städte treibt …

Im Jahre 1951 feiert er seinen 58. Geburtstag. Er lebt in einer kleinen Stadt des westlichen Mitteldeutschlands, die er von Berufs wegen immer wieder verlässt, Reisen nach Kassel und Stuttgart, München und Frankfurt und Bremen, nein, er ist kein Handelsvertreter in Arzneimitteln oder Haushaltswaren oder Versicherungen. Er ist verheiratet, sie haben einen Sohn; 1951 wird die Ehefrau 43, der Sohn acht Jahre alt …

1893, also im Wilhelminismus, geboren, ließ sich Vater selbstverständlich von der Überzeugung leiten, dass seine Ehefrau viele Jahre jünger sein müsse, damit er sich auch im fortgeschrittenen Alter noch fortpflanzen, eine Familie gründen könne; der sichere Aufbau einer bürgerlichen Existenz kostet Lebenszeit. So war er, als der Sohn schließlich geboren wurde, 50 Jahre alt …

1951 schreiben wir noch Nachkriegszeit in Deutschland. Doch es beginnen im Januar die Unterhandlungen der Bundesregierung mit den Hohen Kommissaren Frankreichs, Großbritanniens und der USA, wie sich die Bundesrepublik an einem Militärbündnis des Westens beteiligen könne. Im April schließt man in Paris den Vertrag über die Montanunion ab, die Europäische Gemeinschaft für Kohle und Stahl, die die traditionelle Rivalität zwischen Deutschland und Frankreich abbauen hilft.

Das Monument, die Gedenktafel, der Grabstein für das Jahr 1951 ist ein Taschen- oder Notizkalender – Merkbuch nennt ihn im Inneren die Titelseite – , in schwarzes Kunstleder gebunden, mit

Goldschnitt, einem Stempelaufdruck hinten zufolge erworben bei C. F. Autenrieth Stuttgart.

Das Verso der Titelseite bietet ein Formular, mittels dessen der Besitzer des Merkbuchs sich vorstellt: Mein Name und meine Wohnung. Wenn mir ein Unfall zustößt, so bitte ich um Mitteilung an. Fernsprecher. Lebensversicherung. Feuerversicherung. Unfallversicherung. Kleidergröße. Strümpfe, Schuhe, Handschuhe, Kragenweite, Hutweite – wobei dasselbe in einer zweiten Spalte ebenso »für ›Sie‹«, wie das Merkbuch schreibt, einzutragen ist.

Bei dem handtellergroßen Merkbuch für das Jahr 1951 handelt es sich also eindeutig um ein männliches Utensil. Dass es an Vater adressiert ist, kommt in dem Augenblick heraus, da es Mutter einführt, unspektakulär, anhand ihrer Kleider- und Schuhgröße, als Anhang zu derjenigen Vaters. Warum taucht Mutter überhaupt auf? Diese Seite des Merkbuchs dient doch der Identifizierung Vaters – warum soll sie mittels dieser Angaben Mutter identifizieren?

Vermutlich eine Geste der Höflichkeit. So wie es bei offiziellen Veranstaltungen ein Damenprogramm gibt, so muss Mutter hier irgendwo Erwähnung finden.

Dass Vater Gelegenheiten sucht, hier vorn im Merkbuch sich der Hut- oder Kragenweite von Mutter zu vergewissern, ist auszuschließen – Vater hat gar keine Zahlen eingetragen. Zu lesen ist hingegen die Nummer seiner Krankenversicherung (statt der Lebensversicherung), 1422; sowie die Nummer seines Passes 0 – 118 793 (statt der Feuerversicherung): Über diese Daten meinte er also jederzeit verfügen zu müssen.

Oder er trägt diese Daten ein, weil er über Krankenversicherung und Pass verfügt (statt über Lebens- oder Feuerversicherung) – er trägt sie ein, um überhaupt etwas einzutragen außer seinem Namen und seiner Adresse. So nimmt man am Anfang des Jahres den neuen Taschenkalender in Besitz.

Das Merkbuch, in narbiges Kunstleder gebunden, evoziert sorgfältig gegerbtes und gefärbtes Echtleder – als müssten die Angestellten, die diese Büchlein in den Innentaschen ihrer Sakkos verwahren, sie gegen Wasser- und Hitzeschäden feien, nun ja; als führe man damit über die Weltmeere und müsse sie bei Sturm und Wellenschlag jederzeit zücken können, ebenso bei Expeditionen durch Wüsten oder Urwälder ...
Als wäre dies Merkbuch eine wertvolle Urkunde, die ihren Träger unbedingt überdauern sollte – was in diesem Fall sogar stimmt –, und dabei ist doch gerade der Angestellte, wie er die umfangreichste, aber nicht die herrschende Klasse stellt, die so leicht und folgenlos austauschbare Charaktermaske. Einer wie der andere.
Vater riss gern drastische Witze über sich und sein Angestelltendasein. Seine Tatarenritte über die eurasische Steppe, hätte er gefeixt, habe das Merkbuch unter dem Sattel nur dank dem Kunstledereinband heil überstanden ...

Das Jahr 1951 beginnt mit Urlaub. Urlaub verzeichnet das Merkbuch am 2. Januar (der erste ist als Neujahr ja Feiertag) und am 3. Januar und am 4. Januar und so weiter bis zum 6. Januar, dem Samstag, der damals ein Arbeitstag gewesen wäre; Urlaub war der 8. Januar und der 9. und so weiter bis zum Samstag, dem 13. Januar. Der Urlaub dauerte bis zum Mittwoch, dem 17. Januar.

Mit keinem Wort verzeichnet das Merkbuch, was Vater während dieser 14 Urlaubstage trieb und erlebte, welche Mahlzeiten Mutter zubereitete – ärmliche Gerichte, die aber 1951 schon langsam an Reichhaltigkeit und Sophistication zunahmen: Reichte Mutter zu den gekochten Makkaroni früher eine rote Sauce, die bloß aus Tomatenmark, Zwiebeln, Wasser, Salz und einer Prise Zucker bestand, so war die Sauce jetzt womöglich mit Sahne verfeinert, enthielt Hackfleisch, und darüber war Reibekäse gestreut. An Neujahr hatte es vielleicht das sprichwörtliche Schnitzel mit Mischgemüse und Salzkartoffeln gegeben, ein beliebtes Festessen der Zeit. – Kein Wort in Vaters Merkbuch über die Spaziergänge mit Mutter und Sohn in der Landschaft, in den Wäldern um die kleine Stadt herum, vielleicht lag Schnee und zauberte eine richtige Winteridylle hervor. Und dann die empörten Reden, die Vater am Mittagstisch und bei den Spaziergängen über die anstehende Wiederbewaffnung Deutschlands hielt, Reden, denen der achtjährige Sohn ebenso aufmerksam wie verständnislos lauschte.

Es handelt sich um kein Diarium, worin Vater aufzeichnete, wie der Lauf der Begebenheiten, wie sein Leben Tag für Tag sich gestaltete, um es an seinen Sohn zu überliefern, dieses Leben – dann müsste einfach mehr drinstehen in dem Merkbuch. Auch für periodische Selbstbetrachtung, das Memorieren der eigenen Erlebnisse, bietet der vierzehnfache Eintrag Urlaub gar keinen Stoff.
Es muss sich um so etwas wie einen persönlichen Tätigkeits- oder Geschäftsbericht handeln, was Vater in seinem Merkbuch verfasst. Oder um Vorarbeiten für einen solchen Tätigkeits- und Geschäftsbericht, sollte er ihm irgendwann abverlangt werden: 14 der ihm zustehenden Urlaubstage jedenfalls hätte er 1951 direkt nach Neujahr verbracht, nachweislich.

Vater war von Beruf Wirtschaftsprüfer, Revisor. Er kannte sich also von Beruf wegen aus mit Tätigkeits- und Geschäftsberichten, mit Abrechnungen und Bilanzen, mit Buchhaltung.
Sie liefert ihm gleichsam das Vokabular für seine eigenen Aufzeichnungen. Von dort gewinnen sie ihre eigene poetische Qualität, Urlaub Urlaub Urlaub Urlaub …

Spinnfaser, Kassel, heißt es am 18. Januar. Darunter steht Mittag und etwas Unleserliches. Am Freitag heißt es do, was dito bedeuten soll, also an diesem Tag ebenfalls Arbeit bei der Spinnfaser, darunter Vorschuss DM 300 und wiederum Mittag.

1951 produzierte die Spinnfaser in Kassel-Bettenhausen schon wieder 100 Tonnen Zellwolle am Tag, dasselbe Quantum wie vor dem Krieg. Das Werk beschäftigte mehr als 2300 Arbeitskräfte, für die 1951 ein eigener Werksarzt eingestellt wurde. 1951 fügte die Spinnfaser den werkseigenen Erholungsstätten in Bad Hersfeld und in Oberstoppel/Rhön eine in Niederwerbe am Edersee hinzu.

Es stank gefährlich in Bettenhausen, es stank durchdringend ekelhaft, und man dachte sofort: Wer hier arbeitet, wird sofort krank. Wenn Mutter und Sohn nach Kassel zu Besuch kamen und der Wind entsprechend stand, redeten sie stets voller Bedauern von Vater, dass er in dieser Wolke die Bücher der Spinnfaser prüfen müsse, tagelang.

Es waren die Abgase von Schwefelwasserstoff und Schwefelkohlenstoff, die bei der Produktion von Zellwolle frei werden. Vier Jahre später legte sich die Spinnfaser eine Gasreinigungsanlage zu, die den Gestank in Bettenhausen, der bisweilen die ganze Stadt Kassel belästigte, verminderte und den Schwefelkohlenstoff in großen Mengen zu recyceln erlaubte.

Die Erfolgsgeschichte der Bundesrepublik kündigt sich an. Rasch wurde bei der Industrieproduktion wieder das Vorkriegsniveau erreicht; der Betrieb umsorgt seine Belegschaft medizinisch (Werksarzt), mit Erholungsangeboten (eigene Ferienheime), technisch die Arbeitsbedingungen verbessernd (Maßnahmen gegen den Gestank).

Es drängt sich die Erinnerung auf, dass Schwefel der Gestank der Hölle ist. Es drängt sich als Allegorese auf: 1951 sind wir der Hölle erst sechs Jahre entronnen, aber ihr Gestank dringt weiterhin durch, kräftig, süß, ekelhaft. Wozu brauchte man sie denn, die Unmassen Zellwolle, in der Vorkriegs- und Kriegszeit? Zum Auspolstern der Hölle, damit man draußen die Schreie nicht hört. Jetzt, in der Nachkriegszeit, herrscht Stille und Frieden, aber der Gestank der Hölle bleibt und beherrscht Bettenhausen, die Stadt Kassel, Deutschland. »Etwas, das keine Farbe hat«, wie ein Dichter schrieb, »etwas Zähes, trieft aus den Verstärkerämtern ...«.[1]

1935 begann die Ansiedlung der Spinnfaser in Bettenhausen, Lilienthalstraße. Das Verwaltungsgebäude sowie die Produktionshallen einer ehemaligen Munitionsfabrik fanden neue Verwendung; dann aber der Neubau von Rohrleitungen zur Wasserversorgung, der Neubau von Filteranlagen und einem Filterhaus, eines Wasserturms, eines Flusspumpwerks an der Fulda, der Neubau eines großen Klärbeckens für die Abwässer, eines zweiten Kesselhauses sowie zweier 100 Meter hoher Schornsteine. Schließlich Wohnhäuser für die Belegschaft, schon 123 Werkswohnungen, tönt es, im Jahr 1939 – und das alles im Krieg durch die ausgiebigen Bombardements von Kassel tüchtig demoliert.

Es ist nachzutragen, dass 1951 in diesem Haushalt zusammen mit Vater, Mutter und Kind Oma lebte, eine krumme alte Frau von 72 Jahren. 1949 musste sie Berlin verlassen, weil sie allein in ihrer Wohnung nicht mehr zurechtkam. Und es fehlte ihr an Geld; Opa war selbstständig gewesen, selbstständiger Fotograf, und hatte es zu keiner ordentlichen Rente gebracht, von der nach seinem Tod die Ehefrau hätte fortexistieren können.
Oma war Mutters Mutter. Sie litt an einem angeborenen Hüftschaden, der sie schon als Kind hinken machte und im Lauf der Jahre ihren Körper verbog. Dass sie als junge Frau außerordentlich hübsch war, erkannte man nur noch auf alten Fotografien.
Oma hörte, sogar als sie von seinem Geld und in seinem Haushalt lebte, Vater als Ehemann ihrer Tochter abzulehnen nicht auf, unmöglich zu klären, warum. Immer wieder lärmten heftige Streitigkeiten durch das dicht besiedelte Haus und beschäftigten die Nachbarn.
Das charakterisierte die Nachkriegszeit, dass an den Kleinfamilien – Vater, Mutter, Kinder – Verwandte hingen, Onkel, Tanten, Schwiegereltern, die der Krieg um ihre Ehepartner, um Wohnung und Einkünfte gebracht hatte.

Das kennen wir jetzt: der persönliche Geschäftsbericht, Spinnfaser, Kassel, Mittag; dito, Vorschuss DM 300, Mittag, Abend; dito

(auch am Sonnabend bei der Spinnfaser, Kassel). Dann in der Abteilung Notizen, die jede zweite Seite des Merkbuchs unten abschließt, eine Reihe von Rechnungen.
Es handelt sich um die zweite Abteilung dieser Rechnungen; die erste steht in dem Feld für Mittwoch, 31. Januar, und beide Male geht es wohl um den Vorschuss von DM 300, dessen Verwendung Vater hier im Einzelnen dokumentiert. Kein Vorschuss aufs Gehalt des Angestellten, vielmehr auf die Spesen, die eine ambulante Berufsarbeit erfordert, Tagegeld, Übernachtungsgeld, Fahrgeld, sauber aufgelistet, addiert und subtrahiert und abgerechnet.

Damals war es zur Fünftagewoche, wie das dann hieß, noch weit, damals arbeitete man sechs Tage die Woche.
Wie Gott!, hätte Vater gefeixt. Während in allen anderen Hinsichten seine Gottähnlichkeit viel zu wünschen übrig ließ. Gott schuf den Angestellten und starb ...
Der Sohn behielt sein Leben lang in Erinnerung, wie Vater den Knaben, der über seinen künftigen Beruf fantasierte, ermahnte: Werd niemals Angestellter.
Kleiner Angestellter, weisungsgebunden. Chef wäre Vater gern gewesen; lange lief in seinem Arbeitsleben alles darauf hinaus, dass er mal einer der Chefs sein würde. Die Karriere führte, wie es sich gehört, nach oben. Aber als er Vater wurde, war es damit schon lange vorbei; Vater zu werden, sagten Freunde und Angehörige, endlich, mit 50 – nein, dass das Ersatz war, kann man unmöglich sagen. Aber die Karriere von Vater befand sich im Stillstand; dass sie irgendwann wieder in Fahrt kommen könnte, hielt er für ausgeschlossen.
Schreiben!, möchte man tagträumen, Schreiben bietet das ideale Versteck für die Gottähnlichkeit. Aus der Innentasche des Sakkos das Merkbuch fischen und an dem Schreibtisch, der ihm zugewiesen ward bei der Spinnfaser für die Überprüfung der Bilanzen, Spinnfaser, Kassel, aufschreiben, als wäre es das Tagebuch von Thomas Mann.

»Andauernde Klarheit. – Neue Nuclear tests mit bengalischem Licht, leichtem Erdbeben und gelegentlichem ›sunburn‹ eines Farmers. Unfug. Unfug. – Basler schrieb von den fürchterlichen Lavinen-Verschüttungen in den Schweizer Alpentälern. – Erschüttertes System. Für heute angenommene Photographen abgesagt. – – Gearbeitet am Kapitel. – Gegangen allein mit dem Pudel bei sehr schönem Wetter. – Den ganzen Tag sehr unwohl, gequält und reizbar.«[2]

Inmitten des Schwefelgestanks der Hölle, inmitten des Büros ausrechnen, wie Tagegeld, Übernachtungsgeld, Fahrgeld den Vorschuss auf die Spesen aufessen, mittels deren die Firma, die ihn anstellt, ihre Gottähnlichkeit beweist. Den ganzen Tag sehr unwohl, gequält und reizbar.
Aber was bedeutet das wiederkehrende Mittag, Abend? Weitere Ausgaben vermutlich, die sich auf den Spesenvorschuss auswirken, Mahlzeiten, die Vater in der Kantine der Spinnfaser einnimmt. Oder in einem Restaurant nahebei, Mittagspause, Feierabend, man muss doch was essen, und solche Appartements, wie sie heute eine Firma zu Sonderkonditionen anmietet, damit der ambulante Angestellte seine Mahlzeiten selber zubereiten kann – danach Rotwein und Fernsehen – , davon waren wir noch weiter entfernt als von der Fünftagewoche …
Schuld, schreibt Vater am Ende unter seine Spesenabrechnung, 409.30 Schuld. Das lastet auf ihm, das macht ihm Beine, das treibt ihn voran, Schuld.

Vielleicht zankten sie wegen Geld, wegen seines Einkommens, das seit Jahren stagniere, das so niedrig bleibe, Vater und seine Schwiegermutter, die krumme alte Frau mit der ausgeleierten Hüfte. Immer wieder hatten sie es durchgesprochen in den Dreißigern, seine Schwiegereltern, hitzig, empört, giftig, dass ihre Tochter einen Mann heirate, der einen halben Kopf kleiner und 15 Jahre älter sei als sie, außerdem korpulent. Immerhin, sagten sie sich, er hat schöne Aussichten in seiner Firma, aus ihm wird

5. Woche 32—34   1951 FEBRUAR

Grünspan,   Donnerstag 1
kamel

mittag

do   Freitag 2

           Vorschuß DM 300,-
mittag
abend.

do   Sonnabend/Samstag 3

                   Notizen
2.)
3 I 30,-   248,30
2 II 16,-   + 161,-
Futter 4,-   409,30 Schuld
Abzg. 1,70
     51,70
Vorsch. 300,-

mal was Größeres, diesem Würfel auf Beinen, eine richtige Karriere. Er kann ihr was bieten.
Vielleicht verfolgte Schwiegermutter schon ihren eigenen Ehemann wegen seines geringen Einkommens mit Vorwürfen – dabei war sie so hübsch als junge Frau, wie er immer wieder proklamierte und mit den Fotos demonstrierte. Und jetzt verfolgte sie den Schwiegersohn, der 1951 58 Jahre alt wird und immer noch so wenig verdient, dass er weder seiner Frau noch ihrer Mutter noch seinem Sohn ein gutes Leben bieten kann. Keine Spur der substanziellen Karriere, die sie mit dem kleinen dicken Mann, dem Würfel auf Beinen, 15 Jahre älter als ihre Tochter, versöhnt hätte. Und jetzt, 1951, Nachkriegszeit, war sie selbst direkt abhängig von seinem Einkommen.
Die Spesen aber bildeten in Vaters Einkommen so etwas wie eine dynamische Größe. Auf die Spesen, die an verschiedenen Orten in verschiedener Höhe verbraucht wurden, konnte Vater Hoffnungen richten, wie bescheiden auch immer.

Er arbeitete dann in Stuttgart, prüfte die Bücher einer Firma namens Steg, wie das Merkbuch erzählt. Der Auftrag trägt die Nummer F 1225 c, wie am Mittwoch, 7. Februar, Aschermittwoch, vermerkt ist. Näheres unter der Telefonnummer 74755 – heute in Stuttgart natürlich stumm. Die Adresse ist Marienstraße 41, was so genau Vater in seinem Merkbuch selten vermerkt. In der Regel ist der Arbeitsplatz des Angestellten ortlos, eine Superstruktur.
Am 9. Februar ist wieder ein Vorschuss von DM 300 notiert; am 10. Februar, dass Frau Winkler DM 50 erhielt. Sie ist in der Adressenabteilung des Merkbuchs hinten als Klara Winkler verzeichnet, wohnhaft in der Berglenstraße 14, Stuttgart. Vermutlich betrieb sie dort eine Fremdenpension, und die DM 50 sind ein Vorschuss auf die Übernachtungskosten. Die Berglenstraße liegt praktisch in Gaisburg, weit entfernt von der Marienstraße im Zentrum (wo die Steg residierte und Vater tagsüber arbeitete), es kamen also noch Stuttgarter Fahrtkosten hinzu.

Steg, genauer StEG, deren Stuttgarter Bücher Vater im Februar und März prüfte, hieß mit vollem Namen Staatliche Erfassungsgesellschaft für öffentliches Gut – bis in die achtziger Jahre hinein konnte man in so genannten Steg Shops für wenig Geld amerikanische Soldatenklamotten und ebensolche von der Bundeswehr kaufen.
Die Geschichte ist kompliziert und schwierig zu erzählen. 1946 wurde die Steg als Gesellschaft zur Erfassung von Rüstungsgut gegründet. Sie sollte die Erbschaft des Krieges verwerten, Abertonnen Heeresmaterial, Abertonnen Aluminium-Schrott, zu dem die Flugzeuge der Luftwaffe zerlegt worden waren; die Weiterverwertung von Flugzeugmotoren und Nachrichtengeräten, die Entschärfung und Aufarbeitung von Abertonnen Munition.
Ursprünglich übereignete die amerikanische Militärregierung das Zeug den Länderregierungen der amerikanischen Zone. Dann aber brachte sie ihren eigenen Militärramsch ein, weitere Abertonnen Material. Hinzu kamen so genannte Überflussgüter im Wert von 62 Millionen Dollar, normale Bekleidungsstücke, aber auch Spezialitäten wie Segeltuchgamaschen; außerdem Seesäcke, Schuhfett, Entroster, Metallputz; Kisten- und Büchsenöffner, Spiegel, Zahnbürstenbehälter, Seifendosen – ein unüberschaubares Sammelsurium.
Vater konnte viel berichten von zweifelhaften Geschäften bei der Steg; hübsche Gelegenheiten für seinen Sarkasmus. Vor allem erzählte er aus den frühen Jahren, der Zeit des Schwarzmarktes, als wertloser Ramsch zu hohen Preisen verschoben wurde. Vater wusste die Legenden zu kolportieren, zu denen sich dieser Handel inzwischen verdichtet hatte; falsche, zu niedrige Angaben über die Gütermengen; die 300 Tonnen Brechstangen, die sich als Schrott erwiesen und gleich in die Staaten zurückgingen. Der berühmte Lagerverwalter aus Lauf an der Pegnitz, der einen großen Posten Baumwollgarn für DM 2,50 das Kilo verkaufte, obwohl es DM 20 wert war.

Segeltuchgamaschen, Schuhfette, Brechstangen – so befand sich Vater bei der Steg inmitten der ungeheuren Warensammlung, als die der Krieg übrigblieb, grober Schrott, feiner Ramsch, verborgene Kostbarkeiten, der künftige Reichtum Westdeutschlands. Und mit den Parkas und den Blue Jeans, die man dort so billig kaufen konnte, staffierten die Steg Shops dann die revolutionären Studenten der Sechziger aus. Jeans, Parkas, die Hosen und Mäntel, die keine Modeartikel waren, vielmehr unmittelbar der Natur zu entstammen schienen. Bei der Steg in Stuttgart, Marienstraße 41, stand der Schreibtisch von Vater keinesfalls in der Hölle, vielmehr im Mittelpunkt der Weltgeschichte, der vergangenen wie der künftigen, Nachkrieg, Jugendrevolte.

Nichts steht in Vaters Merkbuch über Sinn und Zweck der Steg, über ihr Büro in Stuttgart, die Vorgeschichte, die Legenden von Schwarzmarkt und Leichtsinn, in denen sich die Geschichte dieser deutsch-amerikanischen Ramschverwertung von Militärgütern bis 1951 verdichtet hatte.

Sonnenaufgang um 6 Uhr 57, Sonnenuntergang um 17 Uhr 51, das Merkbuch notiert das kosmische Geschehen. Mondaufgang um 22 Uhr 28, Monduntergang um 7 Uhr 56. Vater war in Korntal. Der Adressenteil hinten im Merkbuch führt Erich Wertz auf, Korntal, Friedrichstr. 48, am Telefon zu erreichen unter 80 301. Und weil wir uns gerade hier bei den Adressen befinden: Vater besaß – neben der Steg – eine eigene Verbindung in die USA. Herbert Koy, 2325 East/126th Street, Willowbrook, USA. Von dort kamen in den Nachkriegsjahren viele Fresspakete, denen Extrageschenke für den Sohn beigefügt waren, Comics, Blue Jeans, damals ganz unbekannt, ja, ohne Namen, von Mutter und Sohn fassungslos bestaunt.
Keine Berechnung des Fahrgelds von Stuttgart nach Korntal in dem Merkbuch. Vater war natürlich ohne Auto, womöglich holte ihn Erich Wertz mit dem seinen in der Berglenstraße ab,

oder er fuhr Vater, der mit Bus und Bahn nach Korntal angereist war, mit seinem Auto hinterher zurück zu Klara Winkler.
Vater verbrachte Sonntag, den 25. Februar 1951, bei seinen Freunden, der Familie Wertz, in Korntal bei Stuttgart und zeichnete das in seinem Merkbuch auf. Eine echte Aufzeichnung, die über das Genre des persönlichen Geschäftsberichts, an das sich das Merkbuch durchgehend hält, hinausgeht. Der Ortsname Korntal öffnet einen anderen Raum, als Steg/Stuttgart oder Spinnfaser/Kassel ihn umschreiben.
Während Kassel oder Stuttgart, später München und Bremen sämtlich von Vaters Vorgesetzten gegengelesen werden könnten – er kann ihnen das Merkbuch als Beleg für seine Aufenthalte und Tätigkeiten vorweisen –, müssten sie Korntal ignorieren. Korntal geht sie nichts an, es fällt auf den Sonntag, und womit Vater sich in seiner Freizeit beschäftigt, bleibt für sie ohne Belang. Korntal schreibt Vater einzig für Vater auf – ein einziges Wort, hat die experimentelle Poesie in der Nachfolge Mallarmés demonstriert, vermag sich auf der leeren Seite zum Gedicht zu entwickeln, wenn wir das Merkbuch mal als Literatur würdigen wollen. Vater schreibt, indem er Korntal schreibt, im emphatischen Sinn. »Daß ihm der Text nicht die einzige Flamme ist«, schwärmt ein Dichter über das Schreiben, »in der alles übrige

verlangende Gesträuch auflodernd verginge, wird ihm oft genug zur strengen Qual. Er will Text sein und weiter nichts. Er schämt sich jeder anderweitigen Sehnsucht.»[3] Das ist, auf Korntal angewandt, natürlich maßlos übertrieben; Vaters Sarkasmus könnte sich austoben.

Bleiben wir bei Aufzeichnung, wenn es um die Bestimmung des Genres geht, irgendein Schrieb ohne Spezifizierung. Das Unspezifische macht den Reiz der Aufzeichnung aus, das einfache Registrieren, Korntal, außerhalb des Registrierens, mit welchem Vater Tag für Tag sich befasst. Warum wird etwas aufgeschrieben und nicht nichts, gegen diesen Nihilismus setzt Vater sein Korntal, indem er es schreibt. Niemand erwartet das von ihm; er selbst erwartet es nicht von sich selbst (so wie er, als Stellvertreter seiner Vorgesetzten, die täglichen Geschäftseintragungen von sich erwartet). Er schreibt diesseits aller Erwartung: Korntal.

Aber wo schreibt Vater Korntal? In Korntal selbst? Holt er das Merkbuch am Kaffeetisch der Familie Wertz aus der Innentasche seines Sakkos, den Füller aus diesem Täschchen daneben, und schreibt Korntal in die Rubrik für Sonntag, den 25. Februar 1951? Nein, er wartet mit dem Schreiben, bis er wieder allein ist, in dem Pensionszimmer von Klara Winkler, Berglenstraße, Gaisburg. Man muss allein sein, um das Wort zu schreiben, das schon ein Gedicht ist. Aber womöglich schreibt Vater Korntal erst am Montag, dem 26. Februar 1951, in das Merkbuch, in dem Büro der Steg Stuttgart, Marienstraße, um für diesen kurzen Augenblick des Schreibens mitten im Büro die Einsamkeit zu erzeugen, die es für das Schreiben braucht.

Die Einsamkeit. Abends in seinem Pensionszimmer nach dem Besuch bei den Wertzens in Korntal, aber ebenso an jedem Feierabend hätte Vater seine Frau anrufen können, um zu besprechen, wie es geht und steht mit ihr und dem Sohn, wie es für ihn war bei den Wertzens. Das Wetter. Die Politik. Die Angehörigen. Aber sie hatten noch kein Telefon, damals, im Hause.

Und man kann davon ausgehen, dass in den Pensionszimmern der Klara Winkler kein Telefon auf dem Nachttisch den Gästen zur

Verfügung stand. So weit war es noch nicht mit der Infrastruktur der Bundesrepublik.

Postkarten schrieb Vater regelmäßig aus seinen Arbeitsorten an Mutter (und Sohn), fotografische Ansichtskarten, und manchmal Briefe.

»Dankeschön für das Formular. Ich komme also am Sonnabend und hoffe schon den Zug zu erreichen, der um 17.25 Uhr in Sp. eintrifft. Anderenfalls komme ich um 18.25 Uhr an. Ich bitte Dich, meine anderen braunen Schuhe zu besorgen, falls noch nicht geschehen. Über die Wohnung freue ich mich sehr. Dir und Michael recht herzliche Grüße.«

»Vielen Dank für den Brief. Heute Nachmittag bin ich hierher gefahren. L. ist eine sehr hübsche Stadt, die sich lohnt. Mit unserer Wohnung ist's ja scheußlich, den ganzen Winter noch in dem Haus am Wald, das ist wirklich schlimm. Meinen Brief hoffe ich in Deinen Händen. Herzliche Grüße Dir und Michael.«

Wenn Vaters Aufenthalte an diesen Arbeitsorten sich ausdehnten, schrieb Mutter zurück, Briefe und Postkarten. So konnte man damals bloß durch Schreiben eine Ehe fortsetzen. Da würde ein Paar heute kommunikativ gewissermaßen verhungern, verdursten.

Das ist nicht die Schrift von Vater, auf dieser Seite hinter dem Kalendarium, in der Abteilung Notizen, deren Blätter seitlich perforiert sind, damit man sie anstandslos herausreißen kann, ohne das Büchlein zu beschädigen: Cardiagol-Coffein in dieser kindlichen Schrift, darüber verzeichnet Vater in seiner Standardschrift Willy Diebel, DM 29.40, und darunter 31 024 sowie etwas Unleserliches.

Was immer uns das sagen könnte – der Sohn war es, der Cardiagol-Coffein schrieb, das Kind von acht Jahren, in die Abteilung Notizen des Merkbuchs von Vater.

Es scheint sich um ein Herzmittel zu handeln. Das war die Zeit, als Herzprobleme begannen, die leitenden Angestellten zu belästigen, der Herzinfarkt hieß Managerkrankheit und war ein Distinktionsmerkmal. Aber Vater war ja kein leitender Angestellter. Doch erwischte es auch ihn.

Schreiben!, könnte der Dichter schwärmen. Es geht schon hier, bei dem achtjährigen Kind, um das Schreiben. In Vaters Merkbuch, Abteilung Notizen, den Namen eines Medikaments eintragen, das für Vater zu besorgen ist – das Vaters Arzt empfiehlt –, das ein Kollege von Vater gegen diese seine neuesten Beschwerden empfiehlt, wie Vater, endlich mal wieder zu Hause, am Abendbrottisch erzählt. Den Namen des Medikaments in Vaters Merkbuch zu malen schenkt dem achtjährigen Sohn das frühe Gefühl, was das Schreiben ist. So malte er mit Gusto Cardiagol-Coffein, ein Zauberwort, dessen Kraft ausschließlich aus dem Schreiben entsteht.

Denn Sinn konnte er mit dem Namen nicht verbinden.

Für Sonntag, den 18. März, darf Vater noch einmal Korntal schreiben. Ab dem 2. April prüft er wieder die Bücher der Spinnfaser in Kassel-Bettenhausen; am 3. April erhält er DM 300 Vorschuss auf seine Spesen; regelmäßig verzehrt er Mittag- und Abendbrot in der Kantine, was Kosten ergibt, die extra abgeführt werden müssen. Für Donnerstag, den 3. Mai, schreibt Vater in sein Merkbuch, gearbeitet, aber nicht angerechnet. Es handelt

sich um einen Feiertag, Christi Himmelfahrt, geschenkte Überstunden.
So erweist der kleine Angestellte seine Loyalität gegenüber dem Betrieb – was ihm der Betrieb dann irgendwann doch anrechnet, als Diensteifer, freiwilliges Engagement für die betrieblichen Belange.

Für den April und die Spinnfaser sind außerdem Kürzel zu verzeichnen, die sich nicht auflösen lassen, DMEB, an sechs Tagen in Folge. Vielleicht hängt das Kürzel mit der Auftragsnummer zusammen, die am 25. April auftaucht, F 1342.
Am 15. Mai kann Vater neben Mittag- und Abendbrot (in der Spinnfaser-Kantine) verzeichnen, Abschluss 31. III. 1950.
Wenn wir das Spiel fortsetzen, dies sei Literatur: Der französische Nouveau roman der fünfziger und sechziger Jahre, könnte ein Literaturprofessor extemporieren, beutet solche Differenzen zwischen Erzählzeit und erzählter Zeit fruchtbar aus. Dass sie auseinanderklaffen, erzeugt einen Riss, der sich ständig vergrößert. Am 15. Mai 1951 verzeichnet unser Erzähler, dass er in der Erzählung, die zu verfassen seinen Beruf ausmacht, die Bilanz der Firma Spinnfaser zu überprüfen, bis zum 31. März 1950 vorgedrungen ist – also nicht bis zum 15. Mai 1951, in die akute Erzählzeit hinein. Der Romancier könnte daraus, dass die erzählte Zeit für die Erzählzeit grundsätzlich unerreichbar bleibt, die permanente Verzweiflung des kleinen Angestellten ableiten, der es in der Gegenwart nie zur Realpräsenz bringt …
Aber nichts spricht dafür, dass die Firma, für die Vater in Kassel unterwegs ist, eine solche Identität von Erzählzeit und erzählter Zeit herbeizuführen fordert; dass Vater am 15. Mai 1951 die Bilanzen der Spinnfaser bis zum 15. Mai 1951 überprüft haben sollte. Keine Spur eines solchen Drängens.

Für den 12. Mai ist nachzutragen, dass Mutter Geburtstag feierte, sie wird 43. Was Vater so wenig in seinem Merkbuch verzeichnet wie den Geburtstag des Sohnes am 25. Mai.

Das lohnt kein Aufschreiben, Vater hat die Daten im Kopf. Sie können in seinem persönlichen Tätigkeitsbericht fehlen. Sie gehören in die Familiengeschichte, die sich von selbst versteht.
Es gab diesen Sommer viel Schmerz in der Familie. Mutter und Sohn, auf dem Fahrrad unterwegs in der lieblichen Landschaft des Mittelgebirges, erlitten einen Unfall: Als das Rad von Mutter, auf dessen Gepäckträger der Sohn hockte, einen Abhang hinunterrollte, geriet der Sohn mit der Ferse des linken Fußes in das Hinterrad – vielleicht ging ihm die Abfahrt zu schnell, und hinter dem breiten Rücken von Mutter sah er nicht, wohin sie rollten, weshalb er instinktiv zu bremsen versuchte.
Ein rätselhaft aufquellender Schmerz im Fuß, wo es Achilles ebenso wie Ödipus ereilte, bemerkt die Psychoanalyse, dann ein Wehlaut, der Jokaste, der Thetis ins Herz trifft ...
Eine tüchtige Risswunde, die im Kreiskrankenhaus unter örtlicher Betäubung genäht werden musste, was den Jungen für diesen Sommer in seiner Bewegungsfreiheit erheblich einschränkte. Zuerst das Bett hüten; dann auf einem Bein hüpfen; dann Humpeln an einem der Stöcke, die Jungs immer und überall zur Hand haben.
Und hier begann das Unglück dieses Sommers erst richtig. Als er wieder korrekt laufen konnte, der Sohn, begleitete er Mutter auf einem Spaziergang in die Wälder, von denen die kleine Stadt umgeben ist. Regelmäßig unternahmen sie solche Spaziergänge, innig Gott und die Welt besprechend, wie sie das seit langem hielten – die Angehörigen sahen diese Intimität oft mit Sorge. Einen Abhang hinaufsteigend, knickte Mutter in dem weichen Waldboden um – grässlich sah es aus, das gebrochene Fußgelenk, wie es dem Sohn vor Augen stand. Voller Schrecken rannte er nach Hause, zu Häberles, die schon ein Telefon besaßen; sie riefen den Krankenwagen, der Mutter ins Krankenhaus der Kreisstadt fuhr, das kurz zuvor den kaputten Fuß des Sohnes repariert hatte.
Ein Kind, das im Todesschrecken durch den lichtgrünen Sommerwald stürzt, helle Angst heißt das Gefühl, der Knabe in heller

Angst. Mutters verdrehter Fuß. Sah aus, als könne er nie wieder heilen. Die helle Haut des Mutterfleisches gegen den dunkelbraunen Waldboden, wie ausgeschnitten.

Großmutter übernahm den Haushalt, brachte den Knaben ins Bett, saß neben ihm beim Frühstück, schmierte die Pausenbrote. Servierte ihm nach der Schule das Mittagessen, beaufsichtigte die Schularbeiten, schickte ihn raus zum Spielen, die krumme alte Frau mit dem süß-staubigen Geruch.
An den Wochenenden, wenn Vater nach Hause kam, tobten wieder die Kräche zwischen Großmutter und ihrem Schwiegersohn, denen der Enkel fassungslos, verständnislos folgte. Mutter fiel ja aus als dritte, schlichtende Kraft. Der Sohn litt schwer unter ihrer Abwesenheit.
Darüber entbrannte ein Zank, dessen Inhalt endlich mal überliefert ist: ob der Sohn für die Dauer von Mutters Krankenhausaufenthalt in die Kreisstadt übersiedle und dort die Schule besuche? Als Gast der befreundeten Familie Koelle, die früher mal Nachbarn waren in der kleinen Stadt, in dem Haus am Wald, aber endlich eine größere Wohnung in der größeren Kreisstadt gefunden hatten, wo Otto Koelle ohnehin als Chemiker arbeitete. Sie kamen ganz woanders her, Flüchtlinge, und würden später ganz woanders hingehen. Sie hatten in der neuen Wohnung genug Platz, um den Sohn als Logiergast aufzunehmen, sie freuten sich richtig darauf.
Die Überlieferung verschweigt, wo genau die Konfliktlinien verliefen: ob Vater den temporären Umzug des Sohnes befürwortete, Oma aber strikt dagegen war (weil sie als Hausmutter damit entthront wäre)? Ob Oma dem Enkel die täglichen Besuche an Mutters Krankenbett, die in der Kreisstadt möglich wären, von Herzen gönnte, während Vater undurchsichtige finanzielle Belastungen aufgrund der Übersiedlung befürchtete? Vielleicht wusste der Sohn selbst nicht, was er wünschte, und verwirrte dadurch Vater und Oma, die blind zankten, um so wenigstens irgendeinen Standpunkt zu gewinnen. Der Knabe fürchtete sich vor der frem-

den Schule, den unbekannten Mitschülern, der anderen Stadt. Als besonders schrecklich malte er sich aus, wie ihn jeden Morgen beim Eintritt in die neue Klasse Gisela und Dorothee, die Töchter Koelle, flankieren und alle Jungs johlen.

Keine Spur, wie gesagt, hinterließen diese Ereignisse in Vaters Merkbuch. Sonntag, der 3. Juni, beispielsweise, ist leer. Am Montag fährt Vater morgens um 6.12 Uhr zu Hause ab und trifft um 11.30 Uhr in Frankfurt am Main ein, wo er gleich die Arbeit bei einer Firma namens VESt beginnt. Die Rubrik Notizen unterhalb des 9. Juni führt Zahlen auf, 34 457, 8, 9. Dabei könnte es sich um die Kennziffern von Akten handeln. Außerdem H 2849, vermutlich die Nummer des Auftrags, wie sie Vater die ihn beschäftigende Firma vorgab.

VEST respektive VESt heißt also die Firma, deren Bücher Vater in Frankfurt prüft, und wir könnten das Kürzel übersetzen mit Vereinigte Stahlwerke.
So lautete der Name eines berühmten Konzerns, den 1926 die Thyssen-Gruppe durch Fusion mit der Phönix-Gruppe, den Rheinischen Stahlwerken, dem Bochumer Verein u. a. bildete.
So berührt Vater, der kleine Angestellte, womöglich ein Vierteljahrhundert später das mächtigste Großkapital durch die Prüfung seiner Bücher.
Die Vereinigten Stahlwerke gründeten bis 1930 drei Großunternehmen mit den imposanten Namen Mitteldeutsche Stahlwerke, DEMAG, Deutsche Edelstahlwerke, und sie entwickelten sich in den Dreißigern zum größten europäischen Stahlkonzern, zum zweitgrößten Stahlkonzern der Welt. In der Weltwirtschaftskrise hatte der deutsche Staat zahlreiche Anteile der Vereinigten Stahlwerke gekauft, um das Unternehmen zu retten, wobei Friedrich Flick einen stark überhöhten Preis für seine Anteile erzielte, was einen der Skandale auslöste, die das Ansehen der Weimarer Republik anhaltend schädigten.
Vater pflegte zu Hause solche Geschichten ausführlich und mit

JUNI 1951   23. Woche 154—157

3 Sonntag

SA 3.45 SU 20.11   MA 2.26 MU 19.43

4 Montag ●   VEST, Frankfurt
                 abf. Ffo. 6.12
                 ank. Fo. 11.30
                 Tahung (12.00)

5 Dienstag   VEst, Frankfurt

6 Mittwoch   VEst, Frankfurt

heißer Wut zu erzählen. Sie waren ihm aus den Zwanzigern in Erinnerung, und jetzt standen sie ja immer mal wieder in der Zeitung. Das ikonische Pressefoto, das Friedrich Flick 1947 bei den Nürnberger Prozessen auf der Anklagebank zeigt, betrachtete er mit unverhohlener Schadenfreude.

Vor den Reichstagswahlen 1932 sollen die Vereinigten Stahlwerke der NSDAP eine halbe Million Reichsmark gespendet haben. Der Konzern nahm intensiv teil an der Aufrüstung des Dritten Reiches – dann aber doch nicht in dem gewünschten Umfang und zu den gewünschten Konditionen, weshalb in Salzgitter die Reichswerke Hermann Göring gegründet wurden.

Die Luftangriffe der Alliierten zerstörten die Produktionsanlagen der Vereinigten Stahlwerke tiefgreifend. Nach 1945 wurden Restkapazitäten demontiert, der Konzern in viele Einzelteile zerschlagen, wobei diese Einzelteile, wie Vater am Abendbrottisch sarkastisch erzählte, sich bald zu neuen Konzernen zusammenfanden, die an Macht und Größe die alten bei weitem übertrafen.

An diesen grandiosen Bewegungen des Großkapitals nahm Vater nur als kleiner Angestellter einer Wirtschaftsprüfungsfirma teil; um persönlich von diesen Umgestaltungen weiter gehend zu profitieren durch einen neuen Job, durch eine andere Karriere, dafür war er, wie alle wussten, wie Vater immer wieder sagte, einfach zu alt.

Anhand der Bücher, einzig anhand der Bücher nimmt Vater teil an den Grundwellen des Großkapitals in den ersten Jahren der Bundesrepublik.

Sie zog sich bis Ende Juli hin, die Prüfung der Bücher bei der VESt, den Vereinigten Stahlwerken.

Die es gar nicht mehr gab, wie man leicht nachlesen kann, und deren offizielles Kürzel VESTAG lautete.

Bald schrieb Vater nicht mehr VESt, sondern EVSt.

Was womöglich Ehemalige Vereinigte Stahlwerke bedeutet. Wo sie, die längst aufgelöst waren, damals in Frankfurt am Main residierten, konnten wir nicht ermitteln.

Also schon wieder Poesie. Wir treiben Vater über die Bücher in eine Konfrontation mit dem verbrecherischen deutschen Großkapital hinein, die so gar nicht stattgefunden hat. Da war kein Großkapital, wo Vater VESt oder EVSt in sein Merkbuch schrieb.

Im August arbeitete er dann wieder bei der Spinnfaser in Kassel, Schwefelgestank der Hölle, und bei der Steg, Stuttgart, weshalb er am 26. August erneut Korntal schreiben darf. Vom 12. bis zum 22. September erstrecken sich dann die Sommerurlaubstage. Danach wieder Spinnfaser.

Am 21. September erreicht das Unglück dieses Sommers eine neue Stufe. Mutters Mutter, mit der Vater sich so oft so gründlich zankte, starb.

Nicht daheim, unter den Augen des Sohnes, der den Schrecken, der ihn ereilte, kaum gefasst hätte. Vielmehr in dem Kreiskrankenhaus, wo ihre Tochter seit Wochen den gebrochenen Fuß auskurierte.
Damals versprach die Medizin sich Heilwirkungen davon, dass man die Patienten auf länger im Krankenhausbett fixierte und sie gewissermaßen kasernierte – das war irgendwie noch das übergreifende Modell, die Kaserne. Auch Krankheiten geht man am effektivsten militärisch, jedenfalls durch autoritäre Kontrollmaßnahmen an.
Die Großmutter erlitt einen zweiten Schlaganfall, dem Sohn kam nichts davon vor Augen, Oma war plötzlich weg. Aber Vater war ja da, Urlaub, und redete in Andeutungen. Der erste Schlaganfall hatte sich dem Sohn als dieses Bild eingeprägt: Die alte Frau lag unter einer hellen Decke still auf dem Sofa, und Mutter erklärte: Sie muss sich ausruhen. Mutter erzählte später immer wieder, wie sie dann in dem Kreiskrankenhaus die letzte Nacht am Bett ihrer Mutter verbringen durfte. Sie sah ihr also beim Sterben zu – was den Sohn brennend interessierte: wie es ausschaut, das Sterben. Aber er schämte sich seiner Neugier und erzählte erst

38. Woche 263—265   **1951 SEPTEMBER**

Urlaub   Donnerstag **20**

Urlaub   Freitag **21**

Urlaub   Sonnabend/Samstag **22**

Notizen

Jahrzehnte später mal davon, bei einem anderen Begräbniskaffee. – Außerdem quälte den Knaben, dass er, weil Oma am Sonntag begraben würde, deshalb die Kindervorstellung versäumte: Es gab Walt Disneys Schneewittchen. Wie er es Oma verübelte, dass ihre Beerdigung ihn vom Kinobesuch abhielt, dafür schämte er sich schon gar, wie er gleichfalls Jahrzehnte später erzählte. Gelächter. Immerhin weinte der Knabe am Grab heftig, und das beruhigte ihn: So schlecht von Charakter war er also gar nicht.

Versteht sich, dass in Vaters Merkbuch jeder Hinweis auf Krankheit, Tod und Begräbnis der Schwiegermutter fehlt. Das waren keine Daten, die der persönliche Geschäftsbericht anzuführen hätte.
Das dauert erfahrungsgemäß lange, bis das Schreiben die persönliche Erfahrung berühren darf, das ist das Schwerste. Schon gar, wenn es um Liebe und Tod geht, um den Tod geliebter oder innig gehasster Personen.

»Einige Stunden darauf konnte Françoise, ohne ihr damit Schmerzen zu bereiten, ein letztes Mal das schöne Haar meiner Großmutter kämmen, das eben erst ergraute und bislang weniger alt gewirkt hatte als sie selbst«, schwärmte ein Dichter. »Jetzt dagegen war es das einzige, was dies junggewordene Gesicht mit der Krone des Alters versah, dies Gesicht, aus dem alle Runzeln, alle Verkrampfungen, alle Verwischtheit der Züge, Spannung, Erschlaffung, die seit so vielen Jahren das körperliche Leiden darauf abgelagert hatte, weggeblasen waren. Wie in der fernen Zeit, da ihre Eltern für sie einen Gatten ausgesucht, war ihr Antlitz von Reinheit und Ergebenheit überhaucht, ihre Wangen glühten von keuscher Hoffnung, einem Traum vom Glück, ja unschuldsvoller Fröhlichkeit, die die Jahre nach und nach darauf verwüstet hatten. Das Leben ging und nahm die Enttäuschungen des Daseins gleichfalls mit sich fort. Ein Lächeln schien auf den Lippen meiner Großmutter zu liegen. Auf dies letzte Lager hatte der Tod sie wie ein Bildhauer des Mittelalters mit den Zügen des jungen Mädchens hingestreckt, das sie einst gewesen war.«[4]

Das sei doch schon wieder der reine Kitsch, hätte Vater heimlich gefeixt. Erstens habe er den Drachen gar nicht auf dem Totenbett gesehen. Zweitens sei der Drache im Tod gewiss nicht schöner geworden, keine Rückkehr zur Fotografie der hübschen jungen Frau – alles, was recht ist!
Man weiß, dass Marcel Proust die Liebesgeschichte mit seiner Großmutter über die mit seiner Mutter kopiert hat, um Letztere zu kaschieren. Erst als Mutter gestorben war, vermochte er ungehemmt an seinem Buch zu schreiben, als wäre das ein verbotenes Triebgeschehen.
Will uns die Psychoanalyse sagen, es habe eine subkutane Liebesgeschichte zwischen Vater und Großmutter gegeben, ungelebt, unausgesprochen, abgedrängt, voller Eifersucht, Missgunst und Neid? Ein Roman, zu dem alle Spuren fehlen?

Nach denen der Spinnfaser in Kassel prüfte Vater die Bücher der Firma Kühne + Nagel in Bremen. Oktober. Die großen Bücher des Kapitals – dagegen dies kleine Buch, das Vater im Innern seines Sakkos zu verwahren pflegt, in Kassel, in Stuttgart, in Bremen.
Kühne + Nagel heißt ein Speditionsunternehmen von internationaler Reichweite, das unterdessen seinen Firmensitz in einem Schweizer Ort namens Feusisberg hat, Kanton Schwyz. Gegründet wurde die Firma Kühne + Nagel 1890 von August Kühne und Friedrich Nagel als Seehafenspedition; sie operierte vor allem in deutschen Häfen. Ab 1950 begann die Firma zu expandieren – also zu dem Zeitpunkt, da Vater ihre Bücher prüfte – zunächst nach Kanada.
Wiederum also nahm der kleine Angestellte am Rand an großen Bewegungen des sich zu diesem Zeitpunkt neu formierenden deutschen Kapitals teil.
Er arbeitete gern bei Kühne + Nagel, er erzählte gern davon.

Ihm imponierte der Expansionsdrang des Unternehmens, der sich in guter Bürolaune niederschlug. Man nahm teil an einem Aufbruch.
Betriebsklima nannte das die Soziologie der Zeit. Gutes Betriebsklima herrschte bei Kühne + Nagel.

»Die Übernahme meteorologischer Termini wie Atmosphäre und Klima bezeichnet recht gut die Verlegenheit, in der Soziologen und Psychologen sich befinden, wenn sie die in einer Institution oder Gruppe herrschende Grundstimmung zu fassen versuchen«, könnte ein Soziologe aus der Fachliteratur zitieren. »Zur besseren Verständigung über das zu fassende Phänomen appelliert man gern an die Alltagserfahrung. ›Die ungreifbare «Atmosphäre» einer Fabrik schlägt einem oft schon entgegen, wenn man noch kaum das Tor durchschritten hat: man verspürt sogleich einen Hauch von Freiheit, ungezwungener Freundlichkeit und Hilfsbereitschaft. In manchen anderen Fabriken dagegen – um den drastischen Ausdruck eines bekannten Unternehmers zu wiederholen – «stinkt es nach Furcht»‹, bemerkt Brown. ›Selbst der ungeübte Beobachter empfindet z. B. den starken Gegensatz, der zwischen der physischen, sozialen und kulturellen Atmosphäre eines Bergwerkes und derjenigen eines Krankenhauses, eines Büros oder einer Schule herrscht‹, erklären Miller und Form.«[5]

Das war Vater so wichtig wie allen Angestellten, dass er die ganze Zeit in einem Büro arbeitete und nicht in einem Bergwerk oder einer anderen Produktionsstätte, wo man sich die Hände schmutzig macht. Das bedeutete a priori eine andere Stimmung, ein anderes Betriebsklima.
Kühne + Nagel, Seehafenspedition, nahmen Vater für sich ein, weil die Firma mit dem Meer befasst war. Als junger Mann wollte Vater zur See fahren – jetzt, mit 58, könnte er Kapitän auf großer Fahrt sein –, aber seine Mutter hielt ihn fest, ließ ihn nicht aufs Wasser, Wasser hat keine Balken. Er war das einzige Kind; sie hatte ihn allein, unehelich aufgezogen. In den Zwanzigern, als jun-

ger Angestellter auf dem Weg nach oben, schaffte sich Vater ein Segelboot an, eine Jolle, H 95, auf der er die Seen Brandenburgs und Mecklenburgs befuhr. Gemeinsam mit der jungen Frau, die dann Mutter wurde.

In der Pelzerstraße 38 prüfte Vater die Bücher von Kühne + Nagel; telefonisch erreichte man sie unter 21 621 oder 21 727; der Auftrag trug die Nummer H 2986 – versteht sich, dass heutzutage unter den Telefonnummern niemand zu erreichen ist. – Im Adressenteil des Merkbuchs findet sich ein/e H. Homann, Erfurterstraße 1, Bremen, worunter wir uns die Pension, die Vater während der Prüfung bei Kühne + Nagel beherbergte, vorstellen wollen. Die Erfurter Straße liegt im Stadtteil Findorff, weit entfernt von der Altstadt, in der sich die Pelzerstraße findet: Wie in Stuttgart musste Vater die öffentlichen Verkehrsmittel benutzen, um von seiner Herberge zum Arbeitsplatz und zurück zu gelangen. Dass er sich an manchen Abenden diesen Weg als langen Spaziergang gönnte, um zu entspannen, um abzuschalten, ist unwahrscheinlich.
Herrn Eckert soll Vater ansprechen, die Bücher von Kühne + Nagel betreffend, am sechsten Tag der Prüfung. Selten erscheinen solche Namen in Vaters Merkbuch.
Entschlossen, mit Druck schrieb Vater Herrn Eckert auf. Ein anderes Schreiben als an den anderen Tagen, als an diesem Tag bei Kühne + Nagel, Bremen. In der ersten Woche, beginnt man sich die Geschichte auszudenken, ergaben sich unüberwindliche Mühen beim Lesen der Bücher von Kühne + Nagel; verderbter Text. Herrn Eckert will Vater um Lesehilfen angehen – so dringend sein Wunsch, dass er den Mann gleich im Akkusativ aufschreibt.
Gewiss kein kleiner Angestellter, vielmehr ein Mann mit Überblick, der verworrene Verhältnisse in den Zahlen aufklären kann. Dazu verpflichteten ihn die Verabredungen, die Kühne + Nagel mit der Firma, die Vater zu den Prüfungen entsendet, getroffen hat. Mit Herrn Eckert trifft Vater einen Mann, der in der be-

trieblichen Hierarchie weit höher rangiert als er in der seinen; der gleichwohl Vater auf dem Laufenden halten soll und Vater gegenüber keineswegs weisungsbefugt ist. Wie der Rechtsprofessor, den der Kriminalkommissar als Zeugen, womöglich als Tatverdächtigen, befragt; kein hierarchisches Verhältnis.
Das liebte Vater zu erzählen, dass immer wieder mal eines der größeren Tiere ihm Auskunft geben musste, womöglich untertänig. Zwar stand ihm immer vor Augen, wie ihm selber die Karriere misslungen war, wie sein Arbeitsleben ihn nicht auf einem Chefsessel hatte platzieren können – aber solche Szenen entschädigten ihn. Ein wenig. So gewann der Sohn nie den Eindruck, Vater beschreibe sich bei einer niedrigen Tätigkeit, wenn es um seine Arbeit ging: die Bücher prüfen.

Was das genau bedeutete, wie Vater dabei verfuhr – der Sohn konnte es sich nie richtig vorstellen.

Den ganzen November und Dezember des Jahres 1951 beschäftigte sich Vater mit Kühne + Nagel in Bremen, wie die Eintragungen im Merkbuch ausweisen. Dazu immer wieder Vorschüsse auf die Spesen, DM 300, DM 200, sodann die Abrechnungen, Vorschuss – Ausgaben – Schuld. Am 3. November erhielt H. Homann DM 30 Vorschuss (in Bleistift geschrieben) auf die Pensionskosten; am Sonntag notiert Vater wieder mal Mittag – wie sonst nur bei der Spinnfaser in Kassel –: Mittagbrot sowie 1 x Kaffee.
Vom 20. bis zum 24. November schreibt Vater krank, krank, krank, krank, krank in sein Merkbuch; Kühne + Nagel als Arbeitsplatz streicht er durch, ebenso Kühne am Donnerstag (was er normalerweise mit u. Nagel ausgeschrieben hätte); aber genau verzeichnet er den Vorschuss von 200 am Freitag. Er liegt in seinem Bett bei H. Homann in der Erfurter Straße 1 und grübelt, hustend, niesend, mit Fieber, über sein Leben, seine Ehe, seine Karriere, seinen Sohn.
Am Montag, dem 26. November 1951, ist er zurück im Büro. Das ist sein Geburtstag – er erreicht 58 Jahre –, was zu melden das Merkbuch wieder vermeidet.

Gab es aus diesem Anlass im Büro oder bei Homann Telefonanrufe von Mutter? Reichte sie den Hörer an den Sohn weiter, damit er gratuliere? Vermutlich gab es eine Postkarte, einen Brief oder ein Päckchen – regelmäßig schrieben sich Vater und Mutter ja Briefe und Postkarten in Ermangelung des Telefons.
Wie Vater krank schreibt, das ähnelt Herrn Eckert. Er schreibt es größer und mit mehr Schwung als Kühne + Nagel oder Vorschuss DM 200. Als ob die Krankentage mehr Freiheit gewährten.
Krankheit erlaubt dem kleinen Angestellten, mit gutem Grund der Arbeit fernzubleiben. Das schafft ein wenig Souveränität. Mit umso stärkerem Selbstgefühl kehrt der kleine Angestellte,

47. Woche 326—328   **1951 NOVEMBER**

Donnerstag **22**

kichen
Krank

Freitag **23**

Krank
Krankschein bei A.H. —

Sonnabend/Samstag **24**

Krank

Notizen

ist die Krankheit überstanden, an seinen Arbeitsplatz zurück. Schon gar, wenn es an seinem Geburtstag geschieht, den er also nicht freinimmt.
Damals schrieben die Sitten und Gebräuche der Angestellten noch keine exzessiven Geburtstagsfeiern im Büro vor, Prosecco, Lachs, Mousse au chocolat.
Vielleicht lud Vater ein paar Kollegen, die ihm besonders lieb waren, am Feierabend auf ein Bier in den Ratskeller, zur Feier des Geburtstags.

Die Bücher von Kühne + Nagel zu prüfen dauerte bis Weihnachten, wie das Merkbuch verzeichnet. Dazu die Angaben über Spesenvorschüsse, die Abrechnungen. Schon am 24. November verzeichnet das Merkbuch Urlaub, aber der ist durchgestrichen, mit Bleistift, und mit demselben Bleistift ist darunter geschrieben: arbeitsfrei. Dasselbe wiederholt sich an Silvester.

Im Januar 1951 lehnte der Bundeskanzler den Vorschlag des Ministerpräsidenten der DDR, einen Konstituierenden Rat zu bilden, ab und forderte freie Wahlen als Voraussetzung für die Wiedervereinigung.
Das werde Moskau, schimpft Vater, doch niemals genehmigen, freie Wahlen in der Sowjetzone! Und das wisse der Adenauer ganz genau!
Im März revidierten die Westmächte das Besatzungsstatut und gewährten der Bundesrepublik begrenzte Souveränität in wirtschafts- und außenpolitischen Belangen; der Bundeskanzler übernimmt das Amt des Außenministers.
Der glaubt, schimpft Vater, er kann einfach alles!
Im April unterzeichnen westeuropäische Außenminister den Vertrag zur Gründung der Montanunion.
Voll von unterdrücktem Stolz, kann man sich vorstellen, erzählt Vater von seiner Prüfung der Bücher bei den Vereinigten Stahlwerken, die in der Montanunion wieder die Bühne betraten, diese Verbrecher.

Im Mai nimmt der Europarat die Bundesrepublik als gleichberechtigtes Mitglied auf. Bei den Landtagswahlen in Niedersachsen gewinnt die Nachfolgepartei der NSDAP elf Prozent.
Wir sind wieder wer, schimpft Vater, und wir werden noch mehr.
Im Juni gewinnt bei der Berlinale Das doppelte Lottchen den Bundesfilmpreis.
Mutter erkundete sorgfältig die Möglichkeiten, wann sie sich gemeinsam mit dem Sohn den Film anschauen könnte; dass er selbstständig Erich Kästners Buch läse, traute sie ihm noch nicht zu. Sie selbst spitzte sich auf den neuen Roman von Thomas Mann, Der Erwählte, der in diesem Jahr erschien. Dass die SED die Oper Das Verhör des Lukullus von Paul Dessau und Bert Brecht umzuschreiben forderte, dazu schüttelte sie den Kopf, das wird doch nichts mit der Sowjetzone. Ebenso schüttelte sie den Kopf über den Skandal, den in Westdeutschland die nackte Hildegard Knef in dem Film Die Sünderin hervorrief – »Gustav Fröhlich, das war doch dieser Filmschauspieler, der Goebbels verprügeln wollte, weil er sich an seine Geliebte Lida Baarova ranmachte …«.
Außerdem unternahm im Juni der Bundeskanzler seinen ersten offiziellen Staatsbesuch, und zwar in Italien. Die Bundesrepublik wurde Mitglied der UNESCO. Die Bundesregierung verbot die Freie Deutsche Jugend, die Jugendorganisation der SED, in Westdeutschland als verfassungswidrig. Im Juli erklärte Großbritannien den Kriegszustand mit Deutschland für beendet; Frankreich schloss sich an, die USA folgten im Oktober.
Im Juli stirbt auf der Île d'Yeu – im Atlantik, vor der Westküste Frankreichs – Philippe Pétain, ehemaliger Staatschef des so genannten Vichy-Frankreich, Satellitenstaat des Dritten Reiches, im Alter von 95 Jahren. Er lebte dort in der Verbannung. 1945 war er wegen Kollaboration mit Nazideutschland zum Tode verurteilt worden, ein Richterspruch, der später in lebenslange Haft umgewandelt wurde.
Die Nachricht vom Tod des Marschall Pétain beschäftigte Vater stark. Der Held von Verdun, der Held von Verdun!, wiederholte

er immer wieder, der Vaterlandsverräter. Bis zu der Schlacht von Verdun brachte Vater es nicht; 1915 erlitt er in Flandern eine Kriegsverletzung, Granatsplittersalve durch den rechten Oberarmmuskel, die ihm alles weitere Kriegsgeschehen ersparte, zu seiner Erleichterung. Dabei war er 1914 dem Ruf seines Kaisers zu den Waffen begeistert gefolgt.

»Kaum stand ich zwischen ihnen, gab es vor der Haustür einen scharfen Knall, und im selben Augenblick spürte ich einen starken Schlag gegen den linken Unterschenkel. Mit dem uralten Kriegerruf: ›Ich hab einen weg!‹ sprang ich, meine Shagpfeife im Munde, die Kellertreppe hinab.
Es wurde rasch Licht angezündet und der Fall untersucht. Ich ließ mir, wie stets in solchen Lagen, zunächst Bericht erstatten, während ich an die Decke blickte, denn man sieht selbst nicht gern hin. In der Wickelgamasche klaffte ein gezacktes Loch, aus dem ein feiner Blutstrahl auf den Boden sprang. Auf der anderen Seite erhob sich der rundliche Wulst einer unter der Haut liegenden Schrapnellkugel.«[6]

Ernst Jünger, zwei Jahre jünger als Vater, erfüllte die Kriegsbegeisterung die ganzen vier Jahre lang und bis tief in die zwanziger Jahre hinein. Er erfand den Kampf als inneres Erlebnis, als höchstes Erlebnis, das Wahrheit und Irrtum, Schein und Sein scheidet.
Vater war kein Leser von Ernst Jüngers Kriegsbüchern, sie fehlten in Mutters Bücherschrank. Und der Rechtsnationalismus lag Vater ganz fern. Aber zu seinen Lebensgewohnheiten zählten Hassausbrüche auf Frankreich, den Erbfeind, der den Ersten Weltkrieg gewonnen hatte. So genoss er klammheimlich Hitlers Sieg 1940 und die Erniedrigung des Helden von Verdun, des Marschall Pétain, zum Oberhaupt eines deutschen Satellitenstaates auf französischem Gebiet. Und ebenso genoss es Vater, als der Held von Verdun 1945 als Vaterlandsverräter zum Tode verurteilt wurde. Ebenso genoss er übrigens die Todesurteile gegen den

Reichsmarschall Göring und seinesgleichen bei den Nürnberger Prozessen 1946, obwohl er, wenn man ihn danach fragte, die Todesstrafe grundsätzlich ablehnte.

Immer wieder muss man auf die Erwartung verzichten, dass ein Bewusstsein mit seinen Meinungen und Überzeugungen ein sinnvoll, ein widerspruchsfrei geordnetes Ganzes bildet.

Im neuen Jahr heißt das Merkbuch Notizkalender. Es gib keinen Hinweis, weshalb er außerdem TeBe heißt, welche Worte die Formel abkürzt. Er wirbt für sich selbst mit zwei Tagen Schreibfläche pro Seite. Dazu ein Lesebändchen.

TeBe bedeutet womöglich Taschen-Buch, denn dort gehört das Büchlein ja hin, in die Innentasche von Vaters Sakko. Womöglich trägt er es links, auf der Herzensseite, Vater gebraucht die rechte Hand, um es dort herauszuholen, auf den Tisch zu legen und aufzuklappen: an der Stelle, welche das Lesebändchen markiert. Dort hörte er beim letzten Mal mit Schreiben auf.
Womöglich ist das wieder Übertreibung, hinaufmoduliert in Richtung Bedeutsamkeit – aber es liegt auf der Hand: Der kleine Angestellte gönnt sich einen gewissen Luxus im Hinblick auf dies Arbeitsgerät, das sowohl persönlichen als auch offiziellen Funktionen dient.
Wer möchte, erkennt das Wirtschaftswachstum der Bundesrepublik in dem luxuriöseren Notizkalender am Werk. 1951 nahm das Bruttosozialprodukt um beinahe zehn Prozent zu, ebenso 1952.

Aber was bedeutet Ausgabe G? Existieren außerdem Ausgaben A bis F? Sogar ein H und so weiter?
Sehr viel kürzer als 1951 gestaltet sich der Steckbrief des Kalenderbesitzers auf der Rückseite des Titelblatts. Bloß Meine Adresse und Telephon: 150 ist die Nummer. 1951 gab es noch keine.

Wiederum erkennt man, wie der Lebensstandard der Bundesrepublik sich verbessert.
Von nun an konnte Vater zu Hause anrufen, ob alles in Ordnung

TEBE

NOTIZ-KALENDER

2 Tage pro Seite

für

1952

Ausgabe **G**

sei; und umgekehrt, er konnte angerufen werden. Keine Schreckenstelegramme mehr, der Sohn an der Ferse verletzt, Mutter Fuß gebrochen, Oma mit Schlaganfall im Krankenhaus, Vater tagelang bettlägerig in Bremen.
Stimmen sagten das jetzt an; statt Schrift.

Auf den äußerst knappen Steckbrief seines Besitzers – keine Versicherungsnummer, Kleidergröße etc., gar »für ›Sie‹« – lässt das Merkbuch für 1952 ein Kalendarium folgen, das alle Tage des Monats auf einer Seite aufführt und einem jeden einen Namen zuordnet. So gehört Mutters Geburtstag Pankraz, der des Sohnes fällt dies Jahr auf den Sonntag Exaudi, und an Vaters Geburtstag feiert Konrad Namenstag.
Es handelt sich augenscheinlich um einen katholischen Kalender, dunkelblaues Kunstleder (statt schwarz), roter Schnitt (statt Goldschnitt). Das mag Ausgabe G bedeuten: dass er in Süddeutschland und anderen katholischen Gegenden besser funktioniert als im protestantischen Norden, wo man keine Namenstage feiert.
Es sagt Vater nichts, dass am Sonnabend, dem 5. Januar, da er an seinem letzten Urlaubstag nach Frankfurt zum Betriebsfest seiner Firma aufbricht – Abfahrt 13.30 Uhr, Ankunft 18.30 Uhr – Männer namens Simeon ihren Namenstag feiern dürfen.

Simeon von Trier, am 1. Juni 1035 dort gestorben, lebte zuvor im Heiligen Land, dann in der Normandie, in Rouen und Verdun – Verdun!, die große Schlacht, die Vater trotz seiner kaisertreuen Kriegsbegeisterung versäumen musste.
Simeon von Trier wurde von Papst Benedikt IX. noch in seinem Sterbejahr heiliggesprochen, und die Heiligen stiften die Namenstage des katholischen Kalenders. Mit der Taufe tritt der Christ in den Schutz des Namens ein.
Unsere kleine Stadt liegt auf einem erzprotestantischen Gelände – aber jetzt, nach dem Krieg, strömten Flüchtlinge aus den katholischen Gegenden des Ostens herein, Schlesien. Sie siedelten ein wenig außerhalb, jenseits des Bahnhofs gewissermaßen, on

the other side of the tracks; die Frauen verdingten sich für Hausarbeiten; ein katholischer Priester reiste hin und wieder an und vollzog die entsprechenden Riten. Wie der heilige Simeon von Trier, der ursprünglich aus Syrakus stammte, aber in Palästina und in Frankreich die Wahrheit von Gottes Wort bezeugte – unglaubliche Entfernungen im 11. Jahrhundert. Während die Entfernungen, die Vater zwischen seinen Arbeitsorten zurücklegen muss – die Wahrheiten überprüfen, die das Kapital von sich preisgibt – gründlich schrumpfen.

Unsere kleine Stadt verzichtet auf Feindseligkeiten gegenüber den katholischen Eindringlingen. Bloß eine muffige Unlust im Umgang. Der Sohn saß in der Volksschule, wie sie damals hieß, neben einem Jungen aus Schlesien und hielt sich für seinen Freund. Der Freund erzählte Geschichten von der Diskriminierung – damals kein gebräuchliches Wort –, und der Sohn hörte sie mitleidig an, voller Stolz auf sein eigenes Mitleid.

Dass die Heimatvertriebenen, wie man damals sagte, in Westdeutschland einigermaßen zurechtkamen, das erleichterte gründlich die Fiktion, sie würden in nächster Zeit zurückkehren dank der Politik der Bundesregierung. Sie würden sich ja hier nicht festsetzen, sie waren nur zu Gast.

In Vaters Merkbuch für 1952 – dasselbe gilt für '51 – findet sich eine Deutschlandkarte (ganz hinten diesmal, noch hinter der Abteilung Notizen), die das Deutsche Reich in den Grenzen von 1937 als Normalfall präsentiert, der irgendwie immer noch gilt, insofern Hinterpommern, Ostpreußen und Schlesien bloß unter polnischer respektive russischer Verwaltung stehen (was mühsam zu lesen ist) und nicht etwa substanziell zu Polen respektive Russland gehören.

Nach dem Betriebsfest in Frankfurt/Main fuhr Vater am Sonntag um 9 Uhr mit dem Zug nach München, wo er um 17.30 Uhr ankam; er vermerkt den Fahrpreis von DM 49 in seinem Notizkalender, denn er rechnet das Fahrgeld mit den Spesen ab.

Sonntag, den 6. Januar, feiert man den Tag der heiligen drei Könige sowie Epiphanias, was das Erscheinen des Herrn mit der Anbetung durch Kaspar, Melchior und Balthasar, der Hochzeit zu Kana und der Taufe Jesu im Jordan allegorisch verdichtet. Was alles Vater und die seinen ganz gleichgültig ließ.

Von Januar bis tief in den April hinein prüft Vater die Bücher der Steg, München, dieser Gesellschaft zur Verwertung von Heeresgut, in das jetzt amerikanisches Heeresgut eingemischt ist. Wie üblich verzeichnet Vater die Vorschüsse auf die Spesen, wie üblich rechnet er sie in der Abteilung Notizen, rechts unten auf jeder zweiten Seite des Kalenders, ab.

Vaters Firma erhöht die Spesensätze. Er hat sie in der allgemeinen Abteilung Notizen – wenn das Kalendarium abgelaufen ist – plaziert. Kurzreisen von drei Tagen bringen DM 15 als Tage- und DM 12 als Übernachtungsgeld. Bei teuren Orten sind es DM 13 respektive DM 11, bei billigen Orten DM 12 respektive 10. Die

Notizen

Sprechärzte
Konsorieren - 3 Tage -
Tagegeld M. 15.-
nacht " " 12.-

bessere Ärzte
Tagegeld 13.-
nacht 11.-

billige Ärzte
Tagegeld 12.-
nacht 10.-

Worte fallen auf, billige Orte, teure Orte. Meinen Sie, Kassel zum Beispiel sei ein billiger Ort ...

München war gewiss ein teurer Ort. Vater wohnte, wie er am 16. Januar notiert, in der Pension Seifert, Isabellastraße 13, Telefon 33 804 – wiederum kein erreichbarer Anschluss heutzutage. Anscheinend verbrachte Vater die ganze Zeit an dem teuren Ort München, bis April kein Besuch zu Hause. Da wird das neue Telefon gute Dienste geleistet haben beim Austausch mit Mutter und Sohn. Dass das Gerät daheim neu war, wird die Telefongespräche so aufregend gemacht haben wie ein leibhaftiger Besuch Vaters zu Haus. Immer gab's was zu erzählen.

Am 6. Februar stirbt George VI., König von Großbritannien und Nordirland.
Was Mutter stark beschäftigte. Sie gehörten zu ihrer Inneneinrichtung, die Wochenschaubilder, wie der König und die Königin mit den beiden kleinen Mädchen auf dem Balkon des Buckingham-Palastes die Huldigung seiner Völker entgegennehmen nach dem Sieg der Alliierten über Hitlerdeutschland. Irgendwie feierte sie mit bei den begeisterten Massen. Mutter erzählte dem Sohn immer wieder, wie Goebbels im Radio zu geifern pflegte während der deutschen Bombenangriffe auf London: Natürlich sei das feige und dekadente Königspaar längst nach Kanada geflohen vor der deutschen Übermacht. Wie hingegen jeden Morgen der König und die Königin an den Trümmerplätzen erschienen, sich die Klagen der Opfer teilnahmsvoll anhörten, Trost spendeten und Hilfe versprachen. Viele Jahre später kann Mutter in den Tagebüchern Thomas Manns – eine andere Gestalt aus ihrem inneren Pantheon – nachlesen, was er am 6. Februar und am 8. Februar 1952 aufschreibt.

»Andauer des klaren Wetters. Frühstück seit langer Zeit wieder auf der Terrasse. – Schrieb am Roman. Ging bei schwer erträglicher Sonnenglut. – Erikas Zustand hoffnungsvoll gebessert. – Zum Thee der Schauspieler Kalser, verzweifelt über seine Einsperrung hier und wütend auf Amerika. – Organisation von Briefen und Schriften zum Diktat. – Tod Georg's VI. von England. Elisabeth II., von Afrika unterwegs nach London. Der engl. Thronwechsel. Vorbereitungen zur Bestattung. Alle Könige nach London. Schöne Rede Churchills. Die Queen eingetroffen. Windsor beklagt sich, daß er allein (zu Schiff) reisen muß. Natürlich ein Mr. X Renegatenzeuge im Kommunisten-Prozeß – als ›Überraschung‹. Für wen? Die Verteidiger hätten es voraussagen sollen. – – Geschrieben am Roman.«[7]

Nein, daran schrieb Vater nicht, als er am Mittwoch, dem 6. Februar, Steg, Mü. in sein Merkbuch eintrug. Das ist der Namenstag von Dorothea, wie Vaters katholischer Kalender, vermutlich in den ersten Januartagen in München erworben, ausweist. Selige Patronin des Deutschritterordens und des Ordenslandes Preußen, geboren am 6. Februar 1347 in Montau an der Weichsel. Windsor, der sich beklagt, dass er allein, ohne seine kostbare Ehefrau Wallis, zu Schiff nach Großbritannien reisen muss zur Beisetzung seines Bruders Albert, der als König Georg VI. heißt, das ist dessen Bruder David, der ehemalige König Edward VIII., der 1936 abdankte, um Wallis Simpson zu heiraten, woraufhin ihm Albert als Georg VI. nachfolgen musste, ein heißes Dauerthema der Gespräche von Mutters Freundinnen, insofern sie während der fünfziger Jahre die illustrierten Zeitschriften lasen, die fortlaufend weitererzählten von Edward und seiner Wallis und ihrem tragischen Eheglück. Mutter und Vater misstrauten dem Herzog von Windsor. Sie erinnerten sich an ein Foto, wie Hitler Edward huldvoll in seiner Residenz auf dem Obersalzberg empfängt; und es gab Gerüchte, dass das Dritte Reich ihn als König und Wallis als Königin einsetzen würde nach der Eroberung Großbritanniens durch die Wehrmacht.
Während des Krieges pflegte Vater den deutschen Dienst der BBC abzuhören, Kopf und Radioapparat unter einer Decke, die besseren Nachrichten über den Verlauf der Kämpfe, die Alliierten beim

Siegen. Das brachte einen im Dritten Reich in Lebensgefahr – wie Mutter dem Sohn erzählte –, unter der Bettdecke die deutschen Nachrichten der BBC zu empfangen.
Ganz anders als im Falle Frankreichs hegte Vater lebenslang größte Sympathien für Großbritannien, das in seiner Jugend unter dem Kaiser das perfide Albion hieß. Womöglich kam die Sympathie daher, dass sein Kaiser, für den er in den Krieg zog, ein Enkel der Königin Victoria war. Deren Urenkel war Albert, der am 6. Februar 1952 starb, weshalb seine Tochter Elisabeth Herrscherin über das Vereinigte Königreich wurde – so eine bildhübsche junge Frau!, schwärmten Mutters Freundinnen, die Illustrierten und ihre Bildberichte studierend, und jetzt Königin!
Während das Deutsche Reich, muss man festhalten, als Weimarer Republik so entsetzlich unter dem Verlust seines Kaisers Wilhelm litt, dass es sich 1933 freiwillig den irren Kaiser Hitler erkor, hing Westdeutschland seit 1952 treu der britischen Königin an.
Am 1. März gibt das Vereinigte Königreich die Nordseeinsel Helgoland, die es nach der Kapitulation 1945 okkupiert und in der Zwischenzeit als Zielgebiet für Bombenabwürfe genutzt hatte, an Deutschland, an die Bundesrepublik, zurück.
Zugvögel sanglos diese Lüfte teilen, schwärmte der Dichter, der harte Seewind gerbt dir Stirn und Wange …
Vater liebte Helgoland. Er blieb doch immer ein Mann der See, obwohl er es nicht zum Kapitän auf großer Fahrt brachte und als Segler bloß zu den Törns auf den Binnengewässern. In den sechziger Jahren wird er als Rentner Ferien auf Helgoland machen, allein, ohne Mutter, immer mal wieder eine Woche. Der Wind, die See, die Weite lindern die Depression, die ihn zunehmend ergreift.

»… mit diesem Schiffchen bin ich aber heute Morgen von der Columbus-Koje in See gestochen. In der Landschaft viel Nebel, auf See nicht, aber die Sonne wagt sich kaum heraus. Die Nordsee hat soviel Bewegung wie der Krüpelsee bei ›Damenwind‹, aber sonst ganz interessant durch den Schiffsverkehr.«

Jetzt, 1952, schimpft Vater noch ein Weilchen auf die perfiden Engländer, die den schönen roten Felsen mit ihren Bomben zertrümmerten, und freut sich, dass das Zerstörungswerk jetzt ein Ende hat und Helgoland wieder uns gehört.
Der Wiederaufbau Helgolands verlief parallel zum Wiederaufbau Westdeutschlands, Modell im verkleinerten Maßstab; und sukzessive kehrte die Bevölkerung, von den Briten 1945 komplett vertrieben, auf ihre Insel zurück. Sie setzte den Ferienbetrieb in Gang, an dem die Westdeutschen zunehmend Gefallen fanden.

Für Sonntag, den 16. März, verzeichnet Vater in seinem Kalender Ausflug nach Waldburg. Das erinnert an den Eintrag Korntal – allerdings findet sich im Adressenteil des Notizkalenders kein Name, der auf einen persönlichen Freund von Vater deutete, der in Waldburg lebte und den er, wie Erich Wertz in Korntal, hätte besuchen können.
Vater unternahm den Ausflug nach Waldburg zu seinem Vergnügen (wie den Ausflug nach L., den er auf der Postkarte an Mutter erwähnt). Womöglich taten sich zu diesem Zweck die Kollegen zusammen, Kollegen aus Vaters Team – wie man damals noch nicht sagte –, Kollegen aus der Steg, München, sodass Vater mit dem Ausflug nach Waldburg doch so etwas wie einen Geschäftsbericht in den Notizkalender eintrug, Beitrag zur Pflege des Betriebsklimas; kein Vergleich mit Korntal.
Dies Jahr schreibt Vater keinen weiteren Ausflug irgendwohin in seinen Notizkalender.

Die Angestellten unternehmen keine einfache Sauftour am Wochenende mit dem Ausflug nach Waldburg. Waldburg ist ein kulturell wertvolles Ausflugsziel.
Es war spätabends, als Vater ankam, könnte man träumen. Das Dorf lag in tiefem Schnee. Vom Schlossberg war nichts zu sehen, Nebel und Finsternis umgaben ihn, auch nicht der schwächste Lichtschein deutete das große Schloss an. Lange stand Vater auf

| SA 6.37 | **März 1952** | SU 18.31 |

Sonntag 16.

Ausflug n. Waldburg

der Holzbrücke, die von der Landstraße zum Dorf führte, und blickte in die scheinbare Leere empor.

Die Waldburg oberhalb von Waldburg, ein trigonometrischer Punkt, seit die Landvermessung im frühen 19. Jahrhundert einsetzte, ist der Stammsitz des bedeutenden Geschlechts der W., die von 1419 bis 1808 Truchsess von W. hießen; seit 1585 Erbtruchsessen, seit 1628 Reichsgrafen. Die Angestellten, die 1952 einen Ausflug nach Waldburg unternahmen, versuchten deutsche Geschichte zu atmen.

Reichserbtruchsess – Vater liebte solche Worte, die grotesk das Heilige Römische Reich Deutscher Nation vergegenwärtigen. Reichserbtruchsess des Heiligen Römischen Reiches Deutscher Nation, repetierte Vater grotesk am Abendbrottisch wegen seines Ausflugs nach Waldburg, Erbtruchsessen, und brachte Mutter und Sohn zum Lachen.

So hielten es die Angestellten von Anfang an, sie suchten an der Kultur teilzunehmen; Sehenswürdigkeiten der deutschen Geschichte betrachten. Während der Bauer oder der Arbeitsmann sich am Sonntag in Waldburg ein ordentliches Besäufnis gegönnt hätte. Hätten zu diesem Zweck gar nicht bis Waldburg reisen müssen, hätten daheim bleiben können.

Schon am 5. März begannen Rechnungen in dem Merkbuch 1952 zu erscheinen, die von den Spesenvorschüssen ganz unabhängig sind: Hess Kaffee 10, Thee 5. Wer immer Hess war: ein Kollege, den Vater zum Kaffeetrinken einlud – aber das hätte weniger Geld gekostet – oder das Geschäft, wo Vater den Kaffee erwarb? Warum schrieb er Thee wie Thomas Mann in der wilhelminischen Orthographie, die in seiner Kindheit herrschte, aber inzwischen längst reformiert war?

Es geht wieder ums Schreiben: Nie war Vater normalerweise genötigt, das Wort Tee zu schreiben. Jetzt, bei der ersten Gelegenheit, fällt er automatisch auf die kindliche Schreibweise zurück. Alle Einkaufszettel verfasste Mutter, so forderte es die Arbeitsteilung zwischen den Geschlechtern noch in den fünfziger Jahren.

Am 20. März schrieb Vater Tabak 4.80, Kaffee 5, Kakao 3. Am 21. März schon wieder Tabak 5 und Kaffee 5. Am 1. April schreibt Vater Tabak und Kaffee DM 20, am 3. April Thee + Schok 5 sowie Kaffee 11.50. Am 4. April wieder Kakao 3.

Womöglich betreiben Vater und die Kollegen einen Kleinhandel mit diesen Gütern, die damals unzweifelhaft zu den Luxuswaren zählten? So etwas wie der Schwarzmarkt nach '45, in stark verkleinertem Maßstab?
Bürogemeinschaften neigen in solchen Dingen zu harmloser Kleinkriminalität.
Freilich rauchte Vater stark, er verbrauchte viel Tabak. Vor allem rauchte er Zigaretten, aber ebenso Pfeife, was billiger war. Unmittelbar nach Kriegsende, als amerikanische Zigaretten richtig als Währung funktionierten – und sie zu rauchen unverzeihliche

Verschwendung gewesen wäre –, versuchte Vater in den Blumenkästen auf dem Balkon Tabak anzubauen. Das gelang vorzüglich. Aber die Weiterverarbeitung, bis man die getrocknete und aufbereitete Pflanze in der Pfeife hätte rauchen können, misslang vollständig. Das Zeug stank entsetzlich beim Brennen; nur auf dem Balkon durfte Vater den Knaster rauchen. Und ließ bald davon ab.

Am 12. April erreichen die Rechnungen einen Höhepunkt. Etwas Unleserliches kostet 15, ein unspezifischer Einkauf 8, Ruth erhält 30 und der Schneider 100.

Wiewohl mit niedrigem Einkommen geschlagen, ließ Vater sich immer mal wieder einen Maßanzug vom Schneider Hupfeld in Elbersdorf bauen, wie das hieß. Mag sein, dass das sogar billiger war, als einen Anzug aus der Konfektion zu kaufen – vor allem aber charakterisierte Vater seine geringe Körpergröße, die bei

einem Anzug aus der Konfektion immer wieder Änderungen an Armen und Beinen erforderte, was den Preis nach oben trieb. Außerdem war es Vater peinlich, wieder mal seine kurzen Extremitäten vom Hausschneider bei Peek & Cloppenburg oder wo abmessen zu lassen. – Doch erhielt auch Mutter hin und wieder ein maßgeschneidertes Kostüm. Oder es rangierte ein Onkel Hosen aus, die dann von Hupfeld für den Sohn umgearbeitet wurden.
Eine bemerkenswerte Mischung aus Luxuskonsum und Mangelwirtschaft. Einerseits Maßanzüge, anderseits geschenkte Hosen umarbeiten lassen, statt dem Kind neue zu kaufen.

Tabak, Kaffee, Schokolade, man kommt ins Fantasieren: Vielleicht leistete sich Vater auf seinen vielen Reisen hin und wieder einen Liebesroman? Und es geht um die Geschenke an die Damen?
In München hieß die Heldin des Liebesromans Erna Freiberger, sie wohnte in der Maximilianstraße 31, zur Untermiete bei Frau Heinz. Vater liebte das Dienstmädchenhafte, Ländlich-Ordinäre an dem Namen »Erna Freiberger«. Aus dem Tabak, den er ihr regelmäßig mitbrachte, drehte sie sich ihre Lullen selber und rauchte sie aus kostbaren Zigarettenspitzen, Elfenbein, Bernstein, Schildpatt, von denen sie eine schöne Sammlung besaß. Am Feierabend machte er sich frisch in seiner Pension Seifert, Isabellastraße – das ist Schwabing – und spazierte dann in der weichen Frühlingsluft hinunter in die Maximilianstraße, den Kopf voll süßer Bilder, ein kleiner, hübscher, dicker Mann von beinahe 60 Jahren.
Aber damals war er noch nicht dick. Das Fett kam erst langsam zurück, unmerklich, während der fünfziger Jahre, bei so vielen Westdeutschen. Man könnte den Aufstieg der Bundesrepublik in den Megatonnen Körperfett abbilden, die jedes Jahr anfielen. Wobei man nicht vergessen darf, sagt die Psychoanalyse, dass heftiges Futtern auf Depression verweist. Immer wieder brechen in der Seele Löcher auf, die durch Nahrung gestopft werden sollen.

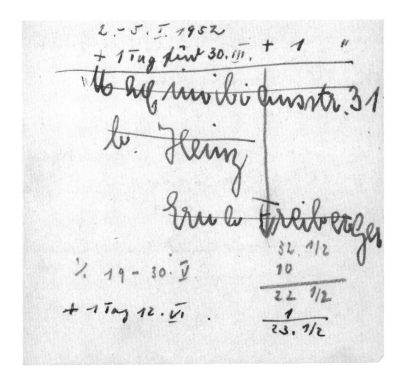

Maximilianstr. 31/b. Heinz/Erna Freiberger steht in der Abteilung Notizen des Merkbuchs hinten zu lesen, nicht in Vaters Handschrift – vgl. Cardiagol-Coffein –, und es ist dreifach durchgestrichen.
So wollte Vater den Münchner Liebesroman tilgen, ungeschehen machen, Erna Freiberger zum Verschwinden bringen – aber da hätte er besser die ganze Seite aus dem Kalender reißen sollen.

Es gab niemals irgendwelche Hinweise, die Mutter bemerkt hätte, dass Vater bei seinen Reisen in Kassel oder Stuttgart oder Bremen Liebschaften unterhielt.

Toni Keller, Schwetzingen, Karl-Theodor-Str. 14, finden wir hinten im Kalender. Amalie Faller, Frkft., Vogelsbergstr. 44 II.

R. Lossow, Bremen-Horn, am Brakenkamp 42 I; sowie E. Lympius, Berlin-Steglitz, Südendstr. 4. Aber diese R. (Lossow) und E. (Lympius) können ebenso Männer vorstellen. Anders Charlotte Kosbab, durchgestrichen: Berlin-Steglitz, Grillparzerstr. 3. Brigitte Reichelt hat Vater ohne Adresse vermerkt, aber so viel Platz gelassen, dass er sie hätte nachtragen können; wozu es nicht kam.

Toni Keller in Schwetzingen, Amalie Faller in Frankfurt am Main, Charlotte Kosbab in Berlin-Steglitz und Brigitte Reichelt im Nirgendwo – das ist doch eine hübsche Ausbeute.
Gewiss muten Frauennamen in einem Notizkalender von 1952 anders an als Männernamen. Vater schreibt am 14. April: Dr. Gelbert abgeholt, und das fixiert ein Arbeitsverhältnis. Aber dass demgegenüber – gewissermaßen symmetrisch – alle Frauennamen in dem Kalender Liebesverhältnisse fixieren, das ist doch sehr unwahrscheinlich.

Wir haben noch gar nichts zur literarischen Bedeutung dieser kleinen Rechnungen außerhalb der Spesenvorschüsse gesagt, Kaffee, Thee, Schokolade, Schneider, Ruth. Gehören sie einfach zum Genre des persönlichen Geschäftsberichts, der jederzeit den Vorgesetzten präsentiert werden könnte als Zeugnis, wie Vater seinen Pflichten als Angestellter tadellos nachkommt?
Nein, das muss den Vorgesetzten gleichgültig sein, diese Ausgaben für Kaffee, Schokolade, Ruth; so gleichgültig wie Korntal und letzten Endes der Ausflug nach Waldburg (der womöglich im Team das Betriebsklima verbesserte). Während Vater die Eintragungen wie Steg, Mü oder Spinnfaser, Kassel in seiner Imagination nach oben adressierte – ebenso, versteht sich, die Abrechnungen der Spesenvorschüsse –, scheinen diese persönlichen Rechnungen über kleinere und größere Ausgaben (Kakao 3, Schneider 100) ganz ohne Zweiten oder Dritten als Adressat. Unmöglich, an Mutter zu denken oder gar an den Sohn.
Nein, diese kleinen Rechnungen richtet Vater genau wie Korntal

oder Ausflug nach Waldburg exklusiv an sich selber. Ihm sagt es etwas, dass er Tabak und Tee kauft für diese und jene Summe …

Für Erna Freiberger, das süße Mädel in der Maximilianstraße. Tabak, Tee, Schuhe, das sind Liebesgaben. Womöglich traf Vater genau an diesen Tagen der kleinen Rechnungen das süße Mädel. Und wenn er jetzt in seinem Kalender nachliest, dann schaudert es ihn: die konvulsivische Schönheit, die den Liebenden ergreift, wenn er die Szenen der Liebe erinnert. Sie beschwören die kleinen Rechnungen, Zahlen als Erotika, das Bett bei Heinz in der Maximilianstraße, Ernas Duft, die Lust, die sein altes Fleisch erschütterte …

Nein, Vater genoss es, dass er sich allmählich wieder was leisten konnte. Das bezeugen die kleinen Rechnungen. Mutter genoss es ebenso, und dass den Sohn, den Knaben, die Gaben erfreuten, die Vater ihm von seinen Reisen mitbrachte, versteht sich von selbst. Schokolade. Lange Jahre gab's für die Kinder ja keine Süßigkeiten, keine Bollerchen, nichts zum Schnucken, wie man in unserer kleinen Stadt sagte; die Pakete aus Amerika, von Herbert und Paula Koy, kamen selten. Die Kinder mussten auf das Obst warten, wie die Jahreszeiten es lieferten, die Kirschen, die Äpfel, die Birnen, die Pflaumen. Meist gingen die Jungs gemeinsam auf Beutezug; meist verschlangen sie die Früchte viel zu früh, unreif, und handelten sich verdorbene Mägen ein, das Kotzen. Schokolade dagegen, wie Vater sie von seinen Arbeitsreisen mitbrachte, das war die reine Freude.
Tabak, Kaffee, Schokolade, genau besehen sind das Gebrauchsgüter wie Schuhe und Kleidung, keine Spur von Luxuskonsum. Doch schleicht sich dieser darüber in die Bundesrepublik ein, wie am Anfang des Kapitalismus, als die Gewürze, der Tabak, der Kaffee, die Schokolade, der Zucker, als der Wunsch nach diesen Genüssen alle Dämme brach. Ebenso lief es in der frühen Bundesrepublik. Langsam, unscheinbar, unmerklich lief er an, der Konsumismus.

Und gleich begannen die Dichter und ihre Gesellen von den elenden, den kargen, jedoch den wahren Dingen zu schwärmen, die sich Tag für Tag, Stunde um Stunde unwiederbringlich in die Vergangenheit entfernten.

»Dies ist meine Mütze, / dies ist mein Mantel, / hier mein Rasierzeug im Beutel aus Leinen. / Konservenbüchse: / Mein Teller, mein Becher, / ich hab in das Weißblech / den Namen geritzt. / Geritzt hier mit diesem / kostbaren Nagel, / den vor begehrlichen / Augen ich berge. / Im Brotbeutel sind / ein paar wollene Socken / und einiges, was ich / niemand verrate, / so dient es als Kissen / nachts meinem Kopf. / Die Pappe hier liegt / zwischen mir und der Erde. / Die Bleistiftmine / lieb ich am meisten: / Tags schreibt sie mir Verse, / die nachts ich erdacht. / Dies ist mein Notizbuch, / dies meine Zeltbahn, / dies ist mein Handtuch, / dies ist mein Zwirn.«[8]

Das war eine andere Welt als die des neuen Junkers-Quell, für den eine Anzeige in Mutters Lieblingszeitschrift warb. »Noch nie war es so bequem, heißes Wasser in jeder gewünschten Temperatur bis 65° Celsius in Sekundenschnelle zu bereiten. Der entscheidende Vorteil dieses kleinen Durchlauf-Gaswassererhitzers: Die eingestellte Temperatur bleibt stets konstant. – Gerade das, was man am Spültisch und beim Händewaschen sowie beim Brausebad so angenehm empfindet. Sparsam und immer betriebsbereit, ist Junkers-Quell auch für die ärztliche Praxis und für den Friseurbetrieb genau das Richtige!«
Die tun so, schimpfte Mutter, als gäbe es in allen Wohnungen Haushaltsgas! Dabei wäre sie schon froh, wenn sie morgens auf dem Kohleherd das Waschwasser rechtzeitig warm kriegte!

Zum 10. März ist nachzutragen, dass in der so genannten ersten Stalin-Note der Leiter der sowjetischen Politik den Westmächten vorschlägt, eine gesamtdeutsche Regierung zu bilden und mit ihr einen Friedensvertrag abzuschließen. Deutschland erhält die Grenzen, die 1945 die Potsdamer Konferenz festgelegt hat:

Ostpreußen geht zur Hälfte an die UdSSR, zur anderen, samt Hinterpommern und Schlesien, an Polen. Alle ausländischen Truppen verlassen Deutschland, das zum Zweck der nationalen Verteidigung eigene Streitkräfte aufbaut. Außenpolitisch verpflichtet sich das vereinigte Deutschland zur Neutralität; innenpolitisch garantiert es seinen Bürgern demokratische Rechte und verbietet antidemokratische Organisationen; demokratische Parteien aber sind zugelassen. – Am 25. März lehnen die Westmächte Stalins Vorschläge ab: Zuallererst müssen demokratische Wahlen in ganz Deutschland stattfinden; eine Bedingung, die der Bundeskanzler ausdrücklich billigt.
Am 9. April akzeptiert Stalin die Bedingung, jedoch sollen freie Wahlen in Gesamtdeutschland unter der Kontrolle der Alliierten und nicht unter der Kontrolle der UNO stattfinden.
Lange Jahre kam Vater, wenn es um die Wiedervereinigung Deutschlands ging, immer wieder auf diese Stalin-Note zurück, voller Empörung. Die Westmächte hätten Stalins Vorschläge akzeptieren sollen – dass Adenauer sie ablehnte, steigerte Vaters Abneigung gegen den Bundeskanzler unermesslich: Manchmal erklärte er ihn glatt zum Landesverräter bei seinen Tiraden am Abendbrottisch. Schon in den Zwanzigern habe Adenauer doch als Kölner Oberbürgermeister einen rheinischen Separatstaat befürwortet – jetzt stehe er genau diesem Wunschstaat vor – und behaupte die ganze Zeit lauthals, er erstrebe unbedingt die Wiedervereinigung des Vaterlandes in Frieden und Freiheit!
Das lernten die Westdeutschen während der fünfziger Jahre, dass das Schimpfen auf die Regierung gesund ist in jeder Hinsicht. Es trägt bei zum persönlichen Wohlbefinden, und es stabilisiert die demokratischen Verfahren. Während dich im Dritten Reich das Schimpfen auf die Regierung in Todesgefahr brachte, weil es die Einheit des Volkswillens zersetze, den der Führer mit seiner Politik verwirkliche.

Am 16. April kauft Vater Kaffee für 7 Mark und Seife für eine. Am 18. April lässt er seine Armbanduhr reparieren, was 16.50

kostet, viel Geld. Am 19. April kauft Vater zweimal Schokolade, einmal für 4, einmal für 3 Mark; außerdem Handschuhe für 15.50 sowie Rum für 7.50. Am 21. April kosten Medikamente 13.10, am 22. April die Krawatte 3.50. Am 28. April zahlt Vater für Kaffee 5, für Zigarren 4 Mark.
Im Mai, den Vater wieder über den Büchern der Spinnfaser in Kassel verbringt (der Gestank der Hölle), fehlen diese Rechnungen. Am 5. Juni, Vater ist wieder über den Büchern der Steg in Stuttgart, kosten ein Handtuch sowie Taschentücher 6 Mark. Am 7. Juni bezahlt Vater für Unterhosen sowie einen Fahrplan 4 beziehungsweise 2 Mark. Am 3. Juli – Vater arbeitet anhaltend in Stuttgart – kosten Shorts 6.50; am 11. Juli Hemden 7.50, es könnte sich um das Geld für die Wäscherei handeln, die Vater frequentieren muss, weil er die ganze Zeit nicht nach Hause kam, wo Mutter die Pflege seiner Kleidung oblag.

Unmöglich, darin keine autobiografischen Mitteilungen zu erkennen. Bloß bleibt unklar, was sie sagen wollen. Der Akt des Kaufens, Bezahlens und Aufschreibens gehört, wie gesagt, einer anderen Kategorie an als die Abrechnungen der Spesenvorschüsse. Stolz, Selbstausdruck, Souveränität.
Fünf Mark für Tabak, das bedeutet freies Atmen für mehrere Tage, freies Atmen inmitten des Höllengestanks der Spinnfaser, freies Atmen zwischen dem deutschen und amerikanischen Armeezeugs mit seinem dumpfen Geruch. Freies Atmen daheim, wo Mutter und Sohn dringlich auf ihn schauen, der hereingekommen ist aus der fernen Welt. Fünf Mark für Schokolade, das ist diese tröstliche Süße, deren sich der Mann, so sagt es die Vorschrift für Männlichkeit, entschlagen muss (bis auf wenige Stückchen hin und wieder). Die aber den Mund der Frau und des Kindes restlos erfüllen darf, so die Macht des Vaters, der die Segnung zuteilte, bekräftigend … Elf Mark für Kaffee, das ist die weite Welt, in die Vater Mutter frei gibt, indem er Kaffee nach Hause mitbringt … Kaffee, das ist das bitter-köstliche Wachwerden am Morgen, das Vater und Mutter teilen, während der Sohn ihnen eifersüchtig zuschaut, die im Bett beisammen waren …

Sie machten sich die ganze Zeit Sorgen wegen des Geldes, von dem Vater zu wenig verdiente. Sie mussten, wie man sagt, jede Mark einzeln umdrehen. Stets begleitete Vater die Furcht, jetzt stehe er vor dem Nichts. Und mit ihm Mutter und Sohn. Diese kleinen Rechnungen über Kaffee, Tabak, Schokolade galten dem Stand seiner Verdammnis – wie nah er sich schon an sie herangearbeitet habe.
Aber er gibt das Geld aus. Statt in Angststarre zu verfallen und es geizig zu hüten, kauft er ein.

Er leiht sich Geld bei seinem Vorgesetzten, Dr. Schlögl. Am 24. September leiht er sich 50 Mark bei Dr. Buchholz. Am 2. November erhält Mutter 50 Mark; die Schuhreparatur kostet 9, Kaffee kostet 10 Mark. Am 3. Dezember wirbt der Kalender für sich selbst: Beim Einkauf dieses Kalenders für 1953 verlange man ausdrücklich TeBe-Kalender Ausgabe G.

> **Mittwoch 3.**
>
> *Hommelwerke*
>
> Beim Einkauf dieses Kalenders für 1953
> verlange man ausdrücklich
> **TeBe**-*Kalender Ausgabe G*
>
> 7

Der 3. Dezember gehört dem heiligen Franz Xaver, der laut Brockhaus eigentlich Francisco de Jassu y Javier hieß, 1506 in einem Schloss zu Navarra geboren wurde und 1552 in China starb. Er gehörte zu den Anhängern des Ignatius von Loyola, beteiligte sich an den Formulierungen für die erste Ordensverfassung der Jesuiten und missionierte in Asien. Vermutlich entging es ja Vater, dass er 1952 einen katholisch korrekten Taschenkalender benutzte – hätte er es bemerkt, er wäre wieder mal in Wut geraten, wie weit er selber bereits der Adenauer-Republik verfallen sei – die ja gegen NS und Kommunismus die Rückkehr zum Christentum und zur Antike propagierte.

Nach den Büchern der Spinnfaser und denen der Steg widmete sich Vater im September und Oktober den Büchern von Stromeyer in Mannheim sowie denen der Hommelwerke, ebenda, weitere Berührungen mit dem sich neu formierenden westdeutschen Kapital.

Max Stromeyer, Mitglied einer weitverzweigten Familie, gründete 1887 sein Speditions- und Kohlegeschäft in Konstanz am Bodensee, einer Stadt, der er zuvor als Bürgermeister gedient hatte. Langsam, aber sicher erweiterte das Unternehmen seinen Wirkungskreis über Konstanz hinaus, in das größere Süddeutschland hinein, nach Österreich und in die Schweiz, eine Expansion, die 1938 dazu führte, dass der Firmensitz nach Mannheim verlegt wurde.
Bei der Arbeit für Stromeyer in Mannheim fühlte Vater sich wohl. Ansprechendes Betriebsklima; so wie bei Kühne + Nagel in Bremen. Es ging wieder um Wasser und den Transport von Gütern darauf, bei Stromeyer damals vor allem Kohle, und das erfüllte Vater mit guten Gefühlen.
Max Stromeyer, geboren 1830, gestorben 1902, Freimaurer, liberaler Politiker, geriet als katholischer Oberbürgermeister von Konstanz in Konflikte mit seiner Kirche. Insbesondere sorgte er dafür, dass gewisse Schulen und Stiftungen der Kontrolle der Kirche entzogen wurden. Er hatte die so genannte kleine Exkommunikation zu ertragen, war vom Empfang der Sakramente ausgeschlossen.
So etwas gefiel Vater, im katholischen Adenauer-Deutschland. Erinnerungen an antikatholische Unbotmäßigkeit.

Die Hommelwerke in Mannheim erzielten besondere Erfolge mit ihrem Universalwerkstättengerät, das noch heute leidenschaftliche Liebhaber findet. Eine echte Wunderwaffe …
Die Wunderwaffe, beginnt man zu fantasieren, welche am Ende der Führer der Wehrmacht für den Endsieg nicht verschaffen konnte …
Man kann damit bohren und drehen, fräsen, stoßen, hobeln und ziehen, schleifen.
Hohe poetische Qualität der technischen Vorgänge. Vertikales,

horizontales und schräges Lehrenbohrwerk. Innen- und Außenkugeldrehen. Metrisches, Withworth- und Modulgewinde. Fräsen in allen Winkellagen. Kugelräder und Zahnstangen.
Das Universalwerkstättengerät der Hommelwerke antizipiert das Do-it-yourself, dem sich die westdeutschen Eigenheimbesitzer bald massenhaft widmeten, um ihr Eigenheim zu perfektionieren und vom professionellen Handwerk unabhängig zu machen, ein Fall von Entdifferenzierung: Spezialisten ausschalten, die Sache selber in die Hand nehmen.
Hätte jeder deutsche Mann während des Krieges, möchte man spotten, daheim das Universalwerkstättengerät der Hommelwerke im Keller gehabt, es wären Unmengen ingeniöses Kriegsgerät entstanden. Statt der einen Wunderwaffe, über die der Führer kraft seines Genies gebietet, ein Massenaufgebot durchdringender Feuerspritzen, gläserner Bienen mit Autopilot, strategischer Bakterien im Schwarm. Da hätten die Alliierten schwer zu leiden gehabt unter dieser Art Volkssturm kraft Volksvermögen. Die Do-it-yourself-Bewegung holt den Endsieg nach.
Süß schaut es aus, das Universalwerkstättengerät, vor allem in Aktion. Es gab mal einen Kinderfilm: Ein niedlich-staksiger Roboter mit Rehaugen funktioniert deshalb so glänzend, weil er gar kein Roboter mehr, sondern wirklich und wahrhaftig am Leben ist.

Am 4. November wählen die USA zu ihrem 34. Präsidenten Dwight D. Eisenhower, Kandidat der Republikaner. Die Demokraten hatten gleichfalls um ihn geworben, als ihren Kandidaten für die Präsidentschaft: Praktisch der Sieger des Zweiten Weltkriegs, der Oberkommandierende der Alliierten Streitkräfte.
Jetzt haben die Amis ihren Hindenburg gewählt, resümierte Vater verächtlich am Abendbrottisch. Kein blöder Vergleich, Hindenburg hätte doch als deutscher Oberkommandierender der Sieger des Ersten Weltkriegs werden sollen. Er ruinierte dann als Reichspräsident die Weimarer Republik. – Vater hing ebenso wie Mutter, die immer noch Roosevelt nachtrauerte, Adlai Ste-

venson an, dem Präsidentschaftskandidaten der Demokratischen Partei.
Jedenfalls müsste man ab dem nächsten Jahr auf Harry S. Truman verzichten, den Mann mit dem Querbinder und dem Zweireiher, von dem Mutter so gern behauptete, Vater sehe ihm ähnlich. Wegen des Haarschnitts, Hinterkopf und Seiten geschoren, oben die Insel seitlich gescheitelt. So schaut gerade auch der Sohn aus; es beeindruckt ihn tief, dass der Präsident der Vereinigten Staaten das nicht auf Lebenszeit ist, dass jeder sich zur Wahl stellen und dabei gewinnen oder verlieren kann. Damals erwog er, wie er später immer mal wieder erzählt, selber mal als Präsident der Vereinigten Staaten von Amerika zu kandidieren. Gelächter.

Vaters Notizkalender für 1953 fehlt.

Vater ließ ihn verschwinden am Ende des Jahres, könnte man wieder eine Geschichte erfinden. Die ganze Zeit konnte er das Büchel vor Mutter verbergen; machte sie sich ans Ausbürsten seines Sakkos (einschließlich der Innentaschen), steckte er den Kalender in die Hose. War die zum Säubern dran, verschwand er in einer der zahlreichen Nebenfächer von Vaters Aktentasche. Sie war tabu für Mutter und Sohn. Niemand außer Vater durfte sich an ihr zu schaffen machen.
Ohnedies verblieb diese Aktentasche im Besitz der Vater beschäftigenden Firma. Er musste die Tasche hüten als fremdes Eigentum. Als wäre sie ein Lehen, die Aktentasche, das vom Landesherrn nur auf Zeit an seinen Vasallen verliehen wird und von diesem mit höchster Sorgfalt zu behandeln ist, eine Sorgfalt, die dem Landesherrn die Loyalität des Vasallen beweist.
Damals diskutierten die Soziologen ausgiebig über den Neofeudalismus, der die großen Betriebe des modernen Kapitalismus strukturiere, Abhängigkeitsbeziehungen zwischen Herr und Knecht, wie sie die Adelsgesellschaft des Mittelalters charakterisierten.
Die Aktentasche verkörperte die ferne Macht von Vaters Firma. In dieser Form – metonymisch – brachte er sie mit nach Hause, voller Papiere, Akten, Aufzeichnungen, die Vaters Arbeit dokumentierten, eine Arbeit, die normalerweise unsichtbar blieb (und hier, zu Hause, nur magisch präsent wurde). Ehrfurcht, Scheu war es, was Mutter und Sohn angesichts von Vaters Aktentasche empfanden. Wie gesagt, nie lernte der Sohn sich genauer vorzustellen, worin Vaters Arbeit bestand, wenn er die Bücher prüfte.
60 Jahre wird er in diesem Jahr (Mutter 45, der Sohn 10). Noch

fünf Jahre bis zur Rente; das Arbeitsleben zeigt seine Zeitgrenze, keinerlei Fantasien mehr, die sich auf die Karriere richten. Da kommt der Sohn nach vorn, bei dem sich bald entscheidet, ob er von der Volksschule, wie das damals hieß, aufs Gymnasium wechselt.

Am 27. Februar unterzeichnet die Bundesrepublik in London ein Abkommen, nach dem sie sich bereit erklärt, die Schulden des Deutschen Reiches seit dem Ersten Weltkrieg zu übernehmen. Und Vater konnte am Abendbrottisch noch einmal erklären, wieso die Reparationen, die das Deutsche Reich nach dem Ersten Weltkrieg an seine Gegner zahlen musste, die Weimarer Republik ruinierten. Wird dieses Londoner Abkommen, fragte Vater unter dem Einfluss politischer Ahnungen, den Untergang der Bundesrepublik einleiten?
Aber wo ist Vater selber am 27. Februar?, könnte man unsere Geschichte fortsetzen. Fern vom häuslichen Abendbrottisch, in Frankfurt am Main, Vogelsbergstraße, bei Amalie Faller; nach dem Arbeitstag, den er über den Büchern der Vereinigten Stahlwerke verbrachte, trinken sie Cognac aus den Schwenkern, die er ihr zum Geschenk gemacht hat. Wieder besprechen sie, wie Vater am Ende des Jahres seine Frau und seinen Sohn verlassen wird, um mit Amelie Faller ein neues Leben anzufangen. Wieder schreibt Vater es in unmissverständlichen Worten in sein Merkbuch; die Zeit der Camouflage ist vorbei.

Am 5. März stirbt Josef Stalin in seiner Datscha, Kunzewo bei Moskau, an den Folgen eines Schlaganfalls, 73 Jahre alt.
»›Das Antlitz verfärbte sich‹, schrieb Swetlana, ›die Gesichtszüge entstellten sich bis zur Unkenntlichkeit, die Lippen wurden schwarz. In den letzten zwei Stunden erstickte er einfach ... Die Agonie war entsetzlich, sie erwürgte ihn vor aller Augen ... Offenbar in den letzten Minuten öffnete er plötzlich die Augen ... Es war ein furchtbarer Blick, halb wahnsinnig, halb zornig, voll Entsetzen vor dem Tode.‹«[9]

So hatte Vater sein eigenes Ende vor Augen, verfärbtes, entstelltes Gesicht, schwarze Lippen. Im Bett von Charlotte Kosbab, Grillparzerstraße, Berlin-Steglitz. Unmöglich, das kommende Ende auch nur mit einem einzigen Wort im Merkbuch zu verzeichnen; die Schreibhand, die ganze rechte Körperhälfte ist ja gelähmt. So etwas, fürchtet Vater, droht dem Mann ab 60 Tag für Tag. Aber jetzt schreibt Vater in sein Merkbuch, Stalin ist tot. Die neue Erzählung, die er angesichts des 60. Geburtstags seinem Leben gibt, beinhaltet Amalie Faller, ebenso wie Charlotte Kosbab, ebenso wie die Weltgeschichte. Schluss mit dem persönlichen Geschäftsbericht für die Augen der großen Tiere (die nie einen Blick darauf werfen). Der Notizkalender '53 ist ein richtiges Tagebuch und deklassiert seine Vorgänger als ausdrucksschwach und ohnmächtig. Warum soll der kleine Angestellte seinem Tagebuch am 5. März die Nachricht vorenthalten, Josef Stalin ist tot? Weil die Nachricht nur die großen Tiere was angeht?

Es charakterisiert Mutter und Vater, dass sie Josef Stalin nicht für den Feind der Menschheit hielten, dessen Ende zu bejubeln sei. Hitler war der Feind der Menschheit, und Josef Stalin half ihn zu beseitigen, unter furchtbaren Opfern der sowjetischen Armee und der sowjetischen Bevölkerung. Und dann bildete Russland für Vater einen Sehnsuchtsort: Immer wieder erzählte er dem Sohn, wie gern er mal dorthin gereist wäre in seiner Jugend, die riesige Landmasse zwischen hier und dem Pazifik, als träumte er davon, sich darin zu verlieren – eine Inzestfantasie, sagt die Psychoanalyse, restlos eingehen in Mutter Erde –, wobei Vater merkwürdigerweise gleichgültig blieb gegenüber dem Sozialismus, den Stalin und seine Genossen mit solcher Grausamkeit in der Sowjetunion aufbauen wollten, wohlwollend gleichgültig. Vater verstand, könnte man denken, aufgrund seiner Arbeit genug vom Wirtschaftsleben, um den Erfolg des Sozialismus in der Sowjetunion zu bezweifeln.
Aber damals waren die Ökonomen selber durchaus unsicher, ob der Sozialismus gelingen oder misslingen werde. Man lebe

angenehmer in den Demokratien des westlichen Typs, so die verbreitete Meinung – aber wenn eine Gesellschaft, eine Nation sich heroische Aufgaben vornimmt, funktioniert die Diktatur weit effektiver – man erinnere sich an Nazideutschland, man betrachte die SU.

»Kann der Sozialismus funktionieren? Selbstverständlich kann er es. Kein Zweifel ist darüber möglich, wenn wir einmal annehmen, daß erstens die erforderliche Stufe der industriellen Entwicklung erreicht ist und daß zweitens Übergangsprobleme erfolgreich gelöst werden können. Es kann einem natürlich bei diesen Voraussetzungen sehr unbehaglich zumute sein und ebenso bei den Fragen, ob die sozialistische Form der Gesellschaft voraussichtlich demokratisch sein wird und, – demokratisch oder nicht –, wie gut sie aller Wahrscheinlichkeit nach funktionieren wird ... Aber wenn wir jene Voraussetzungen annehmen und diese Zweifel beiseite lassen, dann ist die Antwort auf die verbleibende Frage ein klares Ja.«[10]

Am 5. März schrieb Vater in das Merkbuch für '53, behauptet unser Roman, der große Stalin, der Vater der Völker, ist tot. Denn seit der Großen Oktoberrevolution – da war er 24 – hing er den Bolschewiken in glühender Bewunderung an. Sie bauen die neue Welt, in der Gerechtigkeit herrscht, weil die Expropriateure expropriiert wurden; jedem nach seinen Bedürfnissen, jedem nach seinen Fähigkeiten. Lenins Tod erfüllte Vater mit heißem Schmerz. Als Stalin den Verräter und Konterrevolutionär entlarvte, verfolgte Vater Trotzki mit seinem Hass und seiner Verachtung bis ins Exil. Die Produktionsschlachten, in die Stalin die Sowjetunion führte, erfüllten ihn mit Stolz. Dass die Schauprozesse, die großen Säuberungen der dreißiger Jahre, Unschuldige betrafen, hielt er für undenkbar, Stalin weiß, was er tut. Dass er mit Hitler einen Beistandspakt schloss, zeigte Vater das Genie des Generalsekretärs: So bereitete er listig den Sieg im Großen Vaterländischen Krieg vor, der den barbarischen Hitlerfaschismus beseitigte und gleichzeitig die wohltätige Sowjetmacht bis tief nach Mittel- und Westeuropa hinein ausdehnte – nein, gar keine Freude, tiefe Trauer erfüllte Vater, als er die Nachricht vom Tod des großen Stalin empfing.

In unserer kleinen Stadt fand sich natürlich gar kein Wohlwollen für Josef Stalin und seine Sowjetunion. Vor allem fürchtete man, dass sie ihrerseits durch den Eisernen Vorhang brechen, mit der Roten Armee über die Elbe und die Werra setzen und Westdeutschland der DDR einverleiben werde. Der Tante, die das Haus am Wald besaß, wo Vater, Mutter und Kind 1945 Unterkunft gefunden hatten, bewahrte in ihrem Kleiderschrank, verborgen unter Wäschestücken, eine alte Armeepistole auf – verbotenerweise, alle Deutschen mussten nach Kriegsende unter Strafandrohung ihre Waffen abliefern –, um sich zu erschießen, wenn der Iwan unsere kleine Stadt besetzt. Lieber tot als rot. Was die Flüchtlinge in unserer kleinen Stadt über Stalins Armee erzählten, wie sie Ostpreußen, Schlesien, Pommern, Berlin, Mitteldeutschland eroberte, machte keinen Appetit auf den Kontakt, um das mindeste zu sagen. Und was man von den Angehörigen in Stralsund oder Dessau oder Erfurt über das Leben in der SBZ, in der DDR erfuhr – akuter Mangel an Nägeln, bitte, bitte eine ordentliche Portion Stahlnägel in das nächste Päckchen mit Liebesgaben nach drüben –, erweckte keine Sehnsucht nach der Wiedervereinigung im Zeichen des Sozialismus.

Dagegen überraschte die westliche Warenwelt mit immer neuen Wundern. Im März zeigt die Internationale Automobil-Ausstellung zu Frankfurt am Main den Messerschmidt-Kabinenroller, ein Mischwesen aus Automobil und Kraftrad, weder zwei noch vier Räder, sondern drei, und um einzusteigen, klappte man oben den Plexiglasdeckel auf wie einen Schädel. Der Sohn interessierte sich heftig für den Messerschmidt-Kabinenroller, er schien wie für ihn erfunden; wobei sein persönliches Exemplar die Räder spurlos einklappen und dann vom Boden abheben konnte, so-

dass er damit durch die Täler, über die Höhen und den schönen grünen Wald frei flottieren konnte, wie er später gern erzählte. Gelächter.
Am 2. Juni wird in Westminster Abbey, London, Elisabeth II. zur Königin von Großbritannien und Nordirland gekrönt, was das real existierende TV-System live übertrug. Mutter und Sohn bestaunten das Ereignis in einer winzigen Gemeinde (weiß der Teufel, wie Mutter zu dieser Gemeinde Zugang gefunden hatte) auf dem Fernsehgerät, das in einem Kavaliershäuschen auf dem Schlossberg stand (weiß der Teufel, wem das Gerät gehörte): Hier oben kommen die Strahlen, wie der Sohn sich das vorstellt – wie er später erzählt, Gelächter –, einigermaßen strack an (sonst krümmen sie sich, Gelächter, hilflos um die Erhebungen des mitteldeutschen Mittelgebirges herum). Das Geschehen erkennt man trotzdem nur mühsam auf dem kleinen Schirm mit den gerundeten Ecken; immer wieder Schneegestöber, wie man das damals nannte. Wie der jungen Frau die Tränen übers Gesicht laufen vor Erschütterung, als ihr der Erzbischof von Canterbury die Krone aufsetzt, das erkannte man genau erst in dem Dokumentarfilm über die Krönung Elisabeths II., den der Sohn und die Tante im Kino in Kassel anschauten (oft begleitete der Sohn die Tante ins Kino). Doch kann der Sohn immer wieder erzählen, die Krönung der englischen Königin sei das erste Fernsehereignis seines Lebens gewesen, oben auf dem Schlossberg passenderweise, gleich neben dem Schloss – und wie heftig er es bedauerte, dass er nie zum britischen König gekrönt werden könnte, Gelächter. Den König wählt man nicht frei wie den amerikanischen Präsidenten. Die Abkunft bestimmt eine Person zum König, zur Königin, keine Volkswahl, die jeder Bürger gewinnen kann.

Die Konterrevolution marschiert, schreibt Vater am 16. Juni in sein Merkbuch, das in diesem Jahr Weltgeschichte ebenso enthält wie persönliche Geständnisse.

Am 16. Juni treten Bauarbeiter in der Ostberliner Stalinallee in den Streik, um gegen das erhöhte Arbeitssoll zu protestieren, und daraus entwickelt sich in den nächsten Tagen ein großer Aufstand gegen die sowjetische Herrschaft über Mitteleuropa. Westdeutschland erhebt den 17. Juni zu so etwas wie seinem Nationalfeiertag.

Das hat doch keinen Sinn, dachte Mutter angesichts der DDR-Ereignisse, wie Radio und Zeitung sie berichteten. Hoffentlich gibt es keinen Krieg. Dem Sohn, eben zehn Jahre alt geworden, imponierten die Aufständischen maßlos, sowjetische Panzer bekämpfen, indem man mit bloßer Hand Steine auf sie wirft, außer sich vor Wut. Er begann sich für die biblischen Geschichten zu interessieren, das Alte Testament; dies war die Geschichte von David und Goliath – aber statt David (dem Knaben, der DDR) gewinnt Goliath (die Sowjetunion). Als Vater wieder mal nach Hause kam, war er sich am Abendbrottisch einig mit Mutter, dass vor allem, vor allem der Krieg in Europa zu vermeiden sei – und gleich empörte er sich wieder wegen des Bundeskanzlers, der den niedergeschlagenen Aufstand für die Wahrheit seiner Wiedervereinigungspolitik zeugen ließ, die er, tobte Vater, doch gar nicht verfolgte! Die deutsche Einheit hätten sie angeblich begehrt, die Aufständischen, unter der Führung von Konrad Adenauer! Nichts anderes!

Am 6. September findet die zweite deutsche Bundestagswahl statt. Die CDU/CSU gewinnt 45,2 Prozent, die SPD 28,8 Prozent, die FDP 9,5 Prozent, der Gesamtdeutsche Block/Bund der Heimatvertriebenen und Entrechteten (BHE) gewinnt 5,9 Prozent, die Deutsche Partei 3,3 Prozent. Konrad Adenauer wählt der neue Bundestag am 8. Oktober erneut zum Bundeskanzler; am 20. Oktober hat er sein neues Kabinett gebildet, das alle Parteien außer der SPD tragen.

Ruth wählt CDU, schreibt am 8. September (unserem Roman zufolge) Vater in sein Merkbuch. Mit Toni Adler telefoniert, mein nächster Besuch in Schwetzingen; große Zukunftspläne. – Das

Wahlergebnis schreibt Vater erst am nächsten Tag in den Notizkalender: Denn es dauerte bis tief in die Nacht, die Stimmen auszuzählen; Vater schlief längst in seinem Bett bei Klara Winkler, Berglenstraße, Stuttgart. Das Wahlergebnis kam am anderen Morgen aus dem Radio, im Frühstücksraum der Pension. Das bemerkte die frühe Bundesrepublik nur undeutlich, dass sie sich intensiv für das Verfahren der Parlamentswahl interessierte; die Verachtung, die der Bürger während der Weimarer Republik dem Parlamentarismus entgegenbrachte, Quatschbude, verschwand im Lauf der Jahre unmerklich; eine Verachtung, die in den Parteien, bei den Parteifunktionären der frühen Bundesrepublik selber noch weit verbreitet war. Das Problem am Dritten Reich war nicht die Diktatur als Staatsform – das Problem war der Diktator.

Wenn Mutter bei der Bundestagswahl 1953 CDU wählte, erklärt sich das aus der Freundschaft mit jener Tante, der das Haus am Wald gehörte, in dem Vater, Mutter, Kind zu einem so niedrigen Mietpreis wohnten. Sie waren keine Einheimischen in unserer kleinen Stadt, die Tante war keine Verwandte – Mutter folgte dem Konformismus, der Fremde, die kommen und bleiben, auszeichnet. Mutter wollte mit der Tante einig sein; CDU zu wählen erzeugte ein Zugehörigkeitsgefühl. Die Tante muss man der ländlichen Bourgeoisie zurechnen, die in den Espedisten, wie die Tante sie nannte, ihren natürlichen Feind sah. Versteht sich, dass der Onkel bis 1945 Mitglied der NSDAP war.

60 Jahre, schrieb Vater am 26. November triumphierend in sein Merkbuch – heißt es in unserem Roman, der das verlorene Merkbuch ersetzen soll –, stets kann man noch einmal von vorn anfangen. Dafür ist jetzt die Zeit gekommen. Genau jetzt.
Aber den ganzen Novembertag lang bleibt die Verwandlung aus. Dem Telefonat mit Toni Adler, einer gleichaltrigen Dame von betörender Sexualkraft, misslingt es, die Erregungswelle auszulösen, die den allgemeinen Umsturz bewirkt – dass Vater sogleich Telefonat Adler im Merkbuch verzeichnet, sogar die Niederschrift

bleibt ganz ohne Folgen. Das Schreiben hätte doch unwiderstehlich dazu führen müssen, zur Entregelung aller Sinne …
Und so verliert Vater im letzten Monat des Jahres alles Interesse an seinem Notizkalender, der den Übertritt in ein anderes Leben hätte bezeugen sollen. Trotzdem, Mutter sollte das Büchlein nie zu Gesicht bekommen, und auf die anhaltende Unantastbarkeit seiner Aktentasche und ihrer Gefache wollte Vater nicht unbegrenzt vertrauen – womöglich stöberte der Sohn, begierig auf Einzelheiten über Vaters Arbeit dort draußen, doch mal darin herum. So zerriss Vater das Merkbuch für 1953 in kleine Stücke und warf sie umsichtig, auf der Fahrt von Stuttgart nach Hause, aus dem Zugfenster.

Eben lasen wir einen Roman, in dem zweimal Kalender auftauchen. Einmal die Kalendersammlung des Vaters, seit mehreren Jahren tot: »Das Seltsamste an den Kalendern, die Clare auf dem Teppich ausgebreitet hatte, war die Menge der deutlich hervortretenden X, mit schwarzem Stift überall eingezeichnet. Jeder einzelne Tag jedes einzelnen Monats jedes einzelnen Jahres war methodisch ausgestrichen, und es fehlte kein einzelnes Datumsfeld, nicht einmal das für den letzten Dezembertag jeden Jahres. Der letzte ausgestrichene Tag war der 31. Dezember 1999, acht Tage vor Dads Tod.« Es verhält sich so, dass Clare und ihre Schwester gedankenvoll das verwaiste Elternhaus leer räumen.
»Hinter dem schwarzen X sah man Abkürzungen und kryptische Zeichen. Sie standen zwar nicht auf allen Datumsfeldern, aber jedes enthielt am unteren Rand eine kleine Zahl. Im Januar 1999 lauteten diese Zahlen 85, 84, 85, 86, 85 ½, 85 ½, 86, 86 ½ etc. Im frühesten Kalender, dem von 1981, lauteten die Zahlen im Januar 77 ½, 78 ½, 77, 78, 78 ½, 78 ½, 78 ½, 79 etc.« Die Schwester Clare bleibt nicht beim Rätseln stehen, sie findet eine Lösung. »Ich glaube, das ist Dads Gewicht. Stell dir das mal vor! Dad hat sich jeden Tag gewogen und darüber Buch geführt. Das haben wir nicht gewusst, oder?«
Das würde gut zu unserem Vater passen, dem Wirtschaftsprüfer:

jeden Tag auf die Waage und das Gewicht notieren. Da hätten wir mit dem zwischen 1951 und 1963 kontinuierlich zunehmenden Körpergewicht von Vater die detaillierte Bilanz, wie sich das Fett der BRD entwickelt, der Traum eines Wirtschaftsprüfers.
Später entdeckt Nikki, die andere Schwester, in dem Roman die Kalender der Mutter (die soeben, was den Roman in Bewegung setzt, von einem Junkie ermordet worden ist). »Es war schmerzlich, das zu sehen. Moms Tage, Wochen nachzuvollziehen. Sie hatte allem Anschein nach in ihrem Leben ›viel zu tun‹ gehabt. Jeden Sonntag natürlich die Kirche. Sonntagabends gab es oft Termine, die ebenfalls mit der Kirche zu tun hatten. An den Montagen bis Freitagen wimmelte es von Abkürzungen, *Kib* (Treffen des Kirchenbeirats), *SenS* (Seniorenschwimmen im YMCA), *Bib* (Bibliothek, wo Mom stundenweise in der Buchausleihe mithalf), *Kr* (Krankenhaus, wo Mom stundenweise im Souvenirladen verkaufte), *HH* (das Hedwig-Haus, eine Wohnanlage für betreutes Wohnen in Mt. Ephraim, wo eine von Moms betagten Kovach-Verwandten hingezogen war und wo Mom sie regelmäßig besuchte), *Kub* (Treffen des Kunstbeirats). Es gab diverse Initialen, die sich auf Freunde und Verwandte bezogen, meist Frauen in Mutters Alter, mit denen sie sich regelmäßig zum Mittagessen traf. Andere waren wiederum Kürzel für Arzttermine. Für Termine beim Friseur.«[11] So ähnelt der Kalender der Mutter im Roman denen unseres Vaters, das Genre des persönlichen Geschäftsberichts. Bloß dass diese Mutter, wie es der Frauenrolle entspricht, Kommunikation verzeichnet, Kirche bis Kunstbeirat; während unser Vater beinahe ausschließlich Arbeit notiert, Steg/Stuttgart, Spinnfaser/Kassel, Stromeyer/Mannheim. Die Kalender des Romanvaters dagegen könnten von Hanne Darboven stammen, der Künstlerin, die mit Kalendern, Tabellen, Listen gearbeitet hat. Jeden Tag, wenn er vergangen ist, durchstreichen, ein negativer Akt, das Nichts schreitet voran. Die Zahlen zeichnen die Gegenbewegung auf, das zunehmende Körpergewicht, die Positivität des Fetts.
Die Männerrolle seiner Zeit machte es freilich unserem Vater

ganz unmöglich, einen solchen Kalender über sein Fett zu führen; er selbst hätte es unerträglich gefunden, unerträglich peinlich, dies Interesse am eigenen Körper. Kein Gedanke daran, es womöglich in Aufzeichnungen narzisstisch zu verdoppeln.
Dass Männer sich zeitlebens für ihre Körperschönheit interessieren und engagieren, das kam erst viele Jahrzehnte später.

Vaters Notizkalender 1954 – blaues Kunstleder, Goldschnitt, kein Lesebändchen – gehört zu einem neuen, zu einem bislang unbekannten Genre: Er ist ein Werbegeschenk. »Den Freunden unseres Hauses überreicht von Vereinigte Glanzstoff-Fabriken AG Spinnfaser Aktiengesellschaft Kunstseiden-Aktiengesellschaft«.
Der Notizkalender als Werbegeschenk ersparte es Vater, das Büchlein käuflich zu erwerben (bei C. Autenrieth in Stuttgart, in irgendeinem Münchner Schreibwarengeschäft, wo der katholische Kalender für das Jahr 1952 erstanden wurde).
Der wachsende Wohlstand der Bundesrepublik, hier manifestiert er sich darin, dass ein Unternehmen wie die Vereinigten Glanzstoff-Fabriken den Geschäftsfreunden zum Jahreswechsel ein Geschenk macht, den Kalender des kommenden Jahres. Kein kostbares Geschenk erhält Vater – gewiss gruppierten sich die Geschäftsfreunde nach ihrer Relevanz für das Unternehmen, und diejenige Vaters war gering. In der nächsten Etage bekam man bereits einen Füllfederhalter, in der übernächsten eine feine Aktenmappe (und so weiter).

Die zweite Seite des Merkbuches für 1954 – das sich selbst keinen Namen gibt – zeigt die Stadtwappen von Oberbruch, Kassel, Wuppertal, Kelsterbach und Obernburg in Umrißzeichnung; auf der nächsten Seite geben die Einzelunternehmen ihre Postadressen an (die den durch ihre Stadtwappen repräsentierten Orten nicht entsprechen). Dann folgt eine Liste mit den Produkten der Vereinigten Glanzstoff-Werke.
»Reyon für alle Sparten der Textilindustrie. Perlon, das neue vollsynthetische Textilmaterial in Flocke und Fäden. Kordreyon, Kordzwirn und Kordgewebe für Reifen und andere technische Einsatzgebiete. Semproform für die Polsterindustrie. Flox-Zell-

wolle für jeden Verwendungszweck in der Baumwoll-, Woll-, Jute-, Flachs- und Teppichgarn-Spinnerei. Spezialgarne: Rohe und gefärbte Reyon- und Zellwollgarne in jeder gewünschten Aufmachung; Effektzwirne und Mischzwirne aus Reyon und Zellwolle; Zwirne und Mischzwirne für alle Verwendungszwecke aus Perlon; Industrie-Nähzwirn Bicotin für die Trikotagenindustrie.«
Die nächste Seite des Kalenders präsentiert eine Zeichnung: Vom Globus lösen sich die Breitengrade ab, zunächst als konzentrische Kreise, dann in Schlangenlinie, die in eine schön gestaltete Kursiv-Schrift ausläuft: »Glanzstoff-Fäden umgarnen die Welt!«

Glanzstoff, das ist ein anderes Wort für Poesie, möchte man fantasieren, Glanzstoff-Fäden umgarnen die Welt, das ist ein Bild der progressiven Universalpoesie, die seit den Fünfzigern unwiderstehlich sich ausbreitet, die Weltsprache der modernen Dichtung…
Glanzstoff, auch Kunstseide genannt, das geht auf die Erfindung von Max Fremery und Johann Urban zurück, einen Chemiker und einen Ingenieur, die 1897 ein Verfahren zum Patent anmeldeten, wie man Fäden aus Zellulose und Kupferoxid-Ammoniak herstellt; sie selbst verwendeten diese Fäden in der Produktion von Glühlampen.
So kommt der Glanz in den Stoff, möchte man fantasieren, die Poesie vermählt sich mit den Strahlen des elektrischen Lichts…
So beteiligte sich Vater, bei den Vereinigten Glanzstoff-Werken arbeitend, am Aufbau der Plastikwelt, die seit den fünfziger Jahren, sagen die Kulturkritiker, die natürliche, die wirkliche Welt überwuchert, Reyon, Perlon, Zellwolle, Nylon, Dralon, Diolen, Resopal. Statt Wolle und Baumwolle, Seide, Leder, Holz. Als wäre der Kunststoff mächtiger, lebenskräftiger als alle Natur. Der Urwald der modernen Zivilisation – Vater half mit bei seiner Ausbreitung, indem er die Bücher der Spinnfaser/Kassel prüfte (unterdessen Teil der Vereinigten Glanzstoff),

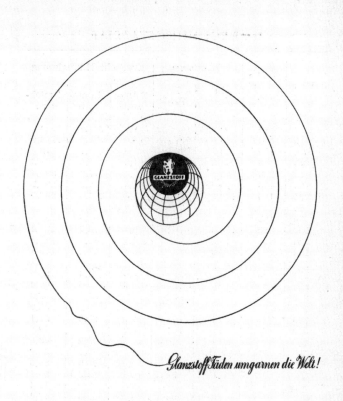

Glanzstoff-Fäden umgarnen die Welt!

REYON

PERLON

ZELLWOLLE

damit die Expansion korrekt vor sich gehe, kein Schmu in den Bilanzen, kein blindes, formloses Wuchern.
Ob Vater als Gegengabe zu dem Werbegeschenk des neuen Notizkalenders diesen (bescheidenen) Reklamemaßnahmen irgendeine Aufmerksamkeit widmete und sich von den Glanzstoff-Fäden umgarnen ließ? Die Stadtwappen von Oberbruch, Kassel, Wuppertal, Kelsterbach, Obernburg studierte sowie die Produktliste? Das musste man lernen in der frühen BRD, dass die Reklame, die Werbung, die einen fortlaufend zu umgarnen versuchte, ignoriert werden kann. Dass die Werbung sich ausbreitet, obwohl sie keine Wirkung zeigt.
Mutter ließ sich von Vater die Reklameseiten des neuen Notizkalenders zeigen und erläutern; sie lernte ja die Kunstseide in der Gestalt von Strümpfen, Unterwäsche, Kleidung praktisch kennen und erfreute sich daran, dass ihr Ehemann von Berufs wegen damit befasst war. Der Sohn hörte gleichfalls aufmerksam zu; der Gedanke, dass man aus Plastik schlechterdings alles formen kann, befeuerte ihn in seinen Schöpfungsfantasien.

Bevor in dem neuen Merkbuch die Seite erscheint, auf die Vater seinen Namen und seine Adresse schreibt – keine Telefon- oder Versicherungsnummer –, findet er eine Umrechnungstabelle. Sie lehrt, wir beschränken uns auf die erste Zeile, dass zehn Denier die metrische Nummer 900 ergeben; in der Lauflänge, wenn es um Meter in Kilogramm geht, 900 000, wenn es um Yards in Pounds geht, 446 652 ergeben, wobei die englische Lauflänge für Baumwolle 531,9, für Kammgarn 797,4, für Streichgarn 1744 ist.
Komplett unverständlich für alle, die keine Textilingenieure, keine Spezialisten sind.
An sie bleibt es adressiert, das Werbegeschenk; die Freunde unseres Hauses, das sind die Spezialisten aus diesem Feld. Den Wirtschaftsprüfer, den kleinen Angestellten, erreicht die Gabe nur nebenbei.
Aber er darf die ganze Welt imaginieren, andeutungsweise, in

der – die letzte Zeile der Umrechnungstabelle – 3000 Denier die metrische Nummer drei tragen, eine Lauflänge von 3000 Metern in Kilogramm, von 1489 in Yards per Pound ergeben und die englische Nummerierung 1,77 für Baumwolle, 2,7 für Kammgarn, 5,8 für Streichgarn tragen. Hermetische Poesie. Die Fäden von Spezialwissen umgarnen den Leser, probehalber.

Darauf folgt eine rechte Seite, auf der nur die Jahreszahl 1954 steht, und verso die kosmologische Mitteilung, »die Angaben über Auf- und Untergangszeiten von Sonne und Mond beziehen sich jeweils auf Sonntag und Donnerstag und sind errechnet in Mitteleuropäischer Zeit (MEZ) für den 50° östlich von Greenwich gelegenen Meridian (Görlitz) und die geographische Breite 52° 30' (Berlin)«. Dieselbe Seite teilt mit, dass dieser Kalender von Wilhelm Eilers Jr. Bielefeld produziert und vertrieben wird.
Zwar fehlt auf dem Steckbrief für den Besitzer des Kalenders die Telefon- und jede andere Nummer für Vater (Bankschließfach, Postschließfach werden erfragt, ebenso wie das Autokennzeichen), aber hinten im Adressenteil erscheint die Bausparkasse Wüstenrot, Ludwigsburg, Bausparvertrag Nr. 832 457.
Der nächste Beitrag zum sozialen Aufstieg in der Bundesrepublik Deutschland: Abmeldung des Telefons, aber Abschluss eines Bausparvertrags; Befriedigung in der Gegenwart (telefonieren) wird durch Zukunftssicherung (Eigenheim) ersetzt. Irgendwie gelangte Vater zu dieser Zeit in den Besitz eines Grundstücks oberhalb von unserer kleinen Stadt. Der Familie ein Eigenheim zu bauen, das wurde ein Lebenszweck im Westdeutschland der fünfziger Jahre, und der Staat unterstützte die Verfolgung dieses Lebenszwecks durch allerlei Vergünstigungen. Wenn ihm schon kein Rittergut in der Ukraine zugewiesen ward, wie der Führer es versprochen hatte, spotteten die Kritiker, wie die Bundesrepublik sie zahlreich hervorbrachte, so beanspruchte der deutsche Mann doch für sich und seine Familie einen Bungalow am Hang, oberhalb der Stadt.

Am 1. Januar 1954 beginnt Vater mit einer Prüfung der Bücher von Röhm & Haas in Darmstadt. Am 2. Januar, einem Samstag, geht es gleich weiter, und Vater vermerkt in dem Kalender Arbeitstag für Urlaub (er wird sich einen freien Tag extra genommen haben, was er ausgleichen musste). Der Auftrag hat, wie er unter dem Rubrum Notizen vermeldet, die Nummer F 2202; Vater kann sich an die Telefonnummer 3071 halten. Er wohnt im Hotel Brenner – Telefon 4245 –, das in der Bleichstraße liegt.

Die Firma Röhm & Haas gründeten 1907 in Esslingen der Chemiker Otto Röhm und der Kaufmann Otto Haas. 1909 zogen sie von Esslingen nach Darmstadt, weil hier die Stadt ein großes Industriegelände anlegte, denn Darmstadt wollte an die kapitalistische Entwicklung Anschluss finden.

Otto Röhm profilierte sich als Erfinder zunächst auf dem Gebiet der Lederbeize. Er entwickelte Verfahren, die das eklige Beizen mittels Hundekot ersetzen konnten (Lederbeize mittels Hundekot, beginnt man zu träumen, Scheiße sammeln, um Tierhaut zu veredeln). Dann aber experimentierte Otto Röhm mit der Herstellung von Acrylglas (immer weiter dehnt sich die Welt des Kunststoffs aus), und 1933 kreierte er jenes Produkt, das den außerordentlichen ökonomischen Erfolg von Röhm & Haas begründete, Plexiglas (von der Lederbeize mittels Hundekot zu Plexiglas, eine glanzvolle Metamorphose), der perfekte Kunststoff, durchsichtig, flexibel, anders als Glas unzerbrechlich.

Röhm & Haas verdiente unmäßig an der Aufrüstung der Wehrmacht – man hat gleich diese Glaskuppeln vor Augen, unter denen die Kampfflieger der Luftwaffe wie im Freien hockten, wenn sie die Himmel stürmten, um die Welt dem Herrenmenschen zu unterwerfen. Versteht sich, dass alliierte Luftangriffe die Darmstädter Produktionsanlagen gründlich zerstörten; dass die wunderbaren Maschinen zur Herstellung des Wunderstoffs Plexiglas demontiert und in die siegreichen Nationen verschleppt wurden. Aus Plexiglas bestand dann wieder der Kopfdeckel des Messerschmidt-Kabinenrollers, den vergangenes Jahr die Internationale Automobil-Ausstellung präsentiert und dessen Abbildung in den

Illustrierten den Sohn zur Erfindung eines Flugkörpers inspiriert hatte, mittels dessen er durch die Täler und Wälder des mitteldeutschen Mittelgebirges kurvte.

1945 beschäftigte Röhm & Haas nur noch 527 Werktätige. Otto Röhm trat in den Betrieb ein, der Sohn von Otto Röhm, und langsam bastelte man sich, wie in so vielen deutschen Betrieben, wieder nach oben. 1947 lief erneut die Produktion von Plexiglas an, und 1952 beschäftigte Röhm & Haas schon wieder 1000 Werktätige.

Vater prüfte, wie öfter, die Bücher eines frisch erblühenden Betriebs und trug so zu diesem Erblühen bei. Nicht am 3. Januar, Sonntag, aber am 4. Januar; da erhielt er zugleich einen Vorschuss von DM 300 auf die Spesen. Am 5. Januar ist erneut Röhm & Haas verzeichnet; aber um 14.35 Uhr die Abfahrt von Darmstadt und die Ankunft um 22.15 Uhr zu Hause, was Vater durch die Buchstaben E und P ergänzt, die vermutlich Eilzug und Personenzug bedeuten, zwei unterschiedliche Geschwindigkeitsklassen. Vom 6. bis zum 9. Januar verzeichnet Vater Urlaub Urlaub Urlaub Urlaub. Am 10. Januar, Sonntag, fährt er zurück nach Darmstadt, zu Röhm & Haas (wohnt im Hotel Brenner), eine Arbeit, die bis zum 22. Januar, Freitag, dauert.

Röhm & Haas prägt sich dem Gedächtnis des Sohnes tiefer ein als jede andere Firma, bei der Vater die Bücher prüfte, Spinnfaser, Kühne + Nagel, Steg, Stromeyer. Das kommt daher, dass Vater von ihnen nichts Anschauliches nach Hause mitbrachte außer den Akten in seiner Aktentasche, die tabu war, Akten, denen der Sohn als Kind auch gar kein Interesse entgegenbringen konnte. Denn sie schienen komplett undurchdringlich, unverständlich, hermetisch: Was soll das heißen, Vater prüft die Bücher?

Von Röhm & Haas in Darmstadt dagegen brachte Vater stets Plexiglas nach Hause mit. Gebrauchsgegenstände aus dem fortschrittlichen Material, die Röhm & Haas auf dem Markt zu lancieren versuchte: Fischbestecke, Salatbestecke, Schüsseln; Nippes wie den in Plexiglas eingegossenen Seestern, der, wie das Salatbesteck, tatsächlich einen Prototyp bildete, für diverse Souvenirs, die in den Andenkenläden der Touristenorte zu kaufen waren (Souvenirs, die aber, statt in Plexiglas, meist bloß in Kunstharz eingegossen waren, das rasch innere Risse bekam, als wollte es splittern, sodass die eingegossenen Memorabilien unsichtbar wurden).

Die größte Freude aber machten Vaters Mitbringsel von Röhm & Haas in Darmstadt dem Sohn, wenn das Plexiglas vollkommen sinnlos war, Röhrenabschnitte mit verschiedenen Durchmessern, die man ineinanderstecken konnte, sodass eine Art schwankender Mast oder Turm entstand – so was lieben Jungs –, außerdem schöne rechteckige Platten verschiedener Größe, die man zu nichts verwenden konnte, bloß irgendwo hinstellen oder hinlegen und bewundern.

Einen starken Effekt erzielte Vater, als er eines Abends, nach Hause zurückgekehrt – vielleicht am Dienstag, 5. Januar, und am 6. Januar begannen die Urlaubstage –, in seine heilige Aktentasche griff und einen schweren Block Plexiglas herausholte. Er stellte ihn auf den Abendbrottisch, ein schönes, durchsichtiges Quadrat, dessen Glätte und Durchsichtigkeit perfekt zu den rauen, opaken Sägekanten kontrastierte. Da stand es also, das sinnlose Plexiglas, und alle waren begeistert.

Bei keinem Umzug ging der sinnlos-schöne Block verschütt, und als Vater und Mutter längst tot waren, der Haushalt aufgelöst, überdauerte er in der Wohnung der nächsten Generation, ohne irgendeinen Zweck angenommen zu haben (Untersetzer für heiße Töpfe oder Grünpflanzen, Buchstütze). Immer stand das schöne Stück Material einfach herum und wurde als solches bewundert.

Diese Stele wie aus Stonehenge, die in dem Kultfilm plötzlich in der Urlandschaft herumsteht und die Urmenschen, die im Grunde noch Tiere sind, zu ersten humanen Intelligenzleistungen inspiriert, zu Waffengebrauch. Später leitet die Stele das Raumschiff aus dem Sonnensystem heraus oder so, und sie steht in dem Salon herum, wo der verbliebene Kosmonaut die Ewigkeit verbringt, so lange alternd, bis er wieder ein Embryo ist oder so, alles wird sinnlos und schön und bewunderungswürdig.

Als Tagträumer kurvte der Sohn ja selber durch den Weltraum; der umgebaute Messerschmidt-Kabinenroller bildete nur den kleinsten Teil seiner Flotte, eine Art Ruderboot zwischen den großen Schiffen (Shuttle wird dies Transportmittel in der TV-Serie Star Trek heißen, die 1966 anhebt). Hier waren ebenso die Plexiglasröhren unterschiedlichen Durchmessers von Nutzen, die man zu einer Art Antenne aufstecken konnte, um Botschaften aus dem All zu empfangen. Am schönsten aber fand der Knabe einen Abschnitt Plexiglasröhre, deren Durchmesser groß genug war, dass er seinen Kopf hineinstecken und das Ding auf den Schultern tragen konnte, sein Weltraumhelm, den er oben mit einer Pappscheibe abdichtete. Gewiss nutzte Vater seine Beziehungen zu demjenigen Herrn Eckert, welchen er bei Röhm & Haas kennengelernt hatte, dem Mann mit innerbetrieblichem Einfluss, um seinem Söhnchen dies wundersame Stück Plexiglasrohr zu verschaffen. Es musste extra zugeschnitten werden – und der Sohn bildete wieder mal eine dramatische Vorstellung von der Macht seines Vaters da draußen in der Welt aus, die ihm verschlossen war. Eine Zeitlang durchstreifte seinen Weltraum eine Stadt, die auf einer Scheibe siedelte und von einer monumentalen Plexiglaskuppel überwölbt wurde, sie beschützte die Stadt vor der Kälte des Alls und garantierte den Bewohnern die Luft zum Atmen. Der Kopf des Jungen unter dem Weltraumhelm, den Vater ihm hatte zuschneiden lassen, der Knabenkopf ist eine Stadt.

In diesem Jahr appliziert Vater eine radikal andere Aufzeichnungstechnik, die durchzusetzen aber eine Weile braucht.
So beginnt er am 1. Januar in der bekannten Manier: Röhm & Haas, Darmstadt, und fährt damit bis zum 5. Januar fort; so schließt er vom 6. bis zum 9. Januar mit Urlaub Urlaub Urlaub und so weiter an, um vom 11. Januar bis zum 22. Januar Röhm u. Haas, D'stadt einzutragen. Und dann beginnt der Text sich sogar

zu komplizieren: Am 24. Januar, Sonntag, vermerkt Vater die Abfahrtszeit aus Frkft (8.58 Uhr) und die Ankunft zu Hause (14.30 Uhr); am 25. und 26. Januar schreibt er wiederum Urlaub, und am 27. und 28. Januar arbeitet er bei einer Firma namens Fendel in Mannheim (wieder eine Schifffahrtsgesellschaft, die auf Kohlentransporte spezialisiert ist). Vom 1. Februar, Montag, bis zum 6. Februar, Samstag, schreibt Vater dramatisch und schwungvoll krank krank krank auf die Datumsfelder. Für Montag, den 8. Februar, schreibt Vater in sein Merkbuch Verwaltungs- und Verrechnungs GmbH, Frankfurt a. M. Das gewohnte Hin und Her. Ein Mann von 60 Jahren erlebt das als Überanstrengung, Konfusion; er fühlt sich sinnlos herumgeschubst. Gar keine Gefühle von Wichtigkeit, gar Abenteuer mehr.

Deshalb die neue Aufzeichnungstechnik: Es bleiben alle Tage bis zum 21. Februar, Sonntag, leer. An diesem Sonntag schreibt Vater Abfahrt nach M'heim, am Montag Verkehrs-Enquête bei Fendel, Mannheim, um bis zum 3. März, Aschermittwoch, wie der Kalender ausdruckt, wiederum alle Datumsfelder frei zu lassen.

Treuarbeit Stuttgart schreibt Vater an diesem Mittwoch auf; dasselbe am 4. März, um mit Rückfahrt nach Mannheim fortzufahren und die Abfahrt nach Dortmund für 20.03 Uhr einzutragen, wo er um 0.39 Uhr ankommt. Der Fahrpreis beträgt DM 45; er wohnt im Hotel Haus Gernhardt, Münsterstr. 187, Tel. 34422, wie in den Notizen zu dieser Woche vermerkt ist.

Wie die Firma heißt, deren Bücher Vater am 5. März zu prüfen beginnt, ist kaum zu entziffern, Westdeutsche Transport a.g. oder so ähnlich.

Eine Westfälische Transport AG ist in Dortmund zu finden, die übrigens mit Fendel, Mannheim, zusammenhängt, schon wieder ein Schifffahrtsunternehmen. On revient toujours à ses premiers amours, wenn schon kein Kapitän auf großer Fahrt, dann wenigstens fortlaufend mit der Binnenschifffahrt beschäftigt. Und die fehlenden Tageseintragungen machen das Merkbuch unseres Vaters nun doch dem des Romanvaters von Joyce Carol Oates ähnlich, der die gelebten Tage mit einem großen X vernichtete.

MÄRZ

SA 6.41 SU 17.44 MA 6.05 MU 17.17   **DONNERSTAG 4**

Tournarbeit, Stuttgart
Rückfahrt nach Mannheim
Abfahrt nach Dortmund
20,03 Ank. 0,39 M 45,- FT.

FREITAG 5

Wechselverkehr Transport
ag., Dortmund

SAMSTAG 6

NOTIZEN

Hotel haus Bernhard,
Dortmund, Münsterstr. 187
Tel. 34422

Dann wieder leere Tage, bis zum 10. März, für den Vater vermerkt: zu Haniel u. Cie, Duisburg Ruhrort. Und erneut keine Eintragungen bis zum 13. März; da heißt es Rückfahrt nach Hause.
Man versteht. Statt jeden Tag mit dem Arbeitsort und der entsprechenden Firma zu markieren – Röhm u. Haas, D'stadt –, bildet Vater sozusagen Kapitel über die Einzeltage hinweg. Verwaltungs- und Verrechnungs GmbH Frankfurt a.M. ist solch ein Kapitel; Verkehrs-Enquête bei Fendel Mannheim das nächste; dann Treuarbeit Stuttgart, Westfälische Transport AG Dortmund, Haniel u. Cie Duisburg Ruhrort. Die Überschrift für die leeren Tage muss man in der jeweils letzten Eintragung erkennen. Ein solches Kapitel erstreckt sich dann vom 14. März bis zum 15. April und ist wieder mit Röhm u. Haas D'stadt überschrieben; darauf folgt vom 20. April bis zum 24 Mai wieder Spinnfaser.

Vater bildet größere Erzählzusammenhänge. Ohne sie freilich auszufüllen. Ja, sie enthalten, was die Schrift angeht, Leere.

Am 7. April lehnen die Bundesregierung und der Bundestag die Anerkennung der DDR ab und erklären den Alleinvertretungsanspruch der BRD für alle deutschen Interessen und Belange; sie ist der wahre und wirkliche Nachfolger des Deutschen Reiches.
Vater missbilligte die Nichtanerkennung der DDR und den Alleinvertretungsanspruch der BRD – wie er Mutter und Sohn am 15. oder 16. April bei seinem Aufenthalt zu Hause erklärte –, wobei die Missbilligung keine besseren politischen Ideen zeitigte (die ohnedies niemand von dem kleinen Angestellten, der kein Mitglied irgendeiner politischen Partei war, erwartete), sondern sich ganz allgemein seiner Abneigung gegen den Bundeskanzler Adenauer und seine Politik verdankte. Das genossen sie immer wieder und intensiv, die Westdeutschen, die Freiheit, ihre politischen Führer gründlich abzulehnen, ohne Folgen.

Irgendwann in diesen Monaten fand in der Kreisstadt Melsungen – wo das Kreiskrankenhaus Mutter und Sohn wegen ihrer kaputten Füße behandelt hatte und die Großmutter gestorben war – eine Woche lang die Sextanerprüfung statt, die interessierte Volksschüler daraufhin testete, ob sie auf das Kreisgymnasium wechseln dürften. Eine Frage, deren Beantwortung naturgemäß Vater und alle seinesgleichen, die ihrem Nachwuchs den sozialen Aufstieg als Lebensziel vorschrieben, heftig beschäftigte. Eine Woche lang wurden also die kleinen Jungs und Mädchen gründlich examiniert, in der fremden Stadt, in der fremden Schule, von fremden Lehrern. Vater war so stolz, dass der Sohn die Prüfung bestand und demnächst in einen Gymnasiasten sich verwandeln würde; was Vater als Jüngling ebenfalls, aber nur für kurze Zeit, nicht bis zum Abitur gewesen war. Versteht sich, dass wieder nichts davon im Merkbuch verzeichnet ist.

Vater ließ die größeren Erzählzusammenhänge, die er durch die Kapitel seiner Arbeitsverhältnisse bildete, nur an manchen Tagen völlig textfrei. An anderen kommen diese kleinen Rechnungen zurück, von denen wir nicht genau wissen, ob sie Stolz und Freude oder ob sie Sorgen zum Ausdruck bringen.
Mantel 164, Schal 19.50, Schuld an Wegener 100. Hut 39; Tabak 13; Fernglas 15; Strümpfe 12, Kaffee 3, Uhr 7; Kino 7.20; Kaffee und Zigarren 22.70; Mann Thomas 42, unleserlich 20, Zigarren 3; Blumen 6.
Sie waren am 12. Mai für Mutter bestimmt, Geburtstag, sie ist 46 Jahre alt. Ebenso für Mutter bestimmt war Mann Thomas, für DM 42, eine ganze Menge Geld. Vermutlich Bekenntnisse des Hochstaplers Felix Krull, die dies Jahr herauskamen und auf die Mutter, die ja Thomas Mann seit ihrer Jugend bewundert, sich wieder heftig freute.
Thomas Manns Bücher kaufen und lesen, Thomas Mann bewundern, das zählt gleichfalls zu den Maßnahmen, die den gesellschaftlichen Aufstieg fördern sollen. Womöglich an den Sohn

den Gedanken weiterreichen, dass Schriftsteller eine Karriere für ihn wäre ...

Am Mittwoch, dem 28. April, DM 7.20 für Kino, das lädt wieder zum Ausfabulieren einer Liebesgeschichte ein, denn es müssen, sagt der Preis, zwei Personen ins Kino gegangen sein. Da arbeitete Vater, wenn wir der neuen Kapitelbildung glauben, bei der Spinnfaser in Kassel und führte also am Feierabend seine Liebste aus. Wie die Matrosen – zu denen er einst so gern gehört hätte – unterhielt er in jedem Hafen ein Mädchen, in Kassel, Darmstadt, Frankfurt/Main, Stuttgart, München ...
Im Adressenteil des Merkbuches '54 findet sich K. Hübner, Hauffstr. 14, Kassel, Tel. 5355. Und unter den Buchstaben EF findet sich, wiederum in einer anderen Handschrift als der genähten Vaters, eine halb leserliche Eintragung namens A. Fülber mit ganz unleserlichem Wohnort und der Haus- oder Telefonnummer 44.

Kurt Hübner, das war seit langem der beste Freund von Vater. Er lernte ihn, der 15 Jahre jünger war, seinerzeit als Lehrling in der Firma kennen, in welcher er seine beachtliche Karriere machen sollte; Vater förderte seinen jungen Freund nach Kräften – der ihn nach 1945 flink überholte, insofern er ein eigenes Unternehmen gründete. Das schon in den fünfziger Jahren einen Millionenumsatz erzielte. Erneut eine Aufsteigergeschichte.

Am 21. Mai gibt Vater 12.50 DM für Tabak aus, ebenfalls 12.50 für Cognac und 10 für Honig – wenn das richtig gelesen ist. Ebenfalls DM 10 erhalten Reinhart und Margrit gemeinsam.

Reinhart und Margrit, so hießen Sohn und Tochter von Kurt Hübner. Vater machte ihnen zusammen ein Geldgeschenk. Manchmal wohnte Vater im Haushalt der Hübners, Wilhelm-Hauff-Straße, wenn er in Kassel arbeitete; das sparte ihm die Hotelkosten, er konnte das Spesengeld einbehalten – wie gesagt, die Spesen bil-

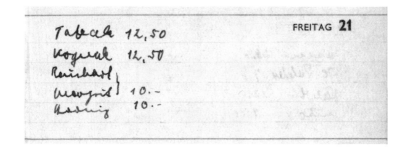

deten den Teil seines Einkommens, auf dessen Höhe er aktiv Einfluss nehmen konnte. Was Vater gerne mit seinem alten Freund Kurt teilte, das war die Freude am Politisieren.
Den Monat Mai erfüllte der Untergang der französischen Kolonialherrschaft über Indochina; die Guerilla der Vietminh eroberte als letzte Bastion der Franzosen die Festung Dien-Bien-Phu, eine überlegene militärische Leistung des Generals Giáp.
Seinen besonderen Hohn und Spott goss Vater über den französischen Kommandeur von Dien-Bien-Phu aus, Christian Marie Comte de La Croix de Castries – allein diesen Namen pflegte Vater, der alte Franzosenfresser, mit geschmäcklerischer Verachtung mehrfach hintereinander zu wiederholen, Christian Marie Comte de La Croix de Castries, der Verlierer von Dien-Bien-Phu. Christian Marie Comte de La Croix de Castries, Reichserbtruchsess!
Der General Giáp dagegen, der siegreiche Vietminh-Kommandeur, war ursprünglich Lehrer, schon wieder eine Aufsteigergeschichte. Guerillakommandeur schlägt französischen Aristokraten, der eine solche Niederlage sich unmöglich hatte vorstellen können. Ein Comte de Castries verliert keinen Krieg.
Die Schlacht begann am 13. März, und 8200 von den 20000 französischen Soldaten fallen oder werden vermisst; 1600 desertierten; der Oberst de Castries ging mit ca. 10300 Mann in die Kriegsgefangenschaft, die nur 3200 Mann überlebten. De Castries selbst wurde nach vier Monaten entlassen und daheim sofort zum General befördert. Was Vater am Abendbrottisch zu

den entsprechenden Tiraden provozierte. La Gloire de la France!, höhnte er. La Grande Nation! Französisch war ja die einzige Fremdsprache, von der er ein bisschen was verstand.

Am 25. Mai beginnt ein neues Kapitel. Vater überschreibt es Hommelwerke und lässt die Ortsangabe fort. Das Kapitel reicht erst einmal bis zum 5. Juni, wo sich eine dieser kleinen Rechnungen findet, das Fahrgeld, das die Reise von Mannheim (12.00 Uhr) nach Hause (19.16 Uhr) kostet (41.20). Fünf Mark kostet ein Auto: Anscheinend musste Vater ein Stück des Weges im Taxi zurücklegen. Am 6. Juni, Sonntag, geht es schon wieder in das Kapitel Hommelwerke zurück (Stichwort Universalwerkstättengerät).

Am 25. Mai, Dienstag, als Vater bei den Hommelwerken anfing, feierte der Sohn seinen 11. Geburtstag. Er hatte ja die Sextanerprüfung bestanden, er war jetzt Gymnasiast. Sein Leben ähnelte jetzt dem seines Vaters insofern, als er viel Zeit auf der Eisenbahn verbrachte. Das Gymnasium befindet sich ja in der Kreisstadt, die von unserer kleinen Stadt 11 Kilometer entfernt liegt. Die Eisenbahnfahrt dauerte ein halbe Stunde; man musste einmal umsteigen. Die Züge fuhren nur selten: Morgens mussten die Gymnasiasten aus unserer kleinen Stadt den Zug um 7.22 Uhr erreichen; mittags schafften sie in der Regel erst den um 14.08 Uhr. Die nächsten neun Jahre nimmt der Sohn sein Mittagbrot gegen 15 Uhr ein, denn der Weg vom Bahnhof zu dem Haus am Wald dauerte noch einmal 20 Minuten. Jetzt, im Frühling, herrschte morgens beim Hinweg schon Tageslicht, womöglich sommerlicher Sonnenschein. Später im Jahr muss der Sohn den ersten Teil seines Schulwegs in der herbstlichen und winterlichen Dunkelheit zurücklegen. Auf Feldwegen vom Wald zur Stadt; die steilen Gassen und Treppen hinunter ins Tal, wo die Eisenbahn fuhr; und nachmittags den Weg zurück, den Hang, an welchem unsere kleine Stadt sich ausbreitete, hinauf, über einen der Feldwege zu dem Haus am Wald.

Die Wartezeiten in der Kreisstadt strengten den frischgebackenen Gymnasiasten so gründlich an. Man kam doch nicht aus der Schule, erleichtert, erschöpft, stieg in den Zug und fuhr nach Hause, nein, man hatte Zeit rumzubringen, bis der Zug nach Hause ablegte, der auf der nächsten Station, einem kleinen Dorf, einem bedeutenden Eisenbahnknotenpunkt, noch einmal zu wechseln war (was zu Verspätungen führen konnte). Wie vertrieben sie sich die Wartezeit, die frischgebackenen Gymnasiasten? Sie trödelten in kleinen Horden durch die anfangs noch unbekannte Kreisstadt, laut, lustlos, gelangweilt. Sie saßen im Wartesaal des Bahnhofs herum, brütend, lärmend, bis der Wirt sich den Radau verbat. Wer nichts wird, wird Wirt, replizierten die Jungs flüsternd, wer gar nichts wird, wird Bahnhofswirt …

Klassenkampf! Die Gymnasiasten führten dem Bahnhofswirt nachhaltig und Tag für Tag die Sozialchancen vor Augen, die ihm je schon gefehlt hatten. Er hatte seine Gründe, die impertinenten Jungs, die seine anderen Gäste störten, wie er meinte, unerträglich zu finden. Ohne sie aus seinem Wartesaal vertreiben zu können; die Gymnasiasten, der zukünftige Stolz der Nation.

Worauf es ankam beim Warten im Wartesaal: ob man was verzehren konnte, ob das Taschengeld noch für eine Sinalco reichte; oder so ein Zeug, das heiße Fleischbrühe hieß und 25 Pfennige kostete. Schön dagegen der Becher Buttermilch, den unten in der Stadt eine Bäckerei für fünf Pfennige anbot; auch wenn es die Jungs befremdete, dass es sich bei den Trinkgefäßen offensichtlich um Zahnbecher handelte, aus dem Kunststoff Bakelit und deshalb unzerbrechlich. – Manchmal konnte man die Wartezeit durch Lesen rumbringen (aber die Kumpels störten). Manchmal konnte man sogar die Hausaufgaben anfangen (und so den freien Nachmittag zu Hause verlängern) – aber das trug einem leicht die Verachtung der Genossen ein: Streber! Es kam darauf an, die Langeweile der Wartezeit solidarisch zu durchleiden.

Manchmal hatte man Glück: Dann holte einen der Kumpel sein Vater mit dem Auto ab, und man durfte mitfahren.

Aber darauf kamen sie nicht, die Eltern in unserer kleinen Stadt, die schon ein Auto besaßen, einen Fahrdienst für ihre Fahrschüler zu organisieren, der ihnen das sinnlose Warten nach der Schule ersparte. Das rechneten sie zur Schule des Lebens, die Eltern der fünfziger Jahre, dass die frischgebackenen Gymnasiasten die Unlust des Fahrschülerdaseins klaglos ertragen lernten. Keine Verzärtelung; welche Schäden soll es mit sich bringen, wenn die Jungs ein paar Mal in der Woche eine Dreiviertel- oder gar eine ganze Stunde auf den Zug nach Hause warten mussten, umgetrieben von Langeweile?

Die Langeweile. Ein Philosoph könnte ein Prunkzitat platzieren: »So aufgesplittert der Alltag erscheinen mag, er behält immer noch das Seiende, wenngleich schattenhaft, in einer Einheit des ›Ganzen‹. Selbst dann und eben dann, wenn wir mit den Dingen und uns selbst nicht eigens beschäftigt sind, überkommt uns dieses ›im Ganzen‹, z.B. in der eigentlichen Langeweile. Sie ist noch fern, wenn uns lediglich dieses Buch oder jenes Schauspiel, jene Beschäftigung oder dieser Müßiggang langweilt. Sie bricht auf, wenn ›es einem langweilig ist‹. Die tiefe Langeweile, in den Abgründen des Daseins wie ein schweigender Nebel hin- und herziehend, rückt alle Dinge, Menschen und einen selbst mit ihnen in eine merkwürdige Gleichgültigkeit zusammen. Diese Langeweile offenbart das Seiende im Ganzen.«[12]

Die kleinen Angestellten, weisungsgebunden, denen Vorgesetzte ihre Arbeit zuteilen, diese kleinen Angestellten, die seit den zwanziger Jahren massenhaft die Bühne betraten, sie würden im Büro unablässig von der Langeweile attackiert; sie wären die privilegierten Empfänger dieser metaphysischen Erfahrung, der Frage nach dem Seienden im Ganzen.
Als er in die damals so genannte Volksschule eintrat und die Angehörigen den kleinen Jungen fragten, wie's ihm dort gefalle, antwortete er düster: Da komme ich nie wieder raus... Das Gymnasium, zu dem er mit der Eisenbahn reisen musste wie Vater zu seinen Arbeitsstätten, verstärkte das Gefühl der Unentrinnbar-

keit. Die Schule, wo das Schulkind auf einem Stuhl an einem Tisch sitzt, bis es zur Pause klingelt; wo man nur reden darf, wenn man gefragt wird; wo einem die Arbeit zugeteilt und dann geprüft und benotet wird – das alles wirkt wie eine praktische Einführung in das Leben der Angestellten.

Vaters Arbeitskapitel Hommelwerke wurde am 5. Juni nur unterbrochen; am 6. Juni schon fortgesetzt. Es dauert bis zum 21. Juni. Für den 22. Juni vermerkt Vater nach Kassel, wo er mit dem nächsten Tag ein Kapitel Stromeyer aufschlägt; Stromeyer, die wir bislang aus Mannheim kennen (wohin die Firma einst aus Konstanz übersiedelt war), unterhält also eine Filiale in Kassel, deren Bücher eine eigene Prüfung erfordern. Am 4. Juli, Sonntag, beginnt sogar ein Kapitel Stromeyer Hamburg, wobei das Fahrgeld von DM 90 für zwei Personen gilt, wie Vater vermerkt.

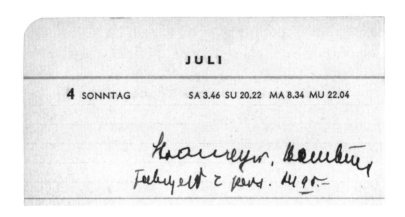

Das entfesselt wieder die Spekulation über die Liebesromane, die Vater in jedem seiner Häfen verfolgte: Hier nähme er ein Mädchen aus dem einen Hafen (Kassel) in den anderen Hafen (Hamburg) mit …
Nein, es war Mutter, die Vater auf die Reise mitnahm. Ein paar schöne Tage in Hamburg; Mutter sollte sich erholen von dem anstrengenden Leben in dem Haus am Wald, von dem Leben in

unserer bildhübschen, aber zugleich doch engen und dumpfen kleinen Stadt. Wie sie zusammen am Hafen herumspazierten, erzählte Mutter später, und gemeinsam in die weite Welt hineinschauen konnten.

Dass Mutter die zweite Person war, die am 4. Juli nach Hamburg fuhr, das fehlt natürlich wieder in Vaters Merkbuch. Aber wie sollen wir die neue Technik der Kapiteleinteilung verstehen? Dass Vater darauf verzichtet, jeden Tag den Arbeitsort und die Firma einzutragen, deren Bücher er studiert, als könnten die Vorgesetzten doch noch mal anhand seines Kalenders überprüfen, ob er seine Zeit restlos in ihrem Dienst verbraucht, wie sie es bezahlen.

Diese Prüfung fand, wie Vater wusste, nie statt; er ist alt genug, um ihr verlässlich zu entgehen, in diesem Jahr wird er 61. Das Buch seines Arbeitslebens ist bald abgeschlossen – so kann er sich selbst diese Kontrollmaßnahmen in Listenform ersparen. Er begnügt sich mit den Überschriften seiner Arbeitseinsätze. Resignation. Zugleich steigert das seine Souveränität. Statt sie zwanghaft mit dem Orts- und dem Firmennamen zu besetzen, die ja schon für die Tage davor galten und für die danach gelten werden, erlaubte er sich, diese Datumsfelder leer zu lassen, und so reden diese leeren Felder viel lauter über seine Person als die listenförmige Aufzählung. So ähneln die leeren Felder in gewisser Weise den kostbaren Eintragungen Korntal, Waldburg ...

Am 30. Oktober, Samstag, geht es wieder nach Korntal. Es heißt aber diesmal zu Wertz's, und Vater trägt das Geld ein, das der Ausflug von Mannheim, wo er wieder bei den Hommelwerken arbeitet, nach Stuttgart kostet, Fahrt 20, Gesch. 10, zusammen 30. Davor erstreckt sich ein weiteres Stromeyer-Kapitel (Mannheim) und ein langes Urlaub-Kapitel, das vom 22. August bis zum 19. September reicht (und dem ein weiteres Kapitel Hommelwerke folgt). Zwischendurch beschäftigt Vater sich immer wieder mit seinen kleinen Rechnungen, an W. bis einschl. 1.8.54 DM 117.85 bezahlt. An Ruth DM 100. An Wegener einschl.

1.10. DM 117.60 bez. Krawatte 5, Strümpfe 18, 5 Monika. 50 Hupfeldt. Ruth 20, Kaffee 5.50.

Die fünf Mark für Monika am 2. Oktober bringen einen wieder auf Liebesgedanken, der Blumenstrauß, die Zeit mit Monika. Die Krawatte und die Strümpfe machen den Mann von 60 Jahren hübscher.
Tatsächlich gab es keine Monika im Umkreis, weder unter den Freunden noch den Bekannten von Vater. Monika hieß vermutlich das Zimmermädchen in der Pension Wegener, Mannheim, und Vater bedankte sich für ihre Dienste während seines Aufenthalts, das Betten- und Saubermachen, die kleinen Handreichungen, mit einem Trinkgeld. Die Desillusionierung ist eine eigene poetische Strategie. So haben wir am 4. Juli, als Vater mit Mutter und niemandem anderes nach Hamburg reiste, damit sie endlich mal an seinen Reisen teilhabe, ein zentrales Ereignis von nationalhistorischer Reichweite ignoriert.
Am 4. Juli 1954 gewinnt die Bundesrepublik in Bern, Schweiz, die Fußballweltmeisterschaft, die alle dem Gegner, den Ungarn, zugetraut hatten. Der Sieg gilt in der nationalen Mythologie als Neubeginn der deutschen Geschichte. Namen wie Fritz (und Ottmar) Walter, Toni Turek, Jupp Posipal, Helmut Rahn ersetzten die Namen der Kriegshelden; der Ruhm Sepp Herbergers, des Trainers, überstrahlte den Ruhm Erwin Rommels – und Herberger hatte, anders als Rommel und seinesgleichen, gesiegt.
Den Dokumentarfilm über die Fußballweltmeisterschaft sah der Sohn, wie den über die Krönung Elisabeths II., gemeinsam mit der Tante wieder in einem der Kinos von Kassel. Die Tante genoss sie, die nationale Wiederauferstehung im verkleinerten Maßstab, wie man deutlich erkannte – obwohl die Tante, wie gewöhnlich, ihre Gefühle gut zu verbergen verstand. Doch hier brachen sie durch, und der Ausdruck patriotischer Begeisterung verwirrte den Sohn.
Es fiel auf, dass weder Vater noch Mutter noch Sohn an der Fußballweltmeisterschaft intensiven Anteil nahmen.

Bei Mutter verwundert das kaum; es dauert noch lange, bis weibliche Menschen sich intrinsisch oder auch bloß demonstrativ für das Fußballspiel interessierten. Die Freude jener Tante kam ja woanders her. – Dass Vater und Sohn ohne rechtes Fußballinteresse waren, individualisierte sie gründlich und unterschied sie erkennbar von ihren Mitbürgern.

Vater blieb ein Mann des Wassers. Das Segeln, dem er sich in den Zwanzigern und Dreißigern während der Freizeit widmete, blieb der einzige Sport, der ihn fesseln konnte. Während die Tante das später zu einer Gewohnheit machte, Fußballspiele im Fernsehen anschauen, gemeinsam mit ihrer Freundin Kahler, die ursprünglich ihre Hausangestellte war und unsere kleine Stadt beeindruckte, weil sie ein schweres Motorrad fuhr. Tante hatte ja selber was von einem Kerl. Sie leitete diese Fabrik, damals der mächtigste Arbeitgeber in unserer kleinen Stadt; sie hatte in den Wäldern ringsum eine Jagd gepachtet, in die sie an manchen Abenden, zünftig gekleidet, die Flinte über der Schulter, sich aufmachte; dann lag später ein schönes Tier im Hof des alten Hauses am Markt, tot, aufgebrochen, sodass man das leere, blutige Innere anschauen konnte, fasziniert und angeekelt. Dann war die Tante mit einem Fichtenzweiglein am grünen Filzhut zurückgekommen, mit dem Tierblut angeklebt. Scharfe Gerüchte kursierten in unserer kleinen Stadt betreffend das Liebesleben der Tante.

Vater beschließt das Jahr 1954 mit Kapiteln, die ihn nach Frankfurt/Main, zu einer Firma namens Generatorkraft, führen – er wohnt im Hotel Schürmann, Taunusstraße 50, Telefon 32092 – sowie erneut zur Spinnfaser nach Kassel. Für die Wochenenden (Samstag/Sonntag) verzeichnet er regelmäßig Fahrten nach Hause, samt Start und Ankunft und Fahrpreis. Am 29. Dezember beginnt er wieder ein Kapitel bei Röhm & Haas, Darmstadt, dem Plexiglas.

Die Firma Generatorkraft, 1940 in Berlin gegründet, erwarb und vertrieb so genannte feste Brennstoffe wie Holz, Kohle, Torf. Be-

deutend für die Kriegsproduktion; 1943 saßen im Aufsichtsrat Wirtschaftsführer, deren Namen man aus der Bundesrepublik kennt, Carl Borgward, Karl Hettlage, Hugo Stinnes. 1954 zog die Firma von Berlin nach Frankfurt/Main; 1955 wurde sie aufgelöst.
Wiederum streifte Vater am Rande bedeutendes und mächtiges Kapital. Konnte an den Wochenenden bei den Sonntagsspaziergängen und am Mittagstisch von den finsteren Männern erzählen, die jetzt, nach der Hitlerzeit und dem Krieg, umsichtig ihre Macht und ihr Geld in Sicherheit brachten.

Ebenso wie bei dem Kalender insgesamt reduzierte Vater seine Eintragungen im Adressen- und Notizenteil hinten. Deutsche Angestellten-Krankenkasse, Frankfurt/Main, Goethestr. 11, Mitgliedsnr. 3.815 282. Dr. H. Heckmann, Worms, Dankwartstr. 9, Tel. 4209. Dr. med Karl Korsch, Mannheim. Wiederum Else Lympius, Berlin-Steglitz. Die Pension Sonnenfeld in München, von Dr. Schlögl empfohlen. Olga Sinnhuber in Düsseldorf und W. Waldbüsser in Frankfurt/Main.
Die Notizblätter, perforiert, von denen Vater eine ganze Anzahl herausgerissen hat, verzeichnen Medikamente – Hübraran, ein Mittel gegen Gallenbeschwerden, Ticarda gegen Bronchitis, Eupontl 3 × tgl. – aber auch das Buch Geist der Freiheit von Erhardt Ziegler.
Eberhard Zeller heißt der Autor, nicht Erhardt Ziegler, müsste ein Historiker korrigieren, ein Arzt, der 1952 eine erste große Studie über Claus von Stauffenberg, den 20. Juli, das Attentat auf Hitler veröffentlichte.
Gallenbeschwerden, Bronchitis, Bluthochdruck, Vaters Gesundheitszustand war nicht der beste. Er rechnete es dem Alter zu, in das er langsam hineinglitt, und dem schlechten Leben, das sie im Krieg und in der Nachkriegszeit führen mussten. Und überhaupt, die Geschichte hatte ihm wenig geschenkt.

1955

Bei dem Merkbuch für das Jahr 1955 handelt es sich erneut um ein Werbegeschenk der Vereinigten Glanzstoff-Fabriken, dunkelblaues Kunstleder, Goldschnitt, kein Lesebändchen. Wie 1954 ist das Firmenlogo vorn aufgeprägt und scheint mit Ausrufezeichen zu verkünden: Glanzstoff!
Das schöne Wort, das als Metapher für die Poesie stehen könnte, an die man in der Bundesrepublik der frühen Jahre innig glaubte. Wenn man im Duden von 2000 nachschlägt, fehlt das Wort Glanzstoff überhaupt – anders als im Duden 1961, wo es vorkommt, neben Glanzbürste und Glanzkohle, die wiederum zur Poesie einladen, insofern man sich auf Anhieb nichts Genaues darunter vorstellen kann.

Im Innern hat sich das Merkbuch '55 gegenüber '54 insofern verändert, als die Seite mit den Stadtwappen von Oberbruch, Kelsterbach, Obernburg, Kassel, Wuppertal nun eine Federzeichnung ersetzt: das Gebäude der Hauptverwaltung in Wuppertal-Elberfeld, davor winterlich unbelaubte Bäume (die den Blick auf die Hauptverwaltung freigeben). Von diesem Hauptgebäude verweisen sechs Linien auf die einst mit ihren Wappen repräsentierten Filialen.

Orte sowie die Werke in Barmen und in Waldniel; diese Namen krönt jetzt regelmäßig ein Emblem, das so etwas wie »Fabrik« darstellt, Sheddächer im Profil und ein Schornstein.
Schwer vorzustellen, welche Überlegungen die Designer des Notizkalenders von einem Jahr zum anderen leiteten. Waren überhaupt Designer (als Spezialisten) am Werk?

Im Innern hat sich die Produktliste der Vereinigten Glanzstoff gleichfalls ein wenig verändert: VGF-Perlon ist dazugekommen sowie Nefalon-Kräuselzwirn aus ebendiesem Material. Die Seite, auf der Glanzstoff-Fäden die Welt umgarnen, ersetzt ein Foto verschiedener Spulen, auf die das Garn der unterschiedlichen Macharten proper aufgewickelt ist und saubere Formen bildet. Zwei wolkenhafte Büschel Zellwolle im Vordergrund helfen das Vorher/nachher-Schema darzustellen: der formlose Stoff, der sich zu wohlgestaltem Zwirn läutert.

Auch in solche Nebenprodukte wie den Notizkalender wird unterdessen mehr investiert: Wenn die Firma Eilers in Bielefeld keine Designer beschäftigte, sondern der Herr Direktor persönlich Anweisungen zur Gestaltung des Kalenders gab – ein Foto zu reproduzieren, war auf jeden Fall deutlich teurer als die Reproduktion einer Federzeichnung, und den Vereinigten Glanzstoff ist das ganz recht.
Kräuselzwirn! Glänzend eignet sich das Wort für komische Effekte: Nach seinem Gespräch mit Dr. Schlögl, seinem Vorgesetzten, über die Bücher der Vereinigten Glanzstoff-Fabriken, erfüllte sein Hirn Kräuselzwirn. Reimt sich sogar!, wie Vater spottet...

Der Steckbrief des Kalender-Besitzers – überschrieben Persönliches – enthält wieder eine Telefonnummer für zu Hause: Vater und Mutter leisten sich also wieder eine Telefonverbindung, die Nummer ist 434. – Schon 1954 gab es verso eine Seite für Wichtige Notizen, das wären die Telefonnummern von Arzt, Krankenwagen, Feuerwehr, Polizei; mehrere Leerzeilen für regelmäßig frequentierte Zug-, Straßenbahn- und Omnibusverbindungen. Keine Eintragung von Seiten Vaters. Dafür findet sich hinten in dem Büchlein, in der Notizenabteilung, die Zugverbindung, mit der er am besten von Frkft. nach Hause kommt: Abfahrt 13.04 Uhr – Ankunft Bebra 15.22 Uhr – Abfahrt Bebra 15.50 Uhr – Ankunft Malsfeld 16.27 Uhr – Abfahrt Malsfeld 17.05 Uhr – Ankunft daheim 17.24 Uhr. Zurück ging's am besten ab 6.58 Uhr, da ersparte er sich das Umsteigen in Bebra und kam um 10.39 Uhr in Frkft. an. Er wird mit Dr. Schlögl abgesprochen haben, wie er die verpassten Bürostunden ersetzt, damit ein voller Bürotag angerechnet werden kann.

Das wissen wir schon aus dem Schluss des Merkbuchs '54, dass das erste Arbeitskapitel des neuen Jahres Röhm & Haas heißt. Vater schreibt es an drei Tagen hintereinander auf, am 3. Januar, am 4. Januar, am 5. Januar, als wolle er die neue Kapiteleinteilung wieder aufgeben, Röhm u. Haas, D'st. Erst am 6. Januar kehrt er zur neuen Ordnung zurück und lässt das Datumsfeld frei. So bleibt es bis zum 1. Februar. Er wohnt, wie in dem ersten Notizenfeld des Jahres vermerkt, im Darmstädter Hof, der sich in der Rheinstraße 12 befindet, Telefonnummer 3560. Der Auftrag bei Röhm & Haas trägt die Nummer F 2547; der zuständige Herr (der Typus Eckert) bei Röhm & Haas ist über 3071 zu erreichen (wie das zweite Notizfeld des neuen Jahres meldet).
Am 8. Januar zwei der kleinen Rechnungen, Ruth 100, unleserlich 12.50. Dann herrscht vollkommenes Schweigen.
Das Vater erst am 24. Januar aufgibt, Zimmermann, Schmidt, Niederbrechen. Und am 1. Februar schreibt er: an Stadt Limburg gezahlt DM 100; was er am 11. Februar ergänzt durch: an Hotel Stadt Limburg DM 50 gezahlt.

Vater hält sich also gar nicht in Darmstadt, D'stadt., D'st. auf, sondern in Limburg, ein Kapitel, dessen Anfang er geheim hält, in das er stumm hineingleitet, eine interessante Erzähltechnik (wenn wir mit dem Spiel, dies sei Literatur, fortfahren), eine Erzähltechnik, deren Effekt die unbekannten Namen – Zimmermann, Schmidt – steigern. Wir befinden uns orientierungslos im Irgendwo.
Es sei denn, wir nehmen Zimmermann, Schmidt, Niederbrechen als expliziten Kapitelbeginn. Und das Hotel Stadt Limburg liegt in diesem Dorf – welchen Sinn hätte der Name Hotel Stadt Niederbrechen?

Eine Firma in Limburg – mit Filiale in Niederbrechen –, deren Bücher vor Vaters Augen mussten. Es finden sich im Gedächtnis keine diesbezüglichen Erzählungen Vaters am Mittags-, am Abendbrottisch, beim Spaziergang in den Wäldern.
Vater ist verschwunden. Niederbrechen in Niederbrechen, das Hirn voll Kräuselzwirn, möchte man spotten.
(Das kam erst viele Jahre später, der Zusammenbruch, und der Ort hieß Saarbrücken.)

Wenn mit Niederbrechen – Schmidt, Zimmermann – ein Kapitel beginnt, dann endet es am 20. Februar, Vater schreibt nach Stuttgart und am nächsten Tag Flughafen Württemberg-Baden. Diesmal wohnt er nicht bei Klara Winkler – deren Name im Adressenteil fehlt, während Erich Wertz, Korntal, getreulich verzeichnet ist –, sondern im Gasthaus zum Ochsen, Stuttgart-Degerloch, Tübingerstr. 9, Telefon 73694, wie er auf dem Notizenfeld verzeichnet.
Das Stuttgarter Flughafenkapitel reicht bis zum 20. März, Sonntag. Da schreibt Vater von Stuttgart nach Darmstadt in den Kalender. Dann wieder Schweigen, bis zum 23. April, da schreibt Vater Abf. nach Hause.

Statt der Firmennamen überschreiben jetzt also Ortsnamen die Kapitel von Vaters Arbeitsleben. Eine Verschiebung der Aufmerksamkeit von der Wirtschaftsgeschichte zur Topographie.
Der Satz, ich fahre wieder nach Mannheim, unterscheidet sich gründlich von: Ich arbeite wieder bei Stromeyer. Ist stärker mit Freiheit und mit Bedeutung gefüllt.
Die Ortsnamen entwerfen einen anderen Raum als die Firmennamen. Einen älteren Raum, einen Raum von größerer Dauer. Die Stadt Mannheim wurde 1607 durch den Kurfürsten Friedrich IV. von der Pfalz gegründet, Stromeyer, wie wir wissen, erst 1887 von Max Stromeyer …
Vater legte also Wert darauf, sich in diesem Raum aufzuhalten. Mit der Eisenbahn durch die Landschaft reisen, regelmäßig,

macht träumen. Dass es immer dieselben Strecken sind, erweckt die Lust am Wiedererkennen. Da repetieren die Namen der Orte, an denen täglich der Sohn (der Gymnasiast) vorbeifährt, Schemmern, Friemen-Meckelsdorf, Waldkappel, Wochen um Wochen unerinnerbarer Zeit; da entwerfen Hügelzüge und Talmulden einen Riesenkörper, der den Knaben gleichzeitig lockt und erschreckt; da schweigt man gegen das Plappern der Genossen, weil draußen vor den Zugfenstern die bekannten Bilder schon wieder vorbeifließen wie im Kino und die Augen fesseln, wie man den hin und her zuckenden Blicken von Wolfgang und Heinz-Dieter abliest, die sich gleichfalls schweigend dem Kino überlassen. Dann ankommen in dem Ort, wo man immer ankommt, das erzeugt immer wieder eine durchdringend öde Enttäuschung. Jetzt beginnt die Arbeit. Man hätte in Waldkappel aussteigen und dort ein neues Leben beginnen sollen, unbemerkt.

Am 25. April, Montag, schreibt Vater Anfang bei Spinnfaser. Also eine Rückkehr zu den Firmennamen. Am 1. März, Dienstag, schrieb Vater – inmitten all dieser leeren Tage – 128 an Hupfeldt. Hinten in der Notizenabteilung findet sich eine Aufstellung, was dem Schneider Heinrich Hupfeldt, Elbersdorf, in vier Raten für zwei Kleidungsstücke zu zahlen ist (Hupfeld oder Hupfeldt: die Schreibung variiert).

Am 1. März war Vater in Stuttgart. Der Hupfeldt-Eintrag entwirft also tatsächlich einen anderen Raum, den auszeichnet, dass Vater sich körperlich gar nicht in ihm aufhält: den Zeitraum, in dem die Rate an Hupfeldt fällig wird.

Für den 5. April ist nachzutragen, keine Notiz in Vaters Merkbuch, wie gewöhnlich, dass Winston Churchill als britischer Premier zurücktrat; Anthony Eden, Außenminister und schon lange in Wartestellung, wurde sein Nachfolger. Ein eleganter Herr mit ausgezeichnet lesbarem Oberklassenhabitus. Allein der knappe Schnurrbart und der Seitenscheitel im Silberhaar.

Mutter beschäftigte Churchills Rücktritt, der Sieger über Hitler gab auf. Wurde aber Zeit, mahnte Vater, als irgendwann am Mittags- oder Abendbrottisch die Rede darauf kam, gut 80 Jahre, viel zu alt; konnte froh sein, dass er '51 noch mal die Wahl gewonnen hat, nachdem ihn '45 die Briten, haarscharf nach dem Sieg über Hitler, abgewählt hatten. Aber man war so gründlich an ihn gewöhnt, träumte Mutter, man wird ihn vermissen. Der Eden ist ein feiner Mann, so Vater tröstend.

Hinten in der Notizenabteilung findet sich noch eine zweite Aufstellung über Ratenzahlung: betreffend einen Kühlschrank, DM 255 insgesamt, zehn Raten; die letzte wäre 1956 fällig.

Das charakterisierte die Westdeutschen, dass sie sich in der bunt expandierenden Warenwelt durch langfristige Ratenzahlungen engagierten. Der Messerschmidt-Kabinenroller, an dem der Sohn so innig hing, man hätte ihn durch Ratenzahlung erworben. Aber er bot zu wenig Platz für eine Familie von dreien. Er eignete sich nur für ein Paar (jetzt, im Weltraum, besetzte der Sohn den hinteren Sitz des Shuttles mit seinem besten Freund und Vertrauten, einem Jungen namens Peter, den es gar nicht gab).

Auf einen Kühlschrank war man damals richtig stolz. Die Anschaffung signalisierte, dass der eigene Haushalt einem gewissen Entwicklungsstand entsprach. Mutter und Vater erzählten dem Sohn, wie in den Wohnungen ihrer Eltern Eisschränke ausschau-

Elektrizitäts-A.g.
mitteldeutschland, Kassel
  Anschlg   25,50
zlg. 2. V. 55   25,50
für Kühlschrank "Kälte"
   2. VI.   25.50
      VII.   25.50
      VIII.   25.50
      IX.   25.50
      X.   25.50
      XI.   25,50
      XII.   25.50
1956 I.   25.50
                    ─────
                    255,-

ten, Schränke in der Tat, aus Holz und Metall, in denen Eisbrocken an strategischen Stellen für Kühlung sorgten, Eis, das ein Lieferdienst immer wieder erneuern musste. Kein chemisch-elektrisches Verfahren.

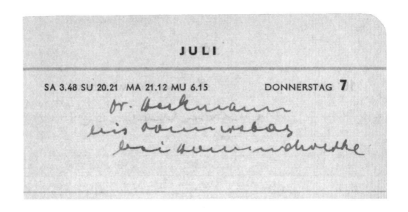

Das Spinnfaser-Kapitel, das am 25. April begann, reicht bis zum 22. Mai, an dem Vater nach Mannheim, zu den Hommelwerken, reist. Am 3. Juli geht es zu Stromeyer nach Karlsruhe, wo die drei Herren Dietrich, Eichler, Dr. Walter zuständig sind. Am 7. Juli, Donnerstag, liest man Dr. Heckmann bis Donnerstag bei Hommelwerke, und es bleibt unklar, ob Vater denselben Donnerstag (3. Juli) meint, an dem er immer noch bei Stromeyer in Karlsruhe weilt (und mit den Herren Dietrich, Eichler, Dr. Walter konferiert); oder ob Dr. Heckmann bis zum Donnerstag, dem 14. Juli, bei den Hommelwerken in Mannheim anzutreffen wäre, wo Vater mit ihm zusammenzuarbeiten hätte – der Adressenteil führt ihn ja auf, Worms, Dankwartstraße 9, Telefon 4209, also ein Mann, zu dem Vater regelmäßig und persönlich Beziehungen unterhält.
Jedenfalls liest man am 10. Juli, Sonntag, in dem Merkbuch Mannheim.

Die Notiz, dass Dr. Heckmann bis Donnerstag bei den Hommelwerken sei, könnte vom Genre her gelesen dasselbe sein wie die DM 128 an Hupfeldt am 1. März, keine Aufzeichnung, sondern Planung, Agenda. Eine solche Art Schrieb findet sich gewiss in den Terminkalendern der Vorgesetzten von Vater, Daten, die die Zukunft antizipieren und Tag für Tag bei den Geschäften zu berücksichtigen sind – so wird am 3. Juli in den Merkbüchern der Herren Dietrich, Eichler, Dr. Walter Vaters Name erscheinen, ebenso in Dr. Heckmanns Merkbuch am 7. Juli.
Nun könnte man behaupten, schon das legendäre Herrn Eckert sei Planung statt Aufzeichnung gewesen, von Schmidt, Zimmermann, Niederbrechen zu schweigen.
Was hier schneidet: dass Vater die Räume, in denen Herr Eckert, Zimmermann, Schmidt und ihresgleichen sich aufhalten, tatsächlich betritt (betreten wird), während die Zahlung an Hupfeldt in seiner Abwesenheit erfolgt und er Dr. Heckmann bei den Hommelwerken verfehlt, denn er hält sich ja in Karlsruhe auf (nicht weit entfernt von Mannheim, aber immerhin).
Man müsste die Parallelstellen in den Notizkalendern von Dr. Heckmann und seinesgleichen kennen. Dann bekäme man den Unterschied zwischen dem kleinen Angestellten und seinen Vorgesetzten in dieser Hinsicht genauestens zu fassen. Dr. Heckmann bis Donnerstag bei Hommelwerke – eine solche Undeutlichkeit bei der Zeitangabe (7. Juli? 14. Juli? vom 7. bis zum 14. Juli?) kann sich kein Chef leisten. Indem er eine chefartige Notiz versucht, bezeugt Vater, dass er keiner ist.
Das verleiht der Angestelltenexistenz oft eine spezielle Poesie, dass sie das Chefhafte, überhaupt die Gewohnheiten der höheren Etagen, ihren Habitus, verfehlt. Der kleine Angestellte ist ungeschickt, benimmt sich daneben. Das hat Schönheit. Eine Schönheit, die der Chef durchaus verfehlt.

Das Ungeschick. Ein Meistersoziologe gibt ein Exempel, das Vaters unschuldige Heckmann-Eintragung bei weitem übertrifft. »Der an der Grenze des proletarischen Milieus aufgewachsene

Jüngling gehört einer Angestellten-Organisation an, in der er sich mit Fanatismus betätigt. Da er sich nach geistigem Austausch sehnt und offenbar auch in der Jugendgruppe seines Verbandes wenig Gesinnungsgenossen findet, hat er eine Korrespondenz mit einem Mädchen in der Provinz angeknüpft, das ebenfalls Verbandsmitglied ist. Diese Privatkorrespondenz nun wird von ihm nach Methoden geführt, die der Registraturabteilung eines Großbetriebs würdig wären. Daß die Schriftstücke chronologisch in Mappen geheftet sind, läßt sich noch einigermaßen begreifen. Darüber hinaus trägt aber jede nichtssagende Ansichtskarte den Eingangs- und Abgangsstempel, und die abgeschickten Briefe werden in der stenographischen Urschrift aufbewahrt.«[13]

Immer wieder durchschießen die kleinen Rechnungen Vaters Arbeitskapitel. Wobei man die Ortsangaben wie Vorzeichen lesen kann. Mannheim: 19.50 Hemd, 11 Krawatten, 14 Briefmarken, 5.30 Kaffee, 3.20 Tabaktasche. 6 Marken, 3 Bügel, 4 Telefon. 5.90 Strümpfe, 5.30 Kaffee, 7.50 Hut, 3 Combizym, 3 Tabak. 5.30 Kaffee. 50 Ruth – wozu man sich als Vorzeichen Vaters Wohnort denken muss, hier übergab er der Ehefrau 50 Mark. – Nochmals Mannheim: 13.50 Marken, 3 Bücher. Dann beginnt am 24. August das Urlaubskapitel, das bis zum 18. September vollkommenes Schweigen erfüllt.

Marken, Briefmarken, dass Vater welche kauft, erklärt sich daraus, dass der Sohn angefangen hat, sich mit einer Sammlung zu beschäftigen. Der Sammlung, die von früher, aus Vaters Vergangenheit, herumlag. Es behagte Vater, dass der Sohn sich für seine alte Sammlung interessierte – das erleichterte ihm die Auswahl der Mitbringsel, die bei jeder Rückkehr nach Hause fällig waren. Also Briefmarken. So wie Bücher das ideale Mitbringsel für Mutter abgaben.

Am 19. September heißt es dann Abfahrt nach Frankfurt am Main, Einfuhr- und Vorratsstelle, Adickesallee 40. Und am nächsten Tag ist Dr. Petzel verzeichnet, 5. Stock, Zi. 507. Eine Bleistiftkorrektur notiert Zi. 318 im 3. Stock. Am nächsten Tag ist verzeichnet, dass Vater zu Haufs umgezogen ist, Elefantengasse 14. Im Notizfeld der Woche hält Vater 50441 als Auftragsnummer und das Zimmer 110 im 1. Stock der EVSt fest. So ging es hin und her bei dieser Prüfung der Bücher.

EVSt heißt Einfuhr- und Vorratsstelle statt (Ehemals) Vereinigte Stahlwerke (deren Adresse in Frankfurt/Main unauffindbar blieb – jetzt ist sie eindeutig: Adickesallee 40). Wir befanden uns in einem Roman, als wir neulich Vater in Berührung mit dem besonders verruchten deutschen Kapital wähnten (Friedrich Flick), die Bücher der aufgelösten VESTAG prüfend.
Die Einfuhr- und Vorratsstellen werden 1950 bis 1952 aufgemacht, um die Märkte für Getreide und Futtermittel, für Fette, für Zucker, für Schlachtvieh, für Fleisch und Fleischerzeugnisse zu regulieren, das Verhältnis zwischen Importen und eigenen landwirtschaftlichen Produkten abzustimmen. Also keinesfalls das dämonische deutschnationale Kapital, im Gegenteil, dieser sozialdemokratische Reformismus, der Westdeutschland von vornherein prägte.

Das Frankfurt-Kapitel dauert lang, bis zum 25. November. Am 26. November, seinem Geburtstag, verzeichnet Vater Urlaub; gestern kam er nach Hause, am nächsten Mittwoch bricht er um 16 Uhr, wie er aufschreibt, mit Dr. Gelbert nach Kassel auf. Während des Frankfurt-Aufenthalts kommt Vater regelmäßig nach Hause, jedes Wochenende, wie er jedes Wochenende notiert (Fahrtkosten 16).

Wieder fehlt ein schwerwiegendes Ereignis aus seinem Familienleben in dem Merkbuch. In diesem Jahr verlassen Vater, Mutter und Sohn endlich das Haus am Wald und ziehen in eine Wohnung, die näher an unserer kleinen Stadt liegt.
Das bildete ihren persönlichen Abschluss der Nachkriegszeit.

Zehn Jahre hatten sie hier gelebt, von 1945 bis 1955, zuerst nur in zwei Zimmern, dann in dreien, die von schöner Größe, aber im Winter schwer zu heizen waren. Draußen, in den Wäldern und der Landschaft, boten sich dem Sohn großartige Möglichkeiten zum Spielen und Abenteuern und Träumen (die Flüge mit dem Kabinenroller); winters kamen Rodeln und Skilaufen hinzu.
Für Großstädter, die wie Mutter die Großstadt hassen, eine idyllische Szenerie, das Haus am Wald, und Mutter erfreute sich oft an diesen Schönheiten. Aber ebenso schimpfte sie immer wieder heftig über die Nachteile – dass es ganze zehn Jahre brauchte, bis sie eine bessere Wohnung auftaten, empfand sie als schwere Niederlage, als Richt- und Schicksalsspruch über ihr Lebensglück und ihre Lebenstüchtigkeit.
Unbequem waren nicht nur die Feldwege, die man hinter sich bringen musste, um in unsere kleine Stadt zu gelangen für die Einkäufe (für die Schule, für den Heimweg, den Vater nach der Ankunft am Bahnhof zurücklegen musste; und umgekehrt, wenn es wieder losging). Wir schweigen vom Schnee, der winters die Feldwege verstopfte.
Die größte Unbequemlichkeit, eine richtige Plage, von der sich als Inbegriff der Nachkriegs-, der so genannten schlechten Zeit erzählen ließ, entstand daraus, dass das schöne große Haus am Wald – »die Filla«, wie unsere kleine Stadt sagte – ohne fließendes Wasser war. Irgendwann in den Dreißigern rosteten die Rohre durch; während des Krieges fehlten die Ressourcen für eine Reparatur, und in der Nachkriegszeit schon gar.
So musste das Brauchwasser – waschen, abwaschen, die Klospülung – mittels verschiedener Bottiche aus Metall und Keramik vom Dach aufgefangen werden, der Regen. Und unter bis zu vier Familien verteilt. Das Trinkwasser aber schöpfte man aus einer Zisterne, dreihundert Meter über die Feldwege und den halben Hang hinunter; die beiden Eimer schleppte man an einem hölzernen Joch auf den Schultern. Ein Foto, das Mutter für das Familienalbum verfertigte, zeigt Vater mit dem Joch und den Eimern voll Trinkwasser; er trägt Anzug, weißes Hemd und Schlips und

lächelt: wegen des Fotografiertwerdens. Im Hintergrund sieht man vorn gesägte Holzkloben, die noch mit der Axt zerkleinert werden müssen, und weiter hinten eine Wiese und den Wald. Ein sonniger Tag im Vorfrühling; Vaters graues Haar leuchtet hell, und seine Hosenbeine werfen einen scharfen Schatten auf den Weg, den er emporkommt, auf Mutter zu, die fotografiert.

Die Holzkloben. Versteht sich, dass das Haus am Wald ohne Zentralheizung ist, dafür Kohleöfen in jedem Raum. Aber oft genug fehlte Kohle – dann wurde Holz verheizt. Das schnell verbrannte, weshalb bald nachgelegt werden musste – und dann schadete die schwere Hitze, die das Holz so schön erzeugte, den Öfen. Und in manchen Wintern stand nur der falsche Brennstoff zur Verfügung: Braunkohle, die in den Öfen unter Feuer verzwickte Gestalten von Schlacke ausbildete, die Mutter unter Wutanfällen mit dem Hammer zerschlagen musste, um sie zu entsorgen. In einem besonders kalten Winter hängte Mutter in dem schönen großen Mittelzimmer des schönen großen Hauses am Wald ein kleines Quartier um den Ofen herum mit Wolldecken ab, damit sie genug Wärme kriegten. Welche Mahlzeiten Mutter unter diesen Umständen zubereitete? Kochte sie auf den Öfen? – Kein Wunder, dass Mutter das Haus am Wald und die schöne große Wohnung längst verlassen haben wollte und die zehn Jahre unerträglich lang fand.

Und doch schaut der kleine Mann im Anzug und mit Schlips, der auf den Schultern ein hölzernes Joch trägt, an dem rechts und links an Strippen zwei Eimer frisches Wasser hängen, die er mit der rechten und linken Hand festhält, damit sie nicht ausschwingen, souverän aus, selbstsicher, Herr der Lage. Wegen des Lächelns, das aus dem Fotografiertwerden hervorgeht. Aber damit er es aufsetzt, braucht es schon Souveränität.

Am 12. August, Freitag, notierte Vater 5.30 für Kaffee auf dem Datumsfeld. Er befand sich in Mannheim. Geprüft wurde Stromeyer. Am Samstag reiste Vater wieder nach Hause, und Ruth erhielt 50.

Am 12. August stirbt in Zürich Thomas Mann, und Mutter beschäftigte in den nächsten Tagen die Angehörigen mit diesem welthistorischen Ereignis. Vater musste sie trösten, als wäre ein Angehöriger tot.
So ergeht es dem Kulturbürger. Die Kulturheroen, die er verehrt, deren Bücher er regelmäßig mit Andacht liest, treten in seine persönliche Lebenswelt ein. Der Unterschied zwischen primären und sekundären, direkten und indirekten Sozialkontakten schmilzt weg.

Am 8. September, Donnerstag, befand sich Vater zu Hause, das Urlaubskapitel. Kein Eintrag irgendeiner Art im Merkbuch.
Am 8. September reist der Bundeskanzler mit einer Regierungsdelegation nach Moskau. Am 12. September, Montag, unterzeichnen der Bundeskanzler und der sowjetische Ministerpräsident Bulganin ein Abkommen, dass die Bundesrepublik und die Sowjetunion diplomatische Beziehungen aufnehmen; dass die Sowjetunion die letzten deutschen Kriegsgefangenen in die Bundesrepublik entlässt.
Damit hat er die nächste Bundestagswahl in der Tasche!, tobte Vater am Mittagstisch wütend-freudig. Aber das ist doch gut so, begütigte Mutter, die armen Männer müssen doch endlich nach Haus. Was hatten wir da überhaupt zu suchen?, ruft Vater, in den Tiefen Russlands, was wollten wir da? Die Allermeisten, begütigt Mutter, waren doch unfreiwillig dort, eingezogen und abkommandiert. Anfangs waren alle schwer begeistert!, ruft Vater, der Blitzkrieg, als sie in null Komma nix vor Moskau standen. Der neue Lebensraum im Osten, das Rittergut in der Ukraine! Tante ist wieder schwer begeistert von Adenauer, begütigt Mutter, dass er in die Höhle des Löwen reist, der alte Mann, nach Moskau, um unsere Jungs heimzuholen. (Wie viel Wodka er dauernd trinken musste bei den Verhandlungen, sinnierte Tante, der alte Mann! Man weiß doch Bescheid über den Iwan und seinen Wodka.) Die wollten doch selber ein Rittergut in der Ukraine, Onkel und Tante, tobt Vater freudig, auf der Krim, das

prächtigste Anwesen von Deutsch-Sewastopol, und Onkel macht den Vizegauleiter.
Am 22. September verkündet der Bundeskanzler vor dem Bundestag die Hallstein-Doktrin – Walter Hallstein, Staatssekretär im Auswärtigen Amt, 1930 bis 1941 Rechtsprofessor in Rostock, Mitglied bedeutender Nazigliederungen: Die BRD unterhält diplomatische Beziehungen ausschließlich zu Staaten, die keine diplomatischen Beziehungen zur DDR unterhalten. Ausnahme Sowjetunion – eben war ja der Botschafteraustausch vereinbart worden –, und Vater widmete dieser Asymmetrie spezielle Tiraden: Klar, bei der mächtigen Sowjetunion, deren Satellitenstaat die DDR ist, da machen sie eine Ausnahme, da kuschen sie …
Am 23. Oktober lehnt die Bevölkerung des Saarlandes mit klarer Mehrheit das so genannte Saarstatut ab, das ihr politische Selbstständigkeit und den politischen Anschluss an Frankreich verschafft hätte, und Vater, der an diesen Tagen wieder zu Haus war, nahm dankbar die Gelegenheit zu Tiraden gegen den alten Erbfeind wahr – und den öligen Ministerpräsidenten namens Hoffmann, irgendwie so ein Operettenfürst, der seiner Bevölkerung den Anschluss an Frankreich dringend empfohlen hatte und nach der Niederlage gleich zurücktrat, was Vater genoss. Davon konnten die Westdeutschen nicht genug bekommen, Rücktritte von Politikern aus hohen Positionen. Leider waren sie selten.

Von den Kleinrechnungen des Jahres verdient festgehalten zu werden – Kassel ist das Arbeitskapitel überschrieben –, dass Vater am 5. Dezember neben Kaffee DM 20 für Marken ausgibt, die neue Leidenschaft des Sohnes (zugleich denkt Vater gewiss an Vermögensbildung: Man konnte einen speziellen Katalog erwerben, der die mutmaßlichen Preise der Sammlerstücke mitteilte). Am nächsten Tag sind neben Tabak und Zahnbürste Bücher für Ruth vermerkt, 35. Am 17. Dezember verzeichnet Vater neben dem Fahrgeld nach Hause 5.50 für Schokolade, Pfefferkuchen; am 21. Dezember für Weihnachtsgebäck 17.
Am 2. Januar 1956 leiht er sich von Kurt Hübner, den er mit dem

Freundschaftsnamen Kui nennt, 100; am 3. Januar kauft er neben Tabak für 4.80 Blumen und Pralinen und für 2.60 Schokolade. Man kommt erneut auf Liebesgedanken.
Im Adressenteil des Notizkalenders findet man Eva Bröll, Oberursel/Taunus, Liebfrauenstr. 22 I. Sowie A. Faller, Frankfurt/Main, die von der Vogelsbergstr. 44 (durchgestrichen) in die Kölnerstr. 14 umgezogen ist. Wiederum Toni Keller in Schwetzingen, Karl-Theodor-Str. 14.
Im Notizenteil des Kalenders findet sich eine Art Wunschliste: Zimmerwaage, Lederbeutel, Vase, Schmuckbehälter, Behälter für Federhalter. – Dort findet sich außerdem so etwas wie eine Liste der erfüllten Wünsche, eine Bilanz der Ausgaben im Jahr 1954, beinhaltend all den Tabak, die Schokolade, den Kaffee, den Schneider Hupfeldt, die Krawatten, Strümpfe, Hemden, die Briefmarken, den Eisschrank – was auf insgesamt 1545 hinausläuft.
Wobei man wiederum im Unklaren darüber bleibt, ob die Zahl Stolz und Selbstgefühl zum Ausdruck bringt oder Existenzangst.
Man müsste das mischen, Stolz, Selbstgefühl und Existenzangst. Was käme dabei heraus? Sex?

Ein rätselhafter Posten in der Bilanz von 1954 lautet 100 Ruth Bodensee. Eine Reise, Ferien, die in Vaters Merkbuch für 1954 natürlich fehlten; Mutter und Sohn unternahmen sie ohne Vater. Die Reise nach Meersburg! Mit einem fortschrittlich-preiswerten Reiseunternehmen namens Touropa, Liegewagen, Fahrt durch das nächtliche Westdeutschland, die man überschlafen sollte. Dann ein Fremdenzimmer bei einer Hutzelfrau namens Strohecker. Der Sohn kam auf gewisse Freuden.
»Das ungewohnte Gefühl seiner Haut auf dem Laken regte ihn zu einer Entdeckung an«, wird Jahrzehnte später, wenn dies Erfahrungsmaterial poesiefähig geworden ist, ein Dichter schreiben. »Eine magische Welt der Empfindung, fest und frisch, öffnete sich; auf dem Höhepunkt hatte er ein Gefühl, als überschlage er sich; der Zeuge in ihm stand Kopf. Die Empfindung, wäre sie ein

Geräusch gewesen, war schrill, drang durch diese Welt in eine andere, keine schmutzige Welt, eine reine. Er war zu unschuldig, um an die Flecken zu denken, die er auf dem Laken hinterließ, und einmal, in einem Wutanfall, erwähnte seine Mutter sie, aber die Kluft zwischen ihrer Person und diesen kopfstehenden Empfindungen war so groß, dass er sie nicht überbrücken konnte und er im Kopf ganz leer wurde und seiner Mutter keine Antwort gab. Es gelang ihm im späteren Leben, allein oder im Körper einer Frau, nie mehr, diese anfängliche, das Unterste zuoberst kehrende Intensität wiederzuerlangen – dies Gefühl einer immer süßeren, immer engeren Straffheit, die einen Blick auf eisiges, vernichtendes Licht unter seinen Füßen gewährte.«[14]

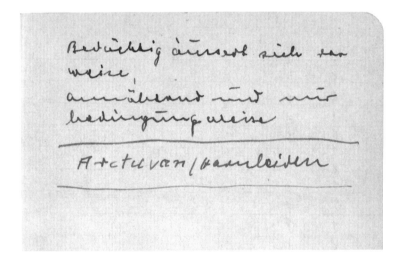

Auf einer der letzten Seiten des Notizenteils im Kalender notiert Vater einen Vers. »Bedächtig äußert sich der Weise,/annähernd und nur bedingungsweise.« Dann schließt in Druckbuchstaben Arctuvan an, ein Mittel gegen Harnleiden.

Zunehmend körperliche Beschwerden. – So etwas wie ein Gedicht entdecken wir zum allerersten Mal in Vaters Merkbüchern.

Er hat es selbst geschrieben. An seinem Schreibtisch bei Stromeyer in Mannheim sitzend, stellt man sich vor, kam er urplötzlich auf die beiden Zeilen. Sie charakterisieren ihn selbst. Er ist der Weise, der alle klaren Aussagen vermeidet und so unangreifbar wird. Die Alltagsstrategie des kleinen Angestellten im Büro, halte dich bedeckt.
Ein klingender Reim, der Weise/bedingungsweise. Ein Zeichen von Schwäche, Misslingen. –
Oder anders. Vater hörte den Ausführungen eines Vorgesetzten zu, Dr. Schlögl, Dr. Petzel, Dr. Gelbert, als er auf die beiden Zeilen kam. Was er sah und hörte, drängte zur Schrift. Die Unentschlossenheit der Chefs.
Oder noch einmal anders: Kommunikation unter Kollegen. Man sitzt sich an den Schreibtischen gegenüber und plaudert, plaudert über die Chefs und ihre Macken – wie Schüler über ihre Lehrer –, und einer kriegt eine Pointe hin. »Bedächtig äußert sich der Weise,/annähernd und nur bedingungsweise« – so war's eben doch wieder mit Dr. Schlögl, haargenau so, kein klares Wort, nur Zögern und Drumherumreden. Gelächter. Vater gefällt der Vers so gut, dass er ihn aufschreiben muss.
Harnleiden, so die Psychoanalyse, hier entdeckt man Urethralerotik und den Ausfluss von Ehrgeizkonflikten.

In einer allerletzten Eintragung im Notizenteil – bevor die am Rand perforierten Blätter beginnen, von denen Vater wieder viele ausgerissen hat – findet sich eine merkwürdige Tabelle aus Einsen, Zweien und Nullen.

Ein Gedicht, wenn dies alles Literatur wäre, dasjenige Gedicht, welches die Lebensgeschichte, die Philosophie, die Schmerzen von Vater am eindrücklichsten mitteilt; stärker Autobiografie als alle anderen Eintragungen. Aber man kann das Gedicht nicht lesen. Ein perfekt hermetisches Gedicht.

```
  2         1
  1         1
  0         1
  1         2
  0       0 1
  1       1 1
  1       1 0
  1       0 1
  0       1 1
  1         0
  2         1
1/          2/
 0          1
 0
=         =
```

Oder anders. Vater hatte, wie viele seinesgleichen, im Fußballtoto zu wetten begonnen. Es müsste doch möglich sein, mit Hilfe von Fortuna das Einkommen zu vergrößern, magisch ins Riesenhafte zu steigern. Als Spezialist für Bilanzen und Tabellen, als Kenner der regelmäßigen Muster, die sich in ihnen abbilden, suchte er solche Regelmäßigkeiten auch in den Totoergebnissen. Wenn er sie fände, wenn er sie das nächste Mal beim Wetten berücksichtigte, könnte er der Göttin Fortuna tüchtig Beine machen: Das Vermögen, das ihm zukäme, wäre dann doch verdient, ein Ergebnis seiner geduldigen Arbeit.

Ihr Ergebnis ist der Code in seinem Merkbuch.

Auch 1956 verwendet Vater als Notizkalender das Werbegeschenk der Vereinigten Glanzstoff-Fabriken, den Freunden unseres Hauses, mit dem strahlenden Logo auf der Außenseite.
Im Innern kam es zu Vereinfachungen. Keine Federzeichnung der Hauptverwaltung in Wuppertal-Elberfeld, kein Foto von den Spulen mit den wohlgestalt aufgewickelten Zwirnen und den Wölkchen Zellwolle im Urzustand. Dafür zwei Seiten mit den Namen der beteiligten Firmen und deren Logos, Glanzstoff (die Zentrale), Bemberg (frisch dazu), KUAG (Kunstseiden-Aktiengesellschaft), Flox (Spinnfaser). Bemberg in Wuppertal-Barmen ist es, das die Produktliste erweitert: Cupra Bemberg und Zellglas Cupraphan; das Werk Augsburg webt modische Kleider-, Blusen- und Wäschestoffe.

Die Expansion der Plastikwelt, wie die Kulturkritiker der Bundesrepublik in den fünfziger Jahren sie beklagen. Mutter beteiligte sich nach Kräften an dieser Expansion, indem sie die einschlägigen Textilien eifrig erwarb.

Bemberg. 1792 gründete der Kaufmann Johann Peter B. in Elberfeld eine Garnfärberei. Seit 1865 expandierte das Familienunternehmen glorios und errichtete Filialen unter anderem in Krefeld und Augsburg; seit 1900 konzentrierte sich die Produktion auf Kunstseide, und internationale Niederlassungen entstanden in Italien, Frankreich, Japan, Großbritannien und den Vereinigten Staaten. Im Dritten Reich erzeugten 4400 Werktätige bis zu 40 Tonnen Fallschirmseide am Tag – das verfluchte deutsche Kapital, der Höllengestank –, und im März 1945 zerstörten alliierte Bomber einen großen Teil der Produktionsanlagen, und Bemberg verlor seine internationalen Filialen. 1946 der Neubeginn mit ungefähr 300 Werktätigen. Ein typisches Unterkapitel aus der Geschichte der Bundesrepublik.

Zu den Büchern der Spinnfaser kehrt Vater erst am 11. Januar zurück, das erste Arbeitskapitel des neuen Jahres ist KVG überschrieben, Kasseler Verkehrsgesellschaft.
Wieder kein Ausläufer des dämonischen Kapitals, sondern eines dieser sozialdemokratischen Kommunalorgane ohne Profitinteresse.

Aber was das Jahr 1956 von den anderen substanziell unterscheidet, das sind die Merkbücher – so heißen sie ausdrücklich im Innern –, die in diesem Jahr auch Mutter und Sohn nach dem Vorbild von Vater führen.
Das Vorbild erkennt man sogleich daran, dass beide Merkbücher – schwarzes Kunstleder, Goldschnitt, weiße Lesebändchen – wiederum Werbegeschenke sind: Der Sohn führt ein Merkbuch der Firma Stromeyer, Kohlenstromeyer, wie sie sich mit Prägedruck auf der Vorderseite präsentiert; bei Mutter heißt sie – Prägedruck in Gold – Brennstoffhandel, und auf der Titelseite deklariert sich als Geber der Schwarzwälder Brennstoffhandel aus Villingen (Schwarzwald), der Düngemittel, Futtermittel, Pflanzenschutz- und Schädlingsbekämpfungsmittel, Torfstreu und Torfmull, Speise- und Viehsalz, Heizöl, Treibstoffe, Öle, Fette für Industrie, Gewerbe und Landwirtschaft, Treibgas offeriert.
Vater stattet Mutter und Sohn mit den Kalendern aus, hat ihretwegen zwei weitere Exemplare des Werbegeschenks besorgt.

Man verspürt den poetischen Impuls, das Angebot des Schwarzwälder Brennstoffhandels mit Vaters Produktliste zu vermählen, mit Textilreyon, Kordreyon, Perlon – ah, der Kräuselzwirn im Gehirn! – mit Bicotin und Flox. So war sie, die Bundesrepublik jener Jahre, möchte man folgern, Torfstreu und Perlon, Treibgas und Zellwolle, Düngemittel und Kunstseide.

Vater schreiben, Freitag Tante, schreibt Mutter am 1. Januar in ihr Merkbuch (als Vater KVG, Kassel schrieb). Mutter will das Merkbuch anscheinend als Agenda verwenden, zur Alltagsplanung, wie Vater es vergangenes Jahr prägnant mit dem Fälligkeitsdatum der Hupfeldt-Rate und mit Dr. Heckmann bis Donnerstag bei Hommelwerke versuchte – tatsächlich bricht Mutters Planung aber gleich wieder zusammen, und die Datums- ebenso wie die Notizenfelder bleiben bis zum 5. Januar leer.

Tatsächlich ähneln das Merkbuch des Schwarzwälder Brennstoffhandels und das Stromeyer-Merkbuch, das der Sohn benutzt, Vaters Glanzstoff-Merkbuch in Layout und Typographie: Ein feiner Eindruck vorn verrät, dass in beiden Fällen Wilhelm Eilers jr. respektive den Eilers-Werken in Bielefeld die Gesamtherstellung oblag.
Bei W. Eilers jr. respektive den Eilers-Werken in Bielefeld orderten die verschiedenen Firmen diese Notizkalender als Werbegeschenke.

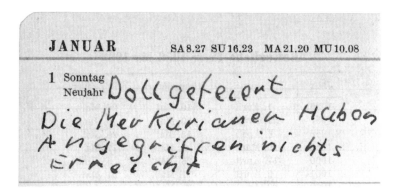

Der Sohn beginnt sein Merkbuch im Weltall, doll gefeiert. Die Merkurianer haben angegriffen, nichts erreicht. In einem Versuch zur Druckschrift.
In einer fiktiven Schrift, und das Merkbuch soll im Dienste einer Erfindung ausgefüllt werden, des interstellaren Reichs, das dem

Sohn (Messerschmidt-Kabinenroller als Shuttle zwischen den Raumschiffen und die Stadt unter der Plexiglasglocke) untersteht.
Der Sohn versucht das Merkbuch als Roman zu beginnen.
Das kommt daher, dass der Kalender ja wirklich so etwas wie ein Buch imaginiert. Man muss bloß Tag für Tag was reinschreiben. Dann erzeugt der Lauf der Zeit von selbst so etwas wie eine Geschichte. Bei dem Sohn sollte es gleich eine erfundene Geschichte sein, aus dem All.
Nichts liegt Vater ferner.
Erfindungen kennt der Revisor, der die Bücher von Unternehmungen im Hinblick auf ihre Korrektheit prüft, ausschließlich als Lügen und Fälschungen, die er aufzudecken hat.

Am nächsten Tag kehrt der Sohn stracks aus dem All zurück. Und verzeichnet in seiner krakeligen, ungeübten Kurrentschrift – dies Jahr wird er 13: Mutter nach Kassel gefahren. Ins Krankenhaus.
Die Gründe fehlen in Mutters Merkbuch; in dem von Vater sowieso. Dem Sohn wurden sie gewiss verschwiegen, Frauenleiden, wie man damals sagte. Mutter wird in diesem Jahr 48.
Der Sohn nutzt den Automatismus des Kalenders für seine Aufzeichnungen: einfach Tag für Tag was aufschreiben.

Ich wohne bei Tante. Fernsehen.
Mit den Hunden spazieren gegangen.
Brief an Mutter geschrieben. Geschlachtet. Fernsehen.
Tante ist krank. Fernsehen. Alles klebt nach dem Schlachten.
Goebels zu Besuch gekommen. Hesses abgefahren. Im Kino gewesen und Fernsehen.
Schule angefangen, war ganz schön.
Mutter wiedergekommen. Aber viel früher als vorher angenommen.
Papa gekommen. Briefmarken bekommen. Herrlich.
Leider wieder in die Schule.
Das erste Mal wieder mitgeturnt.

Gottseidank keine Mathematik.
Arbeit geschrieben. War nicht schlimm.
Wollte ins Kino gehen. Leider nicht jugendfrei. Die Faust im Nacken.
Arbeit zurückbekommen. Eine andere geschrieben.
Nicht in der Turnhalle geturnt. Zu kalt.
Bei Hadie auf dem Geburtstag gewesen.
Mit Reinhard Ski gefahren.
Furchtbar kalt. Skier an Kunkel verkauft, 5 Mark. Abends lange auf gewesen.
Heute schulfrei. In der Stadt gewesen. Abends Hörspiel gehört, Camino Real.
Heute fahre ich nach Kassel.
Lange geschlafen. Der Geburtstag von Reinhard war herrlich. Bleibe noch länger.

Neben diesen Aufzeichnungen in krakeliger Kurrentschrift, die sukzessive die Datumsfelder füllen, finden sich Einzelworte in Druckbuchstaben, Ferien, Schule, Flötenstunde – in derselben Schrift, in der die Merkurianer angreifen.

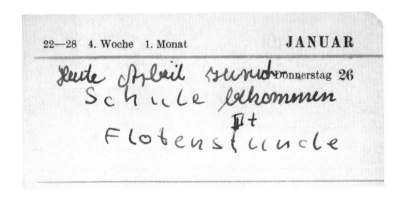

Formal gesehen versucht der Sohn hier strikt dem Vorbild Vaters zu folgen, wenn der Tag für Tag Steg/Stuttgart oder Urlaub Urlaub Urlaub schreibt.

Aber der Sohn schreibt es prospektiv, für die kommende Zeit. Und die Druckbuchstaben signalisieren, dass dies gewissermaßen eine offizielle Mitteilung ist.
So antizipieren die Regeln der Schule, wie gesagt, die Regeln des Arbeitslebens. Die Agenda, Zeitplanung, Dr. Heckmann bis Donnerstag bei Hommelwerke.

In das Notizenfeld unterhalb des 28. Januar schreibt der Sohn in diesen ungelenken Druckbuchstaben: Wir haben jeden Sonnabend frei. Wahrscheinlich bis Ostern.
Danach finden sich keine Eintragungen mehr in diesen offiziösen Druckbuchstaben, Ferien, Schule, Flötenstunde. Der Sohn kehrt uneingeschränkt zu seiner Kinderschrift zurück.
Zwar durfte er nicht an die heiligen Akten in Vaters heiliger Aktentasche, um sich eine Vorstellung von Vaters Arbeit mit den Büchern zu bilden, aber der Vater ließ den Sohn seine Notizkalender anschauen und erklärte ihm die Eintragungen, Steg/Stuttgart, Spinnfaser/Kassel, Stromeyer/Mannheim. Und auf diesen Extrafeldern hier unten, statt mit einem Wochentag und einem Datum überschrieben mit Notizen – kannst du das lesen? –, schreibt man halt auf, was durchgehend für mehrere Tage, für einen ganzen Zeitraum gilt. Und so schreibt der Sohn auf das Notizenfeld unterhalb des 28. Januar: Wir haben jeden Sonnabend frei. Wahrscheinlich bis Ostern.
In der Gestalt von Ferien und schulfreien Tagen lernt der Schüler die Freiheit kennen, die sich dem Angestellten zuweilen in der Gestalt von Urlaub und arbeitsfreien Tagen eröffnet.

Am 5. Februar, Samstag, findet sich im Merkbuch von Mutter der dritte Eintrag dieses Jahres. Weder Aufzeichnung geschehener Taten noch Planung künftiger: Mutter hat die Seite, die den Zeitraum vom 5. Februar bis zum 8. Februar umfasst, mit Bleistiftstrichen in rechteckige Felder aufgeteilt, ganz unabhängig von Datum und Wochentag. Ein jedes dieser Kästchen enthält eine Liste von Zahlen und Buchstaben, X D, X K; H 9, H 8, Pieh

B, He B, He D, H 7 – die Sache wird nicht verständlicher, wenn wir die ganze Seite abschreiben.

Jedenfalls verwendet Mutter das Merkbuch in keiner Weise nach dem Vorbild von Vater, vielmehr wie ein Notizbuch mit freien Seiten, ohne jeden Vordruck, der die Eintragungen reguliert.

Ein anderer Code, möchte man träumen, mittels dessen man verschlüsselte Botschaften auflösen kann. Eine Geheimschrift.

Man kann bezweifeln, dass diese Listen in Mutters Handschrift verfasst sind. Ebenso unwahrscheinlich, dass es der Sohn war – wie bei ihm Druckbuchstaben ausschauen, haben wir ja eben gesehen. Und Vater ist als Schreiber natürlich erst recht auszuschließen.
Die nächste Seite des Merkbuchs – Donnerstag, 9. Februar, bis Sonnabend, 11. Februar, dazu das Notizenfeld – verwendet Mutter wiederum als freie Seite eines Notizbuchs. Sie enthält Rechnungen, die Initialen zugeordnet sind, R. R. und R. W. und M. R. Die Rechnungen summieren sich auf 3780 (für R. R.), 1060 (für R. W.) und 2600 (für M. R.).
Canasta! Sie spielten damals gern Karten, und Canasta war ihr Favorit. Und die rätselhafte Seite davor, mit der Geheimschrift, das ist womöglich ebenfalls die Gewinn- und Verlustbilanz eines Spiels, Schiffe versenken oder so etwas …
Bilanzen, möchte man folgern, Mutter verwirft die Vorschriften des Notizkalenders – aber sie verfasst auf seinen Seiten Bilanzen, Vaters zentrales Genre.

Am 5. Februar – er arbeitet weiterhin in Kassel, prüft die Bücher der KVG – notiert Vater, dass er 30 Ruth f. Unterwäsche gegeben hat. Am 9. Februar bekommt Reinhard 10 – hier variiert die Namensschreibung ebenso wie bei Hupfeld(t) –, ein Geburtstagsgeschenk, wie wir vom Sohn wissen, und 5.30 gehen für Kaffee drauf. Am 11. Februar bekommen Reinhard und Margrit 15,

FEBRUAR SA7.56 SU17.17 MA3.21 MU11.34

5 Sonntag

H 9
H 8
Pūh B
H+ 15 B

X D   � 9   X 10
X K   R K   H 8
       M B   P D
       P 9

6 Montag "D

H 7
K 8
H B
P B
H D

X 9   K D
◊ B   P B
9

7 Dienstag

K 10

P̶ ̶7̶
H 8
K 10
P 10

K D
Ka D
" 4
H K

8 Mittwoch

K 9

Kw 10   P 10
P D   M D
          Ka 10
Ka D   H 9
· P B

Ruth 30; Schokolade (die vermutlich der Sohn als Mitbringsel erhält) kostet 4.30.
Der Sohn setzt seine vorschriftsmäßigen Aufzeichnungen fort.

Im Kino gewesen. Sehr spannend.
Schule. Arbeit geschrieben. Herrenhaus von Thomas Wolfe gehört, doll.
Valentinstag. Mutter Kaktus geschenkt. Stempel bekommen.
Ski gefahren. Sehr müde. Briefmarken.
Im Kino. Odysseus. Gut.
Leider wieder Schule. Früh nach Hause gekommen.
Mutter in der Schule. Das neue Gebäude besichtigt. Flötenstunde.
Arbeit zurückbekommen. Eine Zwei.
In Kassel gewesen. 20000 Meilen unter dem Meer, ganz wunderbar.

Er geht oft ins Kino, der Knabe. Daher das Kopfweh, hätte 1956 der Kulturkritiker gefolgert: Knaben gehören an die frische Luft, zu Sport und Spiel im Freien, statt ins Kino; gerade Knaben dieses Alters (in der Regel war der Kulturkritiker Pädagoge, und er machte sich 1956 schwere Sorgen um die deutsche Jugend, die deutsche Zukunft).
20000 Meilen unter dem Meer, nach dem berühmten Roman von Jules Verne, verzauberte viele Jungs dieser Zeit. James Mason spielte – mit unvergesslichem schwarzen Vollbart und angesilbertem Haupthaar – den romantisch-dämonischen Kapitän Nemo, der mit dem von ihm genial konstruierten Unterseeboot Nautilus und einer eingeschworenen Mannschaft die Weltmeere durchmisst, zukunftsweisende Forschungen anstellt und hin und wieder ein Kriegsschiff versenkt, weil ihm und den seinen staatlicherseits schweres Unrecht zugefügt wurde. Die Hauptperson des Films aber ist das viktorianische Unterseeboot Nautilus selbst, seines Äußeren – eine Art Panzerfisch – wie seines Innern wegen: Die Orgel, auf der Kapitän Nemo im luxuriösen Hausjackett

finster zu improvisieren pflegt, während die Nautilus ein Schiff der feindlichen Oberwelt rammt, diese Orgel vergisst kein Kinogeher.

Versteht sich, dass der Sohn die Nautilus sofort in seine Weltraumflotte aufnahm, weshalb der Kabinenroller an Attraktivität verlor. Überhaupt verlegte sich die Fantasie vom All unter das Meer (wo man jedoch mit dem Kabinenroller ebenfalls viel anfangen konnte).

Der Film mit James Mason und der Nautilus ging in die Familienlegende ein. Mutter holte den Sohn am Kino ab nach der Kindervorstellung, und der Sohn redete mit solcher Begeisterung von dem Film, dass er Mutter überzeugen konnte, er müsse jetzt sofort in der nächsten Vorstellung den Film noch einmal sehen, und sie müsse ihn begleiten. Mutter gab ohne viel Widerstand nach.

Eine dritte Hauptperson, den Maat Ned Land, spielt Kirk Douglas; er führt den Untergang von James Mason und der Nautilus herbei. Kirk Douglas aber, das ist Odysseus in dem Film, den der Sohn am 18. Februar anschaute. Niemand, Nemo, nennt sich Odysseus, als ihn der geblendete Riese Polyphem nach seinem Namen fragt …

Das Meer, es geht um das Meer. Odysseus irrt unendliche Zeit über das Meer, bis er endlich nach Ithaka zurückkehrt – und Anthony Quinn und die anderen frechen Bewerber um Penelope erledigt, was den Sohn tief befriedigte. Nemo ist ohne Ziel, die Meerfahrt geht immer weiter – bis die von Ned Land mobilisierten Kriegsschiffe der Außenwelt ihn an seiner Basis, einer fernen, unbekannten Insel mit geheimnisvollen Ressourcen, stellen. Das Meer beschäftigt den Knaben – Vater wollte, wie der Sohn sich immer wieder erzählen ließ, Seemann werden als Jüngling, Kapitän auf großer Fahrt. Und jetzt ist Vater unendlich unterwegs, nicht zu Wasser, aber zu Lande. Und Kühne + Nagel sowie Stromeyer, deren Bücher Vater prüft (was immer der Sohn sich darunter vorstellen soll), sind als Betriebe intim mit dem Wasser befasst, wie aus Vaters Erzählungen hervorgeht. Dem Knaben bleibt unklar, ob er Vaters Abwesenheit genießen und ihn dauerhaft in die Ferne wünschen oder ob er selber wie Vater endlich fort sein sollte, auf dem Meer, im All.

Mutter fährt fort, den Kalender als Notizbuch zu verwenden, ohne Rücksicht auf den Vordruck der Daten und Tage. Am 16. Februar steht Frau geschrieben, eine abgebrochene Notiz, vermutlich Agenda, die aber wahrscheinlich ohne Bezug zu dem Datum ist; einfach das Büchel aufgeschlagen und die Notiz angefangen, als die Schreiberin unterbrochen wird (weil der Sohn aus der Schule kommt). Am 26. Februar, Sonntag, beginnt Mutter eine lange Rechnung, die sich bis zum 28. Februar hinzieht und in keiner Weise mit diesen Daten zusammenhängt: Wie dividiert man 32 durch 36? Anders als bei Vater – Spesenvorschüsse und ihr Abtrag, Einkauf von Krawatten, Briefmarken, Schokolade, Büchern – fehlt jeder Hinweis, was Mutter hier abrechnet oder entwirft. Geht es um Menstruation, die weibliche Periode?
Für den 1. März und den 2. März füllt Mutter die Datumsfelder (unabhängig von ihnen) in Bleistiftschrift mit einer Liste von Blumen aus, deren Samen zusammen 4.50 kosten. Zinnien, Verbenen, Kapuzinerkresse, Tagetes, Sommermohn, Cosmea, Ringelblumen, Zwergastern. Die Liste ist ausgekreuzt: Mutter hat alles besorgt.
Den 3. März, Sonnabend, füllt (zufällig) eine andere dieser Rechnungen (vgl. diejenigen Vaters): Bademantelstoff, Schnitt für Bademantel, Schnitt für Kleid, Knöpfe f. gr. Kostüm, in Summa 6.30.

Das gehörte damals zur normalen Hausarbeit der Hausfrau, das Schneidern nach Schnittmusterbögen, die in einschlägigen Zeitschriften zu finden waren, den Bademantel, das Kleid – während sie gleichzeitig Heinrich Hupfeld in Elbersdorf mit komplizierten und kostspieligen Arbeiten betrauten, die in Raten abgezahlt wurden; unentschlossene Mangelwirtschaft ebenso wie Luxuskonsum.

Zwischen dem 8. März und dem 10. März finden sich weitere Rechnungen dieser Art, Tasche, Schuhe, Bügel. Auf das Datumsfeld des 12. März schreibt Mutter einen Stundenplan des Sohnes ab, 8.12 Uhr bis 8.55 Uhr Englisch, 9.05 Uhr bis 9.42 Uhr Deutsch, 9.46 Uhr bis 10.20 Uhr Biologie, 10.24 Uhr bis 11.30 Uhr Erdkunde, 11.34 Uhr bis 12.18 Uhr Sozialkunde, 12.30 Uhr bis 13.14 Uhr Religion. Kein Hinweis, warum Mutter den Stundenplan des Sohnes in ihr Merkbuch kopiert, und man kann auch nicht sicher sein, dass es der Stundenplan für den 12. März ist, denn Mutter scheinen die Datumsfelder ja ganz gleichgültig.

Ebenso auf der nächsten Kalenderseite: wieder eine Kartenspiel-Abrechnung. R.W. gewann mit 314 Punkten; es folgten M.R. mit 287 und R.R. mit 271 Punkten. Canasta kann es nicht sein, da fallen immer viel mehr Punkte an.

Woraufhin bis zum 20. März wieder völliges Schweigen herrscht, und dann enthalten beide Seiten, 20. Mai bis 26. Mai (plus Notizenfeld), welche Punkte R.R. und M.R. bei diesem Kartenspiel gewannen, 54 und 107, 150 und 128, 141 und 228.

Kein hermetisches Gedicht, wenn es denn hier um Literatur gehen soll, vielmehr so etwas wie ein hermetischer Roman oder ein hermetisches Drama. Mutter und Sohn (und der unbekannte R.W.) spielen auf Sieg oder Niederlage mit- und gegeneinander, Liebe, Hass, Eifersucht, Neid.

Das macht den Sinn solcher Spiele aus, würde ein Soziologe kommentieren (dessen Disziplin eben in der frühen Bundesrepublik ankam, als amerikanischer Import). Die Teilnehmer entwickeln darüber ihre Beziehungen zueinander, wie die Kleingruppenforschung immer wieder gezeigt hat.

Den Unterschied zwischen Spiel und Wirklichkeit lernt das Kind früh. Freilich erlebt der Knabe die Affekte, die das Spiel mit Vater und Mutter (oder wer immer R.W. ist) als durchaus wirklich; die Gefühle schaffen ein unüberwindliches Wirklichkeitsgefühl.

MAI	SA 4.24 SU 20.13 MA 15.56 MU 2.10
20 Sonntag Pfingstsonntag R.R.	M.R. 1 32 38
21 Montag 35 Pfingstmontag — +54	30 107

Der Sohn war immer ein schlechter Verlierer beim Canasta, beim Doppelkopp, beim Menschärgeredichnicht, bei Mühle oder Dame; war er geschlagen, brach er leicht in Wut oder Tränen aus; was Onkel und Tante, was die Angehörigen darauf zurückführten, dass der Sohn ohne Geschwister, ein Einzelkind, womöglich ein Muttersöhnchen ist, ohne Konkurrenz- und Rivalitätserfahrungen. Vater, dauernd unterwegs, konnte seinen Einfluss kaum zur Geltung bringen.
Ödipus mit Jokaste allein zu Haus, so die Psychoanalyse, während Laios draußen in der Welt sein Brot verdient.
Festzuhalten ist, dass sie sich mit traditionellen Karten- und Brettspielen beschäftigten. Keine Spur einer Vorausdeutung auf die Computerspiele der Zukunft – aber die Nautilus und der Kabinenroller deuten auf die Erfindungen der Star-Wars-Filme voraus, in denen der Sohn, so viele Jahre später, die Ausführung seines eigenen Weltallfantasierens von damals bewundert. Han Solo und sein Weltraumjäger, der Todesplanet, vor allem die seltsam

geformten Städte auf den fernen Planeten (der Sohn besaß ja eine eigene, durch den Weltraum schwebende Stadt, unter einer Art Käseglocke aus dem Plexiglas von Röhm & Haas).

Festzuhalten ist außerdem, dass der Knabe, der so gern ins Kino geht, regelmäßig Hörspielen lauscht, Camino Real von Tennessee Williams, Herrenhaus von Thomas Wolfe nennt er beim Namen, zwei Exempel der amerikanischen Literatur, die, wie das amerikanische Kino, tief in die westdeutsche Seele eindrangen seit 1945. Herrenhaus, ein Theaterstück, das westdeutsche Bühnen gern spielten in den Fünfzigern, erzählt so eine aristokratische Verfallsgeschichte aus den im Bürgerkrieg unterlegenen Südstaaten. Am Ende wirkt Eugene, der Erbe, zum Arbeiter abgestiegen, mit am Abbruch des väterlichen Hauses.

Das Herrenhaus im Gau Deutsch-Sewastopol, möchte man spotten, das der Führer Onkel und Tante und ihresgleichen nicht hatte verschaffen können …

Camino Real ist hingegen so ein allegorisches Traumstück mit undeutlichen Personen und unklarer Geschichte – kein Erfolg auf westdeutschen Theatern, ganz anders als die südstaatlichen Ehe- und Familiendramen von Tennessee Williams. Sie erlebten sie ja täglich, die Nachkriegsdeutschen. Bizarre Familien, in denen Onkel und Großmütter Väter und Mütter ersetzten; die Kriegstoten, die als Porträtfotografien auf der Kredenz standen (ein unterdessen verschwundenes Möbelstück); die Erinnerung an Nationalverbrechen, Flüchtlinge, Bombenkrieg; Fantasien von Erbhöfen auf der Krim.

Familiendramen, die im westlichen Mitteldeutschland der fünfziger Jahre Vater, Mutter und Sohn in der Gestalt von Karten- und Brettspielen einander vorführten.

Bis zum 19. Mai bleibt Mutters Merkbuch erneut vollkommen stumm. Die Datumsfelder zwischen dem 20. Mai und dem 26. Mai – Vater arbeitet anhaltend bei den Hommelwerken in Mannheim (Universalwerkstättengerät) und reist am 23. Mai zu Stromeyer nach Recklinghausen – verwendet Mutter wieder

für Abrechnungen von Kartenspielen zwischen R.R. und M.R.; Siege und Niederlagen verteilen sich fifty-fifty, kein Grund für den Sohn, in Wut oder Tränen auszubrechen.
Und dann wieder Schweigen.
Das Mutter am 1. Juli bricht, um plötzlich ein richtiges tagebuchartiges Aufzeichnen anzufangen (wie es der Sohn die ganze Zeit versucht – wobei ihn Mutter beobachtete).
Das Kalendarium legt eigene Schreibregeln fest: Mutter, die schon die ganze Zeit das Merkbuch so wie ihr Sohn nutzen möchte, aber immer wieder davon abkommt über den Tagesroutinen, setzt sich, gleichsam mit Gewalt, einen Monatsanfang, den 1. Juli, als Ausgangspunkt des Schreibens.

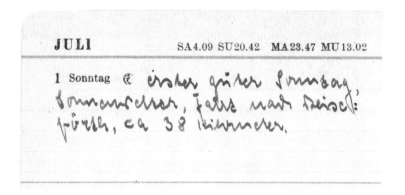

Erster guter Sonntag. Sonnenwetter. Fahrt nach Beiseförth, ca. 38 Kilometer.
Dauerwellen, Sonne, Hupfeld, Becher.
Regen. Fahrrad ausgestattet zurück. DM 36.
Veränderliches Wetter. Gartenhaus aufgebrochen.
Vormittags Regen. Mittags Sonne, sehr windig. Arhelger zugesagt. Garten gearbeitet.
Per Rad nach Melsungen. Madrigalchor Eisenach. Erste Nachtfahrt.
Erstes Mal gebadet. Müde. Sonne.
Regen.

Kasselfahrt. Amerikahaus, Wüstenrot. Film: Alle Herrlichkeit auf Erden.
Nie dagewesene Überschwemmung, Regen den ganzen Tag.
»Flusswanderung«.
Garten gearbeitet, sehr nass. Gewitter. Geschrieben.
Wallenstein.
Othello.

Und dann, am 22. Juli, setzt schon wieder Schweigen ein, das am 25. Juli ev. Edersee unterbricht, das ist Agenda, der Plan zu einer kleinen Reise. Die Aufzeichnungen des Sohnes ergänzen und kommentieren den Tagebuchversuch von Mutter.

Schönes Wetter. In Beiseförth, bei Umanns. Beiseförther Quelle getrunken, nicht schlecht. Morgens Kindergottesdienst.
Schwer aus Bett gekonnt. Abends Kabarett Insulaner gehört. Karajan. Fahrrad gefahren und Schalttafel für Häuschen gebaut.
Konfirmandenstunde. Schalttafel eingebaut. Fahrrad gefahren. Abends lange aufgeblieben.
Erdmann krank, 3 Stunden ausgefallen. Früh heimgekommen. Nachmittags wieder nach Melsungen. Flötenstunde.
Schlagball in Turnstunde gespielt. Erdmann wieder da. Fahrrad gefahren. Bei Tante Heu hochgezogen. Annette gekommen.
Nach Kassel gefahren. Im Kino gewesen: Alle Herrlichkeit auf Erden. War ganz gut.
Fahrrad gefahren. 3 Mal baden gewesen. Abends lange aufgeblieben und ein Hörspiel gehört.
Vom vielen Regen tolle Überschwemmung. Das Talviertel überschwemmt. Im Kino gewesen: Schiff der Verurteilten (James Mason).
Überschwemmung etwas zurückgegangen. An der Straße nach Nausis gewesen. Immer noch voll.
Spät aufgestanden. In der Stadt gewesen. Keine Sonne, kein Regen. Im Schwimmbad und Marcel Marceau im Fernsehen.

Nach Hersfeld gefahren. Abends erstes Mal Theater: Wallenstein, einfach vorzüglich. Leider nicht mit Krauss.
Heute Othello. Balser besser als Wallenstein. Aufführung wieder in der Stiftsruine.

Mutter gewinnt keinen Geschmack an diesen Aufzeichnungen. Wallenstein und Othello notiert sie nur noch pflichtschuldig – der Sohn übernimmt es, die Urteile von Mutter aufzuschreiben, einfach vorzüglich war Wallenstein, Balser als Darsteller von Othello übertrifft Balser als Darsteller von Wallenstein – am besten aber wäre Wallenstein mit Krauss besetzt. Mutter delegiert es an den Sohn, diese Gedanken aufzuschreiben. Der Sohn hat ja gar keine eigene Theatererfahrung, die ihm Meinungen ermöglichen würde.
Ganz hinten in ihr Merkbuch für 1956 hat Mutter ein Porträt des Schauspielers Werner Krauss eingelegt. Ausgeschnitten aus irgendeiner Illustrierten: Er schaut lächelnd über die Schulter in die Kamera, ein großes Gesicht, weißes Haar, schwarzer Anzug – irgendein festlicher Anlass, den man nicht identifiziert.
Ein frühes Zeugnis von Fandom. Vor den Fans der Filmstars, der Popstars, der Sportstars machten sich die Fans von Schriftstellern, Theaterschauspielern, Musikern bemerkbar. Mutter, kein Zweifel, zählte zu ihnen, vgl. Thomas Mann.
Werner Krauss war einer der berühmtesten Theater- und Filmschauspieler seiner Zeit, Das Kabinett des Dr. Caligari; 1940 spielte er gleich mehrere eklige Juden in dem antisemitischen Hetzfilm Jud Süß, ein ideologisches Monument des Dritten Reiches, weshalb Krauss 1945 erst einmal Auftrittsverbot erhielt.

Die Hersfelder Festspiele fanden seit 1951 statt und sollten diese kleine Stadt im Zonenrandgebiet, wie man damals sagte – an der Grenze zur DDR –, aufwerten durch Kultur. Eine Kopie der Salzburger Festspiele, erklärte Mutter herablassend, und so hübsch das Städtchen an der Fulda, so imposant die Ruine der romanischen Klosterkirche ist, wo die Aufführungen, wenn es nicht

regnet, stattfinden: An den Ruhm und Reichtum Salzburgs kam Bad Hersfeld natürlich nicht heran …
So sind sie, die Aufsteiger, blicken auf die anderen Aufsteiger herab, verachten sie für ihren Ehrgeiz und ihre Unvollkommenheiten, die aus dem Ehrgeiz hervorgehen …

Aber wer ist Balser? Wer ist Umann, Erdmann, wer ist Arhelger, wer ist Becher, wer ist Goebel, wer ist Hesse? Der implizite Leser der Aufzeichnungen weiß es natürlich, er ist ja ihr Autor. Die Überschwemmung nach den schweren Regenfällen, wie sie sich durch das Tal ergoss, an dessen Hängen unsere kleine Stadt liegt; der Garten, in dem Mutter regelmäßig arbeitete, für dessen Pflanzungen sie die Liste der Blumensamen in das Merkbuch schrieb; das Fahrradfahren im Mittelgebirge, durch die Täler und über die Höhen; das Freibad unserer kleinen Stadt, in das Mutter allein oder zusammen mit dem Sohn schwimmen ging; das Gymnasium in der Kreisstadt Melsungen, wo der Sohn Arbeiten schrieb und sie benotet zurückerhielt, das schulische Ritual; die Fahrten in die nächste große Stadt Kassel, die in Kinobesuchen ihren Höhepunkt fanden: Der Leser, der nicht der Autor ist, entwickelt keine prägnante Anschauung davon – aber er kann sich was vorstellen.
Arhelger, das war der Vermieter der Fremdenzimmer am Edersee. Sie machen Ferien, Mutter und Sohn, so weit ist es schon gekommen mit der Bundesrepublik; nicht daheim – wie Vater, der sich allenfalls in dem Garten vergnügt, den er irgendwann erwarb, für den der Wüstenrot-Bausparvertrag läuft und wo die Zinnien, die Verbenen, die Tagetes und die Cosmeen blühen –, Mutter und Sohn machen Ferien in einem ausgezeichneten Ferienort.

Mutter setzt ihre Aufzeichnungen im Merkbuch am 25. Juli, Mittwoch, lustlos fort. Ev. Edersee steht noch in Tinte da, Agenda, Planung. Dann aber beginnt Mutter Rechnungen aufzumachen, Gepäck, das für 3.60 bei der Bahn aufgegeben wird, denn es passt nicht auf die Fahrräder, das Abendessen in Felsberg für 5.20.

Der Sohn hatte am Tag davor geschrieben, leider heute schlechtes Wetter, deshalb nicht an Edersee gefahren. Tante Bücherschrank aufgeräumt. – Am 25. Juli schreibt er: Heute abgefahren. In Felsberg übernachtet. Viele Sachen vergessen, deshalb erst sehr spät abgefahren – mit Fahrrädern, wie man weiß.
Mutter beschäftigt sich am 26. Juli, Donnerstag, weiterhin mit diesen Rechnungen, die zugleich Tagebuch sind. Übernachtungen Felsberg 10. Fritzlar Telegramm 1.50. Erfrischung 1. Mittagessen 5.40. Ammenhäuser 3.50. – Während es an diesem Tag beim Sohn heißt, gutes Wetter, nachmittags angekommen, früh ins Bett weil sehr müde. Gepäck sehr spät gekommen.
Am nächsten Tag hält Mutter fest, dass das Mittagessen 4.25 und Postkarten 40 Pfennige kosten.

Bei diesen Rechnungen kommt man keinen Augenblick auf die Idee, sie seien der Ausdruck von Stolz und Selbstgefühl. Es steht einfach zu wenig Geld zur Verfügung, sagen die Rechnungen unumwunden, und Mutter muss ganz genau über alle Ausgaben Buch führen, um Panik zu vermeiden – Vater schaut ihr über die Schulter, der Revisor, der sich mit Bilanzen genau auskennt. Als könnten die Aufzeichnungen seinen strengen Blick mildern, den sie im Innern auf sich selber richtet.

Der Sohn schreibt dagegen an diesem Tag gutes Wetter. Ganz früh gebadet und Schlauchboot gefahren. Schäfers getroffen. – Mutter am nächsten Tag 8.35, Ammenhäuser 2.80, Eis –.80. – der Sohn hingegen gutes Wetter ganzen Tag, Schlauchboot gefahren. Früh ins Bett und noch gelesen. – Mutter verwendet das Notizenfeld für eine weitere angstvolle Rechnung: Boot 1.50, Essen 5.50, Badekappe 2.60, Schokolade 1.00. – Und der Sohn am nächsten Tag: Sturm, drei Boote gekentert, die Nöck zweimal gekentert. Früh im Bett und noch lange gelesen. – Im Notizkalender von Vater herrscht indessen unverändert das Kapitel Hommelwerke, Mannheim, und alle Datumsfelder sind leer. Zimmermann, Fuchs, Reinhard W. notiert Mutter am 29. Juli, die Empfänger weiterer Postkarten. Vielliebchen gewonnen, schreibt der Sohn.

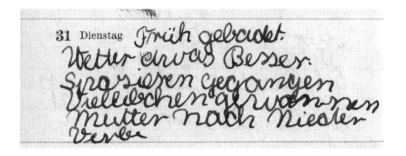

Vielliebchen!, könnte ein Ethnologe schwärmen. Dass man so etwas damals noch spielte! Ein Scherz- und Liebesritual, das vermutlich aus dem Biedermeier stammt: Zwei zusammengewachsene Kirschen oder Pflaumen – oder ein anderes siamesisches Kleinobst – nimmt das Paar so in den Mund, dass es sich dabei küsst, und beide essen ihre Frucht. Von da an versucht jeder der beiden, in der Konversation die Anrede Vielliebchen unterzubringen – und der jeweils andere hat zu replizieren: Ich denke dran.

Die Nöck ist schon wieder gekentert, Vielliebchen.
Ich denke dran.
Wir haben das schönste Zimmer bei Arhelgers, Vielliebchen.
Ich denke dran.
Das Essen bei Ammenhäuser ist doch recht schmackhaft, Vielliebchen.
Ich denke dran.

Vergisst man die Replik, hat man verloren und muss dem anderen einen Wunsch erfüllen. Ursprünglich, im Biedermeier, so der Ethnologe, ging es vermutlich um weitere Küsse und andere erotische Gefälligkeiten.
Mutter veranstaltet mit dem Sohn ein erotisches Spiel aus dem Biedermeier, das erspart jede weitere Deutung. Vater behält sei-

nen Einfluss im Regiment der Abrechnungen über das Urlaubsgeld – und in Gestalt des Wassers, das ja fix mit ihm assoziiert ist.

Anders als Mutter fährt der Sohn mit den Aufzeichnungen bis zum 10. September fort.

Abgefahren. Sehr tränenreicher Abschied.
Onkel Alfred angekommen. Buch bekommen: Land aus Feuer und Wasser.
Onkel Alfred abgefahren. Ganz früh mit Schulzug gefahren.
Im Kino Krauss gesehen. Donnerwetter.
Schule wieder angefangen. Es ging. Schlorre hat sich ne ahle Männerbürste schneiden lassen.
Papa endlich angekommen!
Hübners da gewesen. Schöne Bilder vom Gardasee gezeigt.
Tante Erika gekommen. Ganz schönes Wetter.
Onkel Kurts Geburtstag. Im Kino gewesen: Die Sennerin von St. Kathrein.
Tantes Geburtstag.

Mit der namenlosen Tante beendet der Sohn am 10. September seine Aufzeichnungen für dieses Jahr.
Der Edersee resultiert aus der Talsperre, deren Bau 1908 begonnen wurde. »Das gestaute Wasser der Edertalsperre erstreckte sich über eine Länge von etwa 27 Kilometern und bedeckte eine Talsohle, auf der früher drei Dörfer und zahlreiche Bauernhöfe gestanden hatten«, schreibt ein Historiker. »Bis heute der drittgrößte Staudamm in Deutschland, machten ihn die 200 Millionen Kubikmeter Wasser zur größten europäischen Talsperre seiner Zeit, als eine sechsjährige Bauzeit 1914 beendet war. Der Kaiser und seine Gemahlin, der Fürst und die Fürstin von Waldeck, führende Persönlichkeiten aus der Welt der Wirtschaft, Politik und Kultur, alle hatten die Einladung zur großartigen Einweihung angenommen. Doch man hatte sie auf den 14. August 1914 angesetzt – da ging der Krieg in seine zweite Woche.«[15]

Heftig beschäftigte den Sohn die Geschichte aus dem Zweiten Weltkrieg: Die Royal Air Force bombardierte die Staumauer. Die Luftwaffe Seiner britischen Majestät, Georgs VI., entwickelte Spezialbomben zur Zerstörung von Talsperren, die übers Wasser rollen oder springen mussten, um die Mauer zu treffen und zu zerstören. Systematisch flogen Elitegeschwader unter dem Kommando des Oberstleutnants Guy Gibson Angriffe auf die Talsperren des Deutschen Reichs.

»Der Versuch, die Sorpetalsperre zu treffen, mißlang den Angreifern glücklicherweise; der Erddamm hielt stand. – Nach dem Verlust von sieben Flugzeugen zog der Oberstleutnant mit den restlichen elf – und drei Bomben! – zum Edersee. Hier störten weder Flak noch Sperrballons oder Nachtjäger den – wegen steiler Berge und enger Talschleifen – gefahrvollen Anflug. Dennoch fiel die erste Bombe Sekunden zu spät. Sie explodierte auf der Mauerkrone.
Auch die zweite Bombe verfehlte das Ziel. Erst die letzte rollte am 17. Mai 1943, etwa um 1.30 Uhr, springend über den See, versank vor dem Staudamm und brach dem Wasser mit ihrer das Tal erdbebenartig erschütternden Explosion eine Bresche in die Sperrmauer.
Einhundertsechzig Millionen Kubikmeter des entfesselten Elements – achttausendfünfhundert je Sekunde – fluteten in die Täler von Eder, Fulda und Weser. Idyllische Dörfer versanken, Häuser und Ställe zerbrachen, Vorräte, Vieh, Holz, Ackerboden wurden fortgeschwemmt, Felder meterhoch mit Steinen überschüttet – neunundzwanzig Menschen starben den qualvollen Tod des Ertrinkens.«[16]

In der Fantasie des Sohnes vermischen sich die Dörfer, die der RAF-Angriff unter Wasser setzte, mit denen, die das Aufstauen der Eder überflutet hatte, Asel, Bringhausen, Berich, submarine Siedlungen, Vineta, Atlantis – versteht sich, dass die Nautilus zwischen ihnen immer wieder kreuzte, oder der Kabinenroller, der ja unterwassertauglich war, indem er seinen Aufgaben als Shuttle, ein damals unbekanntes Wort, nachkam.

Der Edersee, an dem Mutter und Sohn Ferien machten, der Gardasee, von dem Hübners am 26. August so schöne Bilder zeigten – unverkennbar machte Kui, einst der junge Mann von Vater, dem er seinerzeit die tricks of trade beigebracht hatte, schöne Fortschritte in seiner Karriere als Unternehmer und demonstrierte sie seinem ehemaligen Vorgesetzten mittels eines Diaabends (und Erzählungen über Wasserski, Lasagne, Chianti in der Sommernacht). Soziologen nennen das conspicuous consumption. Die Ferien, hier oder dort, werden nicht einfach genossen – der Genuss wird ausgestellt und verglichen, und der kostspieligere, an Genüssen reichere bringt viel mehr Prestige ein. Mutter und Sohn urlauben an einem Stausee in der Nähe – Onkel Kurt mit Frau und Kindern unternehmen eine Reise gen Italien. Von der sie Bilder in einer seinerzeit kostspieligen und anspruchsvollen Technologie vorführen. Indes der Sohn zur Blockflötenstunde ging, lernten Margrit und Reinhard vermutlich Klavier und Geige.

Heißer Neid, müsste das Merkbuch von Mutter am 26. August melden, wäre dies ein Tagebuch im präzisen Sinn. Hübners bringen ihren Projektor mit und werfen auf ein Laken, das der Sohn notdürftig im Wohnzimmer angepinnt hat, ihre Farbdias vom Gardasee. Dass sie nicht merken, wie uns das kränken muss! Kui wird Millionär, und Vater steuert auf seine kleine Rente zu – aber die Bilder aus Italien waren wirklich schön! Wann wir dorthin kommen? Nie.

Es braucht halt lange, bis man so etwas Triviales persönlich aufzuschreiben vermag. Bis dahin müssen wir uns mit angstvollen Rechnungen begnügen.

Ein Schwarzweißfoto, das Mutter fürs Familienalbum schoss, zeigt den Knaben, wie er im Schneidersitz auf einem Steg hockt, der in den See hineinreicht. Bewegtes Wasser – vielleicht der Sturm vom 2. August –, im Hintergrund erkennt man zwei Se-

gelboote, die abgetakelt vor Anker liegen, eines davon womöglich die Nöck, die so leicht kentert.
Der Knabe kneistet – kneift die Augen zusammen – gegen die Helligkeit des Sees und des Himmels. Die Grimasse erreicht auch seinen Mund, weshalb man meinen könnte, er lächelt – nein, es handelt sich bloß um eine allgemeine Verzogenheit des Gesichts. Dicht steht der Haarbusch oben auf dem Kopf; die Seiten sind geschoren, wie es sich für die Frisur kleiner Jungs ziemt (ebenso für erwachsene Männer: Vater trägt diese Frisur und Harry S. Truman). Weich und nackt liegen die gekreuzten Beine auf den Latten des Stegs, der Knabe trägt helle Shorts. Geschmackvoll kontrastieren dazu das dunkle Hemd und die dunkle Strickjacke, die helle Ornamente auf Brust und Schultern beleben.
An den Füßen trägt der Knabe Segeltuchschuhe, dunkler Grund, entlang der Sohle und der Schnürleiste weiß gesäumt: Dunkelblau (vermutlich) und Weiß, die emblematischen Marinefarben. Seinen besonderen Stolz machen aber gewiss die Kniestrümpfe aus, dramatisch geringelt, schön bunt (vermutlich) und auf die Hälfte der Wade herabgerutscht – das beweist Unmännlichkeit, wenn der Knabe andauernd die Kniestrümpfe hochzieht (wie ein Mädchen, das andauernd an seiner Kleidung nesteln muss). Entspannt ruht die rechte Hand auf der rechten Wade, während die linke, weil der Knabe den Unterarm auf den Oberschenkel abstützt, in halber Höhe schwebt, entspannt geöffnet.

Entspannt, ja, und gleichzeitig verkrampft. Mutter hat ihn auf diesem Steg im See platziert, um ihn zu fotografieren. Er muss hübsch aussehen, hübsch für Mutter. Das strengt an.

Zwar läuft sein Merkbuch für den Rest des Jahres 1956 leer, aber der Sohn macht von den vorgedruckten Tabellen hinten in dem Büchel einen bemerkenswerten Gebrauch.
Wichtige Daten ist einer der Vordrucke überschrieben, und der Sohn trägt ein: 4. April 1940 Bau der Raumstation Cola vollendet. 28. März bis 10. April Osterferien. 11. April Klassenspre-

cher geworden. 9. November 1933 Atomica entdeckt. 11. Juli bis 26. August Sommerferien. 12. Mai bis 20. Juni Internationale Astronautische Kongresse in Vulkania.
Anschriften heißt die Adressen-Abteilung, und der Sohn möchte sie nutzen, wie er es von Vater kennt. So trägt er sinnlos Namen aus unserer kleinen Stadt ein, Angersbach, Ackermann, Defayay, Ermel, ohne Straßenangabe, bloß um dem Vordruck, der einen Eintrag fordert, zu entsprechen.
Andere Namen scheinen zu demselben Zweck einfach erfunden, Augustin, Köln; Abendroth, Ulm; Callani, Rom. Einen Sonderfall bietet Autenrieth, Stuttgart – beim Studium von Vaters Merkbuch merkte sich der Sohn den Namen des Schreibwarengeschäfts, wo Vater den Kalender für 1951 kaufte, als bedeutsam. Berlin Eugen, Verlag des Schwanenberger Albums, München, Angertorstr. 2 – das ist eine gewissermaßen realistische Adresse, denn der Sohn sammelt ja Briefmarken. Hierher gehört ebenso Sammlerdienst, Coburg, Bayern, Postfach 683.
Und dann finden sich Namen und Adressen aus seinem Weltall. Graf de la Fère, Atomica, Sektor Arens, Haupthaus, Zimmer 33. Krempe, Scalo, Sektor 1527, Werft, Venus, Sektor 28 – er kann gar nicht aufhören mit der Ausarbeitung der galaktischen Adressen.

Der Roman bringt sich zur Geltung, mit dem der Sohn das Jahr begann, die Merkurianer haben angegriffen, nichts erreicht, nein, nichts erreicht, denn es geht ja mit dem unspektakulären Alltagsleben eines 13-Jährigen in unserer kleinen Stadt weiter. Erst unter Wichtige Daten und unter Anschriften kann er noch mal einen Ausflug in den Roman wagen, historische Ereignisse und Adressen aus der Sternenzeit.
Dabei verdient der Graf de la Fère, der im Zimmer 33 des Haupthauses auf Atomica residiert – leicht erkennt man wieder einmal Vaters Aufschreibsystem –, besondere Beachtung.
Er stammt aus einem Roman, den der Sohn gelesen haben muss, Alexandre Dumas, Die drei Musketiere. Es handelt sich um den

Klarnamen des edelsten und würdigsten von ihnen, Athos, der aus den Verstrickungen seiner Ehe mit einem She-devil namens Mylady zu den Musketieren floh und am Ende Mylady durch den Henker von Lille lege artis köpfen lässt.
»Jetzt sah man vom anderen Ufer den Henker langsam seine beiden Arme heben, ein Mondstrahl spiegelte sich in der Klinge seines breiten Schwertes, dann fielen die beiden Arme nieder, man hörte die Klinge durch die Luft sausen, dann den Aufschrei des Opfers, und eine zerstümmelte Masse rollte zu Boden.«[17]
Was man viele Jahre später Horrorvideos nennt, spult sich ab im Kopf des Knaben. Vier Männer köpfen eine Frau. Besser, man schaut nicht rein, in die Knabenseele.
Die drei Musketiere und das Imperium im Weltall, 20 Jahre später konnte der Sohn im Kino Star Wars bewundern, den Film, der die beiden Fantasieströme vorbildlich und endgültig verbindet, Ritter und Raumfahrt.

Die Wichtigen Daten, die Adressen, die der Sohn in sein Merkbuch einträgt – wie er das bei Vater abgeguckt hat –, entwerfen noch einen weiteren Roman, in dessen Bann er steht: die Arbeitsexistenz seines Vaters. Die Aktentasche mit den unberührbaren Papieren, das Plexiglas, vor allem die Notizkalender, deren Funktionieren der Sohn sich von Vater genau erklären lässt, das ergibt ein konsistentes Idealbild, wer er sein sollte, ja, wie er teilweise schon ist: indem er die Wichtigen Daten und den Adressenteil seines Merkbuches nach dem Vorbild seines Vaters anlegt. So kann das Aufschreiben von Daten und Adressen eine literarische Tätigkeit sein.
Die ein heißes Fantasieren begleitet, ausgerechnet Daten und Adressen.

Am 23. Oktober 1956 organisieren die Studenten der Technischen Universität Budapest eine Demonstration, die Solidarität mit dem Aufstand der polnischen Arbeiter gegen die fortgesetzt stalinistische Politik der Partei bekunden soll.

Vaters Arbeitskapitel in dieser Zeit ist Genossenschaftskasse Bad Wildungen überschrieben.

Die Demonstration am 23. Oktober wächst sich zu einem ungeheuren Massenereignis aus, insofern zahllose Bürger spontan bei den Studenten mitgehen. Ein Teil der Demonstranten läuft zum Parlament, der größere zum Gebäude des staatlichen Rundfunks: um den Forderungskatalog der Studenten über den Sender zu verlesen.
Die Wachmannschaft eröffnete das Feuer auf die Menge – doch manche Soldaten schlossen sich dem Protest an und übergaben ihre Waffen an die Protestierer, die das Rundfunkgebäude stürmten. Daraus entwickelte sich ein Aufstand, eine Revolution, die das kommunistische Ungarn in eine bürgerliche Demokratie mit Gewaltenteilung, mit Presse- und Versammlungsfreiheit und freien Wahlen verwandeln wollte. Vor allem: in einen außenpolitisch neutralen Staat jenseits des sowjetischen Imperiums, nach dem Vorbild der Republik Österreich.

Vaters Arbeitskapitel ist überschrieben Spar- und Hilfsverein eGmbH, Borken. Er kopiert auf das Notizenfeld eine Verbindung, die ihn von 13.40 Uhr bis 14.41 Uhr in die Kreisstadt Melsungen bringt, wo Mutter und Sohn ihren kranken Fuß auskurierten, wo die Großmutter starb, wo der Sohn Tag für Tag das Gymnasium besucht.
Der Sohn verbringt diese Tage bei Tante, in dem großen Haus, das ihre Familie seit Urzeiten am Markt unserer kleinen Stadt besitzt. Tante – Onkel ist vor einigen Jahren gestorben – beschäftigte eine Haushälterin (sie folgte der Motorradfahrerin Kahler), deren Familie aus Ungarn stammte.
So klebt sie am Radio und seinen Nachrichtensendungen; am Fernseher, den Tante besitzt, eine rare Ausnahme in unserer kleinen Stadt. In weichem, klagendem Ton kommentiert die Haushälterin die Revolution in Ungarn.

Am 29. Oktober 1956 beginnt die israelische Armee eine Invasion von Gaza und der Sinai-Halbinsel, ägyptisches Territorium. Am 31. Oktober bombardieren die RAF und die französische Luftwaffe ägyptische Flugplätze.

Vaters Arbeitskapitel heißt immer noch Spar- und Hilfsverein eGmbH, Borken.

Als der neue Ministerpräsident Imre Nagy am 1. November tatsächlich den Austritt seines Landes aus dem Warschauer Pakt und die Neutralität Ungarns erklärt, beginnt die Rote Armee die Invasion. Zähe, anhaltende Kämpfe folgen, die aber die ungarischen Kräfte unmöglich gewinnen können.

Die ungarische Haushälterin von Tante erklärt dem Sohn immer wieder in ihrer weichen, klagenden Manier, dass die Westmächte in Ungarn eingreifen müssen zugunsten der Aufständischen. Hat der amerikanische Propagandasender für Osteuropa nicht immer wieder militärische Unterstützung versprochen in einem solchen Fall?
Mit der Beredsamkeit eines Leitartiklers erklärt ihr der 13-Jährige, dass das ganz unmöglich, dass das keinesfalls wünschenswert ist: Wenn die Westmächte in Ungarn eingreifen, befinden sie sich im Krieg mit der Sowjetunion, und das wäre der Dritte Weltkrieg. Womöglich mit Atomwaffen. Und dann wäre alles aus.

Israelische, britische und französische Land- und Seestreitkräfte bringen sich bald in den Besitz des Suezkanals. Das war der Zweck der Operation: das Gebiet des Kanals okkupieren, damit er internationalisiert werden kann. Der ägyptische Präsident Gamal Abdel Nasser hatte ihn verstaatlicht, sodass er diese zentrale Handelsroute kontrollieren und für politische Erpressungsmanöver gebrauchen könnte.

Am 3. November beginnt Vaters Arbeitskapitel Julius Wagner, Hamburg.

Zwischen dem 13-jährigen Sohn und der ungefähr 40-jährigen ungarischen Haushälterin von Tante entwickelte sich ein richtiges Politikgespräch. Der Sohn ließ sich darüber belehren, wieso der ungarische Ministerpräsident, der Naatsch gesprochen wurde, Nagy geschrieben wird; dass der kommunistische Verteidigungsminister Pál Maléter auf die Seite der Revolutionäre wechselte, machte ihn zu ihrer beider Helden; die verzweifelten Hilferufe, mit denen am Ende die Aufständischen über das Radio den Westen agitierten, blieben ihnen lange im Ohr – sie waren ja der Westen. Aber der Sohn gab nicht nach: Nein, eine Intervention der Westalliierten in Ungarn war ganz und gar unmöglich – es sei denn, man wollte den Dritten Weltkrieg.
Die Intervention Israels, Frankreichs und Großbritanniens am Suezkanal war zwar militärisch erfolgreich, doch verweigerten die USA ihre Unterstützung, ja, gemeinsam mit der UNO verurteilten sie die Invasion; der militärische Erfolg ließ sich politisch nicht ausmünzen. Der elegante Premierminister Anthony Eden, den Mutter ebenso wie Vater und Sohn als würdigen Nachfolger Churchills anerkannten, wird zurücktreten, das elende Ende einer langen Karriere. Die Historiker erkennen in der Suez-Krise von 1956 den letzten Versuch des Vereinigten Königreiches, sich als Weltmacht durchzusetzen; ein Versuch, der scheiterte. Die neuen Weltmächte waren die USA und die SU.
Hätten Großbritannien und Frankreich, wiederholte Frau Molnar immer wieder in ihrer weichen, klagenden Art, auf die Invasion Ägyptens verzichtet, die Westmächte hätten das Versprechen, das ihr Propagandasender in Osteuropa verbreitete, eingehalten und die Sowjetunion an der Besetzung Ungarns gehindert. Der Westen hätte dem Aufstand zum Erfolg verholfen – der Sohn konnte nur den Kopf schütteln über die Unbelehrbarkeit von Frau Molnar.
Kriegsangst herrschte im Herbst '56, Weltkriegsangst. Ein kalt

brennendes Gefühl im Brustraum, nahe an Atembeschwerden. »In den Abendlärm der Städte fällt es weit«, schrieb ein Dichter. »Frost und Schatten einer fremden Dunkelheit, / Und der Märkte runder Wirbel stockt zu Eis. / Es wird still. Sie sehn sich um. Und keiner weiß.«[18] Tante holte den verbotenen Armeerevolver unter ihren Wäschestücken hervor, nahm ihn gut versteckt mit in den Wald und probierte, ob sie, sollte der Iwan unsere kleine Stadt endlich doch noch erobern, damit ihren Schädel durchlöchern könnte, an einer Fichte aus, pfetsch, pfitsch.

Vater schimpfte auf den feinen Herrn Eden, der uns in dies ägyptische Abenteuer gestürzt habe. Zu Ungarn und zur Sowjetunion fiel ihm nichts ein. So läuft das eben, man kannte es vom 17. Juni 1953 in der DDR; im Juni '56 hatte die polnische Armee in Posen einen Arbeiteraufstand niedergeschlagen. Im Übrigen saß Vater, wenn er nach Hause kam, in der leeren Wohnung und rauchte seine vielen Zigaretten, die dann als kalter Dunst in den Räumen stehen blieben.

Am 7. November ist er in Frielendorf, am 9. November in Neukirchen, Kreis Ziegenhain. Am 14. November ist er in Ottrau, Kreis Ziegenhain, und das Notizenfeld füllen die Angaben, wie man auf komplizierten Wegen um 21.07 Uhr dort landet, wenn man um 18.04 Uhr zu Hause abreist (viermal umsteigen). Am 20. November ist Vater in Oberaula – im Notizenfeld sind gleich drei Zugverbindungen von hier nach dort verzeichnet. Keine kleinen Rechnungen. Am 29. November ist Vater in Niederaula, am 3. Dezember in Asbach, Kreis Hersfeld, und am 4. Dezember wieder in Neukirchen. Am 6. Dezember in Schenklengsfeld; am 9. Dezember verzeichnet er nach Darmstadt (und drei Zugverbindungen von hier nach dort füllen das Notizenfeld aus, eine winzige, sorgfältige Handschrift).

Am 22. Dezember fährt Vater für die Weihnachtstage nach Hause, und am 27. Dezember, wie er schreibt, nach Darmstadt zurück.
Für den ganzen Zeitraum fehlt, wie gesagt, im Merkbuch des Sohnes jeder Eintrag. Ebenso im Merkbuch von Mutter – aber die Seiten zwischen dem 24. Oktober und dem 15. November sind herausgerissen.

Irgendwann im Spätsommer – vielleicht am 11. September, als der Sohn die Aufzeichnungen vollständig abbricht – ereilt die Familie ein schweres Unglück, eine Gesundheitskatastrophe.
Der Sohn erwacht mitten in der Nacht, weil Mutter ein Stöhnen von sich gibt – noch einmal – noch einmal. Ein Stöhnen oder Schreien – noch einmal. Das ihn aufgeweckt hat, aber jetzt weiß er nicht, was er tun soll, aber es muss was geschehen. Er stürzt aus dem Bett.
Die Wohnung, die sie letztes Jahr bezogen haben, als sie das Haus am Wald endlich verlassen durften, besteht nur aus zwei Zimmern und der Küche. Wenn man eine halbe Treppe hinuntergeht, erreicht man ein Badezimmer, das man sich freilich mit einer zweiten Familie teilt. Doch gibt es, wie Mutter nach dem Umzug immer wieder loben muss, überall fließendes Wasser in dem Haus, das am Rande unserer kleinen Stadt an dem Hang liegt, den sie hinauf gebaut ist. Alle Wege – zum Bahnhof, zum Einkaufen, zur Vereinigung mit den Genossen – verkürzt die neue Lage.
Das Wasser fließt im Haus; der Verkehr der Leute im Haus mit den Leuten außerhalb des Hauses fließt schneller.
Vater steht schon am Bett der stöhnenden, schreienden Mutter. Er kam aus dem Zimmer nebenan, das als Wohn- und Esszim-

mer dient und wo auf der Couch ein Bett für ihn aufgeschlagen worden ist.

Das Stöhnen und Schreien geht weiter, anfallsweise, während Vater und Sohn erschrocken, entsetzt, gelähmt am Bett von Mutter stehen. Es ist Angst, sagt Mutter zwischen den Anfällen, Angst. Bald verquillt unverständlich, was sie zu sagen versucht. Der Sohn kann es nicht fassen.

Vater ist endlich wieder bei sich und geht zum Telefon im Wohnzimmer – Nummer 434 – und ruft den Hausarzt an. Natürlich kommt der, mitten in der Nacht, erst viel später, viel zu spät. Und der Krankenwagen, den der Hausarzt gleich bestellt, braucht, um zu kommen, eine Ewigkeit, die Sonne geht auf, der Tag bricht an, der Sohn bricht auf zum Bahnhof: wie jeden Tag mit dem Zug in die Schule. Vater hat, wie sein Merkbuch ausweist, am 11. September Urlaub.

Aber der Sohn wird bei Tante einquartiert, in dem großen, alten Haus am Markt. So war das schon öfter, wenn Mutter wegmusste, Anfang des Jahres beispielsweise ins Krankenhaus, wie wir gelesen haben. Vater traut sich nicht zu, einen kleinen Jungen zu betreuen und zu versorgen.

Man erwartet, dass er als Mann außerstande ist, einen Knaben so zu betreuen und zu versorgen, wie eine Frau es vermag. Vater könne Mutter unmöglich ersetzen, für keine Stunde. So dachte unsere kleine Stadt, so dachten weitere und höhere Kreise.

Die Seiten zwischen dem 24. Oktober, Mittwoch, und dem 15. November, Donnerstag, die Mutter später aus ihrem Merkbuch herausreißt, enthalten gewiss keine ausgeschriebene Geschichte dieser Monate. Auf der ersten, wieder erhaltenen Seite erkennt man auf dem Notizenfeld unterhalb des 17. November, Sonnabend, einen Bleistiftkringel, der wie der Teil eines Schriftzuges ausschaut.

Von hier aus erkennt man auf den erhaltenen Seiten ähnliche Kringel, farblos, durchgedrückt: Mutter übte auf den Seiten, die sie später rausriss, das Schreiben, und wollte später nie wieder sehen, wie das ausgesehen hatte.

Ein Dichter, der eine schwere Erkrankung des Gehirns darstellen wollte, könnte es nicht besser machen. Den Notizkalender, weil er zu Händen ist, einfach als Schreibfläche benutzen, um herauszufinden, ob Schreiben überhaupt geht, ob man es wieder lernen kann. (Als einfache Schreibfläche funktionierte das Merkbuch ja schon bei Mutters Canasta- und den anderen Abrechnungen.)

Die Seiten herausreißen, auf denen das kranke Krakeln stattfand. Das jedoch farblose Abdrücke hinterließ.

Als der Sohn an diesem Tag nach der Schule an das Krankenbett trat, das Mutter in einer Privatklinik von Melsungen belegte, verstand er nicht, was sie ihm sagte, verwaschene Laute. Mutter, 48 Jahre alt, war auf der linken Körperseite gelähmt, wissen sie später. Und noch später wissen sie, dass man die Störung in Mutters Gehirn Aneurysma nennt, die mit Blut gefüllte Ausbuchtung einer Arterie. Sie kann platzen und Mutter töten. Oder sich zurückbilden.
Am Abend des Tages, als sie ihn ins Bett bringt, fragt Tante, ob er beten möchte. Der Kirchgang gehörte nicht zu ihren Routinen – bei denen sie sich im Übrigen eng an die Vorschriften unserer kleinen Stadt hielt.
Aber wir befinden uns im neochristlichen Westdeutschland der fünfziger Jahre, das Beten gilt als anerkanntes Trostmittel in katastrophalen Lagen. Gewiss erinnert sich Tante, wie oft sie während des Krieges innerlich, nach außen stumm, Stoßgebete aussandte für den Führer – ohne Erfolg, wie der Kriegsausgang lehrt. Von den Soldaten der Wehrmacht wird es ebenso überliefert, dass sie in der verzweifelten Lage mühelos zu ihren Kindergewohnheiten zurückkehrten; man las das mit Andacht.
Es gibt, wie immer, gut zu essen bei Tante (das war ja der Grund, weshalb Vater und Mutter mit ihrem Sohn 1945 hierherzogen, in unsere kleine Stadt, die Freundschaft mit Tante und Onkel garantierte anständige Ernährung, denn sie betrieben Landwirtschaft). Aber das Essen schmeckt für den Sohn neutral, eine gleichgültige Menge nahrhafter Substanzen, die in den Kinderkörper eingearbeitet werden, um ihn, ausgebeutet, als Scheiße zu verlassen. Seine Schulleistungen lassen unauffällig nach: Man verlangte wenig von ihm als Klassensprecher. Die Lehrer umhüllten ihn mit einem neutralen Mitleid. Jeden Tag besuchte er Mutter nach der Schule in dem Krankenhaus und saß an ihrem Krankenbett; die Wartezeiten, wie sie die schlechten Zugverbin-

dungen dem Fahrschüler auferlegten, erwiesen sich unter diesen Umständen als Segen, keine Fleischbrühe für 25 Pfennige im Wartesaal, vielmehr an Mutters Bett ihren Fortschritten bei der Gesundung zuschauen.

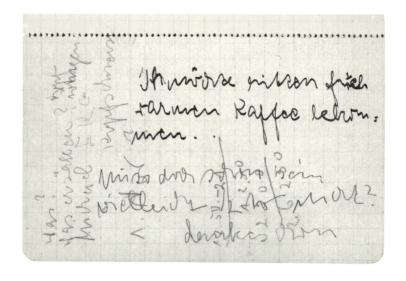

Auf der allerletzten Seite von Mutters Merkbuch, auf einer Seite der perforierten Notizblätter, haben sich einige der Schreibübungen, mittels deren sie sich in die Gesundheit zurückarbeitete, erhalten: Ich möchte bitte früh warmen Kaffee bekommen – wobei das b in bitte leicht verrutscht ist und sich wie m liest –, und vielleicht soll es tatsächlich bitten heißen: Ich möchte bitten, früh warmen Kaffee zu bekommen – die beiden Formulierungen sind ineinandergerutscht.
Muss doch schön sein, fährt Mutter mit Bleistift fort, vielleicht nicht? Dankeschön – Schreiben um des Schreibens willen praktiziert sie auf diesem Blatt, um sich daran zu erfreuen, dass sie es schon fast wieder kann.
Zu dem Notizkalender als Notizbuch kehrt Mutter am 9. Dezember und am 13. Dezember zurück: Sie braucht wieder Schreibflächen. Sie notiert Autorennamen und Buchtitel für

Weihnachtsgeschenke, Dominik, van Holk, Pinguine sowie Die Stundentrommel, 2 × Sethe, 2 × Spectaculum, Montanelli, Th. Mann und so weiter. Dahinter steht jeweils der Preis, und am Ende zählt Mutter zusammen: 147.20 DM.

Dominik, van Holk, Pinguine, das sind Zukunftsromane, Lektüre für den Sohn, den Astronauten. Hans Dominik gilt in dieser Community als einer der Begründer des Genres; Freder van Holk dagegen, der eigentlich Paul Alfred Müller hieß, machte sich seinen Namen als Autor von Heftchen, wie man damals sagte – und bei den Pinguinen handelt es sich vermutlich um einen Roman des französischen Großschriftstellers Anatole France, Die Insel der Pinguine (1908), eher eine satirische Fabel als ein Zukunftsroman.
Was zu bedeuten hat, dass Mutter darauf verzichtete, die Lektüre des Sohnes in Richtung höherer Qualität zu steuern. Dann hätte sie Hans Dominik und Freder van Holk von vornherein verworfen. Im Kino durfte der Sohn ja 20000 Meilen unter dem Meer ebenso anschauen wie Die Sennerin von St. Kathrein, einen Heimatfilm aus der Blütezeit des Genres, mit Rudolf Lenz und Anita Gutwell in den Hauptrollen, die sie schon in dem legendären Der Förster vom Silberwald gegeben hatten. Diese Toleranz gegenüber minderwertigen Kulturgütern, gegenüber Schund, wie man damals sagte, findet sich selten bei sozialen Aufsteigern, die den Weg nach oben über die Kultur nehmen. In der Regel setzen sie ihren Kindern nur Meisterwerke vor.
Von Freder van Holk bleibt im Gedächtnis, dass er der Hohlwelttheorie anhing: Alle meinen, wir leben auf der Außenseite einer Kugel – in Wirklichkeit leben wir im Innern. Eine solche Idee kann der Knabe sofort anwenden, wenn er durch Wald und Feld streift, und unsere kleine Stadt erscheint an ihren Hängen wie in eine Schale gebettet. Besonders gefiel dem Knaben der Beweis mittels der Schuhsohlen: Sie sind, wenn man die Schuhe lange genug trägt, hinten und vorn nach oben gebogen, was die innere Rundung der Kugel abbildet – lebten wir tatsächlich außen drauf,

so müssten die Schuhsohlen doch vorn und hinten nach unten gebogen sein. Das konnte man sehen, und so ging das Fantastische köstlich ins Wirkliche über.

Mit Hans Dominik sind wir aber noch einmal im Einflussbereich von Deutsch-Sewastopol, dem Krim-Gau Schwarzes Meer. Für den Nazigedanken, dass Deutschland neuen Lebensraum braucht, hegte er offenbar Sympathie. »Dafür spricht sein Roman ›Land aus Wasser und Feuer‹ (1939), in dem das deutsche Raumschiff ›St 25‹ mitten im Atlantik eine eben aus dem Meer aufgetauchte Insel entdeckt, die rein aus Magma zu bestehen scheint«, schreibt ein Literaturprofessor. Indem sein Kommandant »einen der dortigen Vulkane zu weiteren Lavaausbrüchen anreizt, verhundertfacht er schließlich die Größe dieser Insel, so daß am Schluß Scharen deutscher ›Erbhofbauern‹ fünf Millionen Hektar fruchtbarsten Bodens für die deutsche Kolonisation nutzen können.«[19] Den Roman überreichte ihm Onkel Alfred am 12. August als Mitbringsel, wie der Sohn verzeichnet hat.

Der Kapitän des Raumschiffs St 25, träumte der Sohn, heißt Nemo. Und das Raumschiff schaut aus wie die Nautilus. Fuhr James Mason mit seinem Traumschiff nicht gleichfalls immer wieder zu einer verborgenen Vulkaninsel mitten im Ozean?

Das ziemt doch einem Knaben, so die Psychoanalyse begütigend, der mit Mutter im selben Zimmer schläft: dass er sich fort auf einsame Inseln träumt. Was die Explosionen bedeuten, die das Eiland unermesslich vergrößern, darf jeder sich selber ausdenken.

Mutter führt den Adressenteil des Merkbuchs unauffällig korrekt; leicht findet man Parallelstellen im Adressenteil von Vaters Kalender, Hübners in Kassel, Charlotte Kosbab in Berlin, Erich Wertz in Korntal. Was im Zusammenhang ihrer Kulturinteressen auffällt, ist die Adresse der Goethe-Gesellschaft, Dr. A. B. Wachsmuth, Berlin-Dahlem, Postscheck Frankfurt a.M., 11 88 19. Das muss sie für den Mitgliedsbeitrag wissen; während sie Dr. Wachsmuth niemals schreiben wird – so wenig wie der Sohn an Eugen Berlin vom Schwanentaler Album oder den Sammler-

dienst in Coburg –, weshalb die Straße und Hausnummer von Professor Wachsmuth in Berlin-Dahlem fehlen.
Unter den Wichtigen Daten – wo der Sohn die Vollendung der Raumstation Cola ebenso wie die Wahl zum Klassensprecher vermerkt – findet sich bei Mutter die Liste derer, denen zum Geburtstag gratuliert werden muss im Jahreslauf, vom 5. Januar, Friedel Goebel, bis zum 6. Dezember, Frau Hiller.
So schrieb es die Arbeitsteilung zwischen den Geschlechtern vor. Die Männer widmen sich der Arbeit, die Frauen der Kommunikation.

Der Notizenteil bietet – bis auf jenes letzte Blatt mit den Schreibübungen – eine Bücherliste, eine Wunschliste, die der Lauf der Zeit hat entstehen lassen. Sie enthält Erika Manns *Das letzte Jahr*; Ingeborg Bachmanns *Anrufung des großen Bären* und Dorothy Sayers' *Geheimnisvolles Gift*. Sie endet mit Sueton, *Cäsarenleben*.

Für die kommenden drei Jahre fehlen die Merkbücher von Mutter und Sohn. Vielleicht gingen sie verloren – vielleicht wurden keine geführt.

Kriegsangst, Todesangst. Sie hatten vom Schreiben erst einmal genug – das Schreiben war es, was sie in Angst, in Todesangst versetzte? Warum brach sogar der Sohn, der ein Diarium angefangen hatte, den Notizkalender '56 ab?
Aber sie haben doch kaum was geschrieben. Wollte ins Kino gehen, im Garten gearbeitet, Vielliebchen gewonnen, 2 mal Sethe – ein bedeutender Leitartikler der *Zeit*, Paul Sethe, ein Kritiker von Adenauers Politik –, aber das erkrankte Gehirn, der Suezkanal, die Rote Armee in Budapest, Mutter und Sohn schweigen dazu.
Gleichzeitig fehlt es ihnen an Schreibstoff. Die Seiten der Kalender bleiben leer, weil Mutter wie Sohn sich verschließt, was sie erzählen könnten. Sie haben keine Puste. Epische Atemnot.

Oder lyrische. Das Datumsfeld bietet nur wenig Schreibfläche, kurze Gedichte wären das geeignete Genre, Haikus …
Deshalb nutzt Mutter, möchte man spekulieren, die Schreibfläche mehrerer Datumsfelder für die Abrechnung der Kartenspiele. Damit lässt sich mehr sagen über die Beziehungen in der Familie. Aber sie will nichts sagen.
Die Darstellung der (Schreib- und) Sprachstörung mittels der herausgerissenen Seiten übertrifft man nur schwer durch einen Text.
Aber es fehlt die Absicht, die Intention, Mutter hat keine Ahnung, was sie durch das Herausreißen der Kalenderseiten vollbringt.
Everything is in your eye.

Vaters Merkbücher (so ihre Selbstbenennung) für 1957 und für 1958 und für 1959 stammen – wie die von Mutter und Sohn aus dem vergangenen Jahr – von M. Stromeyer, Goldschnitt, weißes Lesebändchen, schwarzes Kunstleder. Der Geber braucht nur eine einzige Seite, um das Werbegeschenk, hergestellt, wie gewohnt, von den Eilers-Werken in Bielefeld, als das seine auszuweisen. M. Stromeyer / Lagerhausgesellschaft / Gegründet 1887/1957 / Hauptverwaltung: Mannheim / Fernruf Sammel-Nummer 45091. Fernschreiber 046854 / Telegrammadresse: Kohlenstromeyer – Kohlenstromeyer steht auch eingeprägt auf der Außenseite, samt der Jahreszahl, wobei das traditionelle Bergbau-Emblem den Firmennamen krönt wie im Innern die Jahreszahl.
Auf der Steckbrief-Seite des Kalenders notiert Vater in jedem der drei Jahre seinen Namen und seine Adresse, die Telefonnummer ist unverändert 434. Im Jahr 1957 und im Jahr 1958 außerdem seine Mitgliedsnummer bei der Krankenkasse, 3.815.282. Im Jahr 1959 fehlt diese Mitgliedsnummer; dafür ist es Vater wichtig, seine Kontonummer mitzuteilen, Stadtsparkasse 1422.

Wenn wir das als Jahreszahl nehmen, könnte man tagträumen, was da alles als Weltgeschichte abrollte. So schreiben wir den so genannten Tag von Nürnberg, an dem …
Aber es handelt sich um keine Jahreszahl.

Während Vater die ersten Januartage 1957 bei Röhm & Haas in Worms respektive in Darmstadt arbeitet, was er mit dreimal wiederholten Eintragungen festhält, notiert er am 2. Januar 1958 für diesen und – durch Schweigen – die folgenden Tage Kurhessische Kupferschiefer GmbH, Sontra. Am 2. Januar 1959 beginnend, prüft er die Bücher bei Henschel in Kassel.

M. Stromeyer
Lagerhausgesellschaft
Gegründet 1887

1957

Hauptsitz:
Mannheim

Fernruf Sa.-Nr. 45091 · Fernschreiber 046854
Telegramm-Adresse: Kohlenstromeyer

Kupferschiefer! Land aus Kupferschiefer und Plexiglas, Kohle und Wasser ...
1957 muss Vater bei der Kurhessischen Kupferschiefer mit Aufräumarbeiten beschäftigt gewesen sein, denn das Unternehmen wurde bereits 1955 liquidiert: Der Wassereinbruch in einem zentralen Schacht schränkte 1953 den Abbau drastisch ein. Er begann schon im 15. Jahrhundert.
Kupferschiefer zeigt das Meer an, das in unvordenklicher Zeit bis hierher vorgedrungen war und aus dessen Sedimenten sich in unvorstellbarer Dauer der Kupferschiefer bildete. Das Meer ist das All. Reizvolle Wörter lagern um den Kupferschiefer, Worte wie Zechstein, Hieken, Wickelschlacken. Wickelschlacken! Wickelschlacken und Kräuselzwirn. Vater taucht in Urzeiten ein, wenn er in Sontra die Bücher der untergegangenen Kurhessischen Kupferschiefer prüft.
Sontra lag damals im so genannten Zonenrandgebiet. Auf der anderen Seite der Grenze, im Mansfelder Land, betrieb die DDR ihren eigenen Bergbau. Weil es weder kleinen noch großen Grenzverkehr gab, drohte die Gegend, trotz aller Fördermaßnahmen, zu veröden. Wenn Vater nach Sontra reiste, schien er an den Rand der belebten Welt zu verschwinden; der Name Kurhessische Kupferschiefer tat ein Übriges.
Die Wickelschlacken der Geschichte – versteht sich, dass die Ausbeutung des Kupferschiefers das Dritte Reich interessierte: Es wollte ökonomische Autarkie, weitgehende Unabhängigkeit von Importen. Und jetzt liegt Sontra zur Strafe im Zonenrandgebiet. So sah Vater die Lage gern.
Die Henschel-Werke in Kassel, deren Bücher Vater 1959 um diese Zeit studiert, verdienten wie kaum ein anderes Unternehmen am Zweiten Weltkrieg, Panzer, Lastwagen, Lokomotiven, Flugzeuge – der Höllengestank der Geschichte –, kein Wunder, dass alliierte Bombenangriffe die Produktionsstätten gründlich zerstörten. Und die Stadt Kassel obendrein. Wiederum befand sich Vater mit dem verfluchten deutschen Kapital in Berührung. Wenn er von Henschel erzählte, beim Mittag- oder Abendbrot, bei den

Spaziergängen, die jetzt, von der neuen Wohnung aus, durch das Tal statt durch den Wald führten – wenn Vater von Henschel erzählte, schien es stets um etwas Anrüchiges zu gehen, Satanswerk, aber entzaubert, erniedrigt, entmächtigt; Vater redete süffisant, voller Schadenfreude.

Im Januar 1957 folgen auf Röhm & Haas, Darmstadt, Rödding, Grebenstein, sowie Hartig und Kasten, Grebenstein. Dann Conrad Lange, Hümme, und Raiffeisen, Trendelenburg, und Hünninghaus, Liebenau.
1958 folgen auf Sontra Idstein, Niederbrechen und Friedberg, keine Firmen-, sondern nur Ortsnamen. Erst Salzmann, Kassel, führt am 3. Februar, Montag, wieder einen Firmennamen ein. Und Ende Februar lesen wir Olivetti, Frankfurt, eine Berühmtheit. Dort arbeitet Vater im nächsten Jahr wieder bei der Einfuhr- und Vorratsstelle, zuständig für Zucker, dieser Regulierungsinstanz jenseits des verfluchten Kapitals.

Salzmann & Comp., eine ehrwürdige Gründung von 1876, siedelte wie die Spinnfaser in Kassel-Bettenhausen; Heinrich Salzmann stammte aus der kleinen Stadt Spangenberg, südlich von Kassel, als deren Wohltäter er sich betätigte; so stiftete er das Heimatdenkmal am Markt. Salzmann & Comp. betrieben Textilproduktion – im Zweiten Weltkrieg verdienten sie tüchtig mit Militärzelten, Uniformen, Tornistern, Postsäcken, Mänteln und wurden entsprechend bombardiert.
Der Höllengestank, die Wickelschlacken, womöglich Zechstein… Aber wenn Vater von Salzmann & Comp. mit Schadenfreude erzählte, dann kam das von dem Missmanagement – damals kein gebräuchliches Wort –, das die Firma, wie Vater triumphierte, bald in den Bankrott steuern werde.
In der Fachliteratur, könnte ein Soziologe erzählen, diskutiert man Salzmann & Comp. als kanonisches Beispiel, wie der Nepotismus eine glorreiche Firma aus dem 19. Jahrhundert zerstört. Brüder und Schwestern, Vettern und Cousinen, ja Schwiegersöh-

ne und -töchter fanden sofort ein Plätzchen in der Firmenleitung. Sie wollten mitreden und mitbestimmen und dabei hübsch verdienen – und so verwandelte sich jede Diskussion über innerbetriebliche Umstrukturierung, über die Erweiterung der Produktpalette, über Exportstrategien sofort in Familienkrieg. Das Betriebliche wurde das Persönliche und damit unlösbar, Britta und Georg, Hannelore und Lothar, Martha und die Häberles, Wilhelm und die Rincks. Die Bundesrepublik, sagt die Fachliteratur, musste sich von diesem Typ Familienbetrieb lösen, um wirtschaftliche Erfolge zu erzielen.
Dies alles wäre erzählenswert, aber Vater wieder verzichtet darauf.
Nein, Vater erzählt es, erzählt es mündlich, am Mittags-, am Abendbrottisch, bei den Spaziergängen im Tal. So prägte es sich dem Sohn, so prägte es sich den Angehörigen ein. Das Schreiben ist es, worauf Vater verzichtet. Kein Eintrag wie: 16.00, Kaffee in der Salzmann-Kantine, Luise Rinck wütend über Georgs Angriff auf Südamerika; nichts erreicht.
Vater kennt Luise Rinck persönlich so wenig wie die anderen Bewohner der Chefetage. Deshalb kann er keine persönlichen Treffen mit ihnen im Merkbuch verzeichnen. Vater verfügt über sehr wenig soziales Kapital, Beziehungen nach oben, mittels deren er an erstklassige Informationen käme und Einfluss nehmen könnte. Was er zu Hause von Henschel oder Salzmann erzählt, ist Hörensagen aus dem Büro, was die kleinen Angestellten untereinander über die Majestäten kommunizieren.
Wir stellen uns vor, wie Georg Salzmann oder Martha Häberle durch ihr Reich schreiten und ignorieren, welcher kleine, alte, dicke Mann da über seinen Akten sitzt. Er grüßt, und sie nicken hoheitsvoll zurück, aber das macht sie nicht miteinander bekannt. Diese Ignoranz für erzählenswert zu halten wäre eitel; dieser Eintrag muss wegfallen: Heute gegen 18 Uhr wieder mal vom stellvertretenden Generaldirektor Salzmann übersehen worden – davon gibt es fünf, sodass ich eine realistische Chance auf vier weitere Nichtbegegnungen mit den Majestäten habe.

Wir fänden Büroromane, die solche Szenen genau entwickeln.

»In den Büroetagen war es an diesem Tag noch stiller als sonst. Bis zum Frühstück war noch ein bißchen gearbeitet worden – mit gezierten Bewegungen. Man saß steil auf dem Stuhl und befleißigte sich einer sauberen Handschrift. Beim Frühstück erinnerte man sich seiner guten Tischmanieren. Einige Damen waren beim Friseur gewesen.
Nach dem Frühstück erstarb jede Tätigkeit. Man trommelte auf die Schreibtischplatte, man sah auf die Uhr. Wenn die Tür aufging, erschrak man. Wer wußte eigentlich, wie Herr Tülle aussah?
Zehn Uhr. Frau Volz kam aus dem Sekretariat gestürzt. Sie lief den Gang entlang und rief überall durch die geöffneten Türen: ›Er ist da. Er ist eben am Hauptportal.‹«[20]

Aber für Vater wäre einen Roman zu schreiben ganz undenkbar. Wäre ein absurder Vorschlag. Damit sich in dem Merkbuch auch nur einzelne Worte fänden, die romanfähig wären, müsste sich Vater einen ganz anderen Leser vorstellen als die Vorgesetzten, die sein persönlicher Geschäftsbericht als implizite Leser imaginiert – und im Lauf der Jahre immer schwächer imaginiert, wie der Ausfall des täglichen Eintrags und der Firmennamen lehrt.
Und dabei war Vater, der keine Kontakte zu stellvertretenden Direktoren und anderen Majestäten verzeichnet, kein Gefangener von seinesgleichen, eingesperrt ins Reich der kleinen Angestellten. Da gibt es Dr. Schlögl, von dem er Geld leiht, wie er verzeichnet; es gibt Dr. Heckmann, mit dem er zusammenarbeitet; es gibt Kui, den angehenden Millionär, den er anpumpt, dessen Kindern er Geld- und andere Geschenke macht.
Und diese Berührungen mit oben führten, wie wir sahen, immer zu Schrift.

Das Jahr 1957 schreitet fort mit diesen kleinen Ortschaften, die, wie Sontra, am Rande der Geschichte zu liegen scheinen. Am 28. Januar arbeitet Vater im Kornhaus Adorf in Waldeck. Am

Anschriften

Name	Wohnung	Fernsprecher
F. Zöllitz	Oodlau	432 (578 Tag.)

31. Januar bei Markl in Neudorf. Am 2. Februar bei Raiffeisen in Volkmarsen. Am 5. Februar heißt es bloß Zierenberg und am nächsten Tag Niederelsungen. Am 8. Februar Netze, Kreis Waldeck; der Ausfall der Firmennamen fällt weiterhin auf.
Zwar dauern im nächsten Jahr die Prüfungen von Olivetti in Frankfurt bis Mitte März, aber dann ist Arolsen dran, noch so ein ortloser Ort. Vater wiederholt bis zum 3. April 1958 die Ortsangabe Arolsen – am 18. März lasen wir Spinnerei Zedlitz.
Vater nimmt F. Zedlitz – irgendwann lernen wir, dass er mit Vornamen Ferdinand heißt – in den Adressenteil seines Kalenders auf, was bedeutet, dass sich der Kontakt von einer Geschäfts- zu einer Freundschaftsbeziehung entwickelt, vgl. Erich Wertz, Korntal.

Arolsen legten ab 1719 die Fürsten von Waldeck (zu dem Gebiet gehört der Edersee) und Pyrmont planmäßig als ihre Residenz an. Ein ehemaliges Kloster wurde zum Barockschloss umgebaut, wobei eine Anlage entstand, die der Stadt Arolsen bis heute ihr Gepräge gibt. – Zedlitz ist der Name einer umfangreichen und weitverzweigten Familie, die ihren Ursprung in Schlesien hat; wie der Spinnerei-Besitzer Ferdinand Zedlitz in Arolsen 1958 zu ihr gehört, ist unklar.
Er fuhr riskant Auto, mit Gusto schnitt er vollkommen unübersichtliche Kurven, wobei seine Frau lüstern quietschte. Ihre Wohnung lagerte sich im Gedächtnis des Sohnes als schlossartig ab, große Räume öffnen sich mit großen Fenstern auf das Grün des großen Gartens, dunkle Blätterschatten und helle Wasserreflexe spielen auf weißen oder altrosa Wänden – irgendwann verbrachte der Sohn ein paar Sommertage bei diesem Ehepaar Zedlitz, auf feine und vornehme Art außerordentlich höfliche und freundliche Leute (wie sie in unserer kleinen Stadt fehlten) – zuweilen argwöhnte der Sohn, Ferdinand Zedlitz sei ein Hochstapler und Betrüger (und Vater komme ihm beim Prüfen der Bücher eben gerade auf die Schliche). Schmackhafte Mahlzeiten mit leicht unbekannten Gerichten; ein Nachmittag im Freibad, wo der Sohn

ein Buch von Martin Buber zu lesen versuchte, Gog und Magog, aber seine Gedanken weilten bei den Mädchen dort drüben, auf der Wiese, mit denen er sich unbedingt bekannt machen sollte, jetzt, jetzt gleich.

Mutter verbrachte ebenfalls Ferientage bei den Zedlitzens. Sie äußerte Verliebtheitsgefühle gegenüber Arolsen. Man weilt wie in Grimmburg, lautete ihre Lobesformel. Man weilt im Roman.

»Die Grimmburg beherrschte von einem buschigen Hügel das malerische Städtchen des gleichen Namens, das seine grauen Schrägdächer in dem vorüberfließenden Stromarm spiegelte und von der Hauptstadt in halbstündiger Fahrt mit einer unrentablen Lokalbahn zu erreichen war.«

»Die Stadt war Universität, sie besaß eine Hochschule, die nicht sehr besucht war und an der ein beschauliches und ein wenig altmodisches Gelehrtentum herrschte; – einzig der Professor für Mathematik, Geheimrat Klinghammer, genoss in der Welt der Wissenschaft bedeutenden Ruf ... Das Hoftheater, wiewohl kärglich dotiert, hielt sich auf anständiger Höhe der Leistung ... Es gab ein wenig musikalisches, literarisches und künstlerisches Leben ...«[21]

Oben geht es ärmlich zu, das tröstet den Aufsteiger. Bei den Zedlitzens ging es nicht fürstlich zu, aber es herrschte diskret ein geschmackvoller Luxus – den man als Indiz adliger Abkunft lesen kann. Flüchtlinge aus Schlesien vielleicht, die ihr Rittergut an der Weichsel verloren und im Westen eine neue Existenz aufbauten; intelligent vor dem Krieg im Ausland deponiertes Vermögen, die staatlichen Zahlungen durch den so genannten Lastenausgleich halfen ihnen auf. In die Mythologie der Bundesrepublik ging das Adelsgeschlecht derer zu Dohna ein, die, von ihren Latifundien in Ostpreußen vertrieben, in Westdeutschland ein Unternehmen der chemischen Textilreinigung aufbauten, mit vielen Filialen in vielen Städten.

Es gelang Vater also, Freundschaft mit einem Kunden seiner Firma aufzubauen, Unternehmer, von adliger Abkunft, und Mutter und Sohn profitierten davon, unmittelbar, durch schöne Tage in Arolsen, dunkle Blätterschatten auf altrosa Mauern, nackte Mädchen im Grünen, unbekannte Speisen, Stippvisite bei Thomas Mann. So etwas vermehrt das soziale und kulturelle Kapital, auch wenn es ohne Nutzen für Vaters Karriere ist. 1958 wird er 65 und Rentner.

Ende Februar 1957 verzeichnete er Uschlag, kein Firmenname. Am 3. März hieß es Darmstadt und bedeutete vermutlich Röhm & Haas, das Plexiglas. Das dauerte – zwischendurch war er immer wieder zu Hause – bis zum 15. April, da ging es wieder zu Salzmann & Comp. nach Kassel, was mit Bleistift vermerkt wurde. Die kleinen Rechnungen fehlen – sieht man von der Sonntagsrückfahrkarte Kassel–Frankfurt ab, die am 18. April, Gründonnerstag, vermerkt ist und mit Zuschlag 32.50 kostet.

Warum fehlen die kleinen Rechnungen? Muss Vater sich wegen seiner Einkünfte keine Sorgen mehr machen, sodass er unbedenklich Krawatten, Schokolade, Briefmarken, Thomas Mann kaufen kann, ohne sich andauernd Rechenschaft ablegen zu müssen? Sodass der Stolz, das Selbstgefühl ausfällt, womit die riskanten Ausgaben Vater erfüllten?

Am 29. April 1957 verzeichnete Vater Hommelwerke, Mannheim, was bis zum 6. Juni andauert, am 6. Mai schreibt Vater Wegener zur Aufbewahrung DM 300. Dann herrscht Schweigen bis zum 28. Mai, an dem Stromeyer geschrieben steht.
Am 29. April 1958 schreibt Vater Wetzlar und am 2. Mai Arolsen, was bis zum 11. Mai dauert, da gilt wieder Hommelwerke, Mannheim, und am 14. Mai erhält Wegener 100, der Inhaber der Pension Wegener, die der Adressenteil immer wieder aufführt, Mannheim, Heinrich-Lanz-Str. 34, Telefon 44988.
Die Telefonnummern werden länger, weil immer mehr Bürger der Bundesrepublik ein Telefon besitzen; der soziale Aufstieg.

Wo Vater am 2. Mai 1959 die Bücher prüft, ist unklar; seit vielen Tagen bleiben die Datums- und die Notizenfelder leer. Der letzte Eintrag fand am 16. Februar statt, Flörsheim lautet er, und es folgt ein unleserlicher Firmenname.

Dauert Flörsheim wirklich bis zum 11. Mai, an dem Vater nach Hause fährt, um am 15. Mai nach Orb zu reisen, Bad Orb im Spessart, keine Prüfung, sondern eine Kur? Bohnenschalentee, verzeichnet der Notizenteil des Merkbuchs 1959, drei Teelöffel überbrühen, 15 Minuten ziehen lassen. Pinimenthol gegen Erkältung. Mediocard für Kreislauf. Tabak Oldenkott, Altgold Kiepenkerl.
Dass Vater unter vielfältigen Beschwerden litt, schien dem Sohn, der 1958 sein 15. Lebensjahr erreicht, angemessen: So ziemt es sich für einen alten Mann. Deshalb verlor der Sohn rasch aus der Erinnerung, dass Vater wegen dieser Beschwerden eine Kur machte. Den Angehörigen dagegen prägte es sich tief ein, denn das gestaltete sich immer noch als eine Art Bildungserlebnis, womöglich Abenteuerurlaub, wenn den vom Arbeitsprozess verschlissenen Werktätigen die Krankenkasse eine Regeneration verordnete, in den entsprechenden Kurorten. Vater schrieb sarkastische Postkarten, wie er um die Saline rennt und die gute Salzluft inhaliert, die stiekum seinen Kreislauf erneuert. Ein neuer Mensch! Wie er das Heilwasser in sich hineinschüttet, wie scheußlich das Heilwasser schmeckt. Wie Bad Orb haargenau so ausschaut – mit seinen hübschen Fachwerkhäusern in der hüb-

schen Hügellandschaft – wie unsere kleine Stadt: Er hätte zu
Hause bleiben können.

Wann die Kur in Bad Orb endet, Vater verzichtet auf die genaue
Angabe; jedenfalls fährt er am 12. Juni nach Hause zurück. Am
9. Juni verzeichnet er, dass M. Lympius Geburtstag hat, den wir
aus dem Adressenverzeichnis kennen. Der Geburtstag ist auch am
9. Juni 1957 und am 9. Juni 1958 vermerkt, fehlt aber am 9. Juni
1956 und die Jahre davor. Was in den drei Jahren im Adressenteil
fehlt, ist die Adresse der Lympiusens – Vater kennt sie auswendig.
Zuletzt schrieb er sie für 1955 auf, Berlin-Steglitz, Südendstraße
4, keine Telefonnummer.
Es handelt sich um Angehörige. Vater zieht sich in den Raum
der Familie zurück. So wie er sich in die Geographie zurückzog,
als er die Ortsnamen den Firmennamen vorzuziehen begann.
Am 18. August ist in allen drei Kalendern der Geburtstag von Else
Lympius verzeichnet, der in all den Jahren davor ebenfalls fehlt.
Also kein Mädchen im Hafen von Berlin-Steglitz, sondern eine
Cousine. Sie ist mit M. Lympius verheiratet.
So schauen wir dem Zerfall eines Liebesromans zu.
Hat irgendwer ihn je für voll genommen? Vaters Mädchen im
Hafen von Kassel, im Hafen von Bremen, im Hafen von Stuttgart, von München? Der Revisor im Rentenalter als Matrose auf
großer Fahrt? Für einen Augenblick macht den Roman zu glauben Freude, nur einen Augenblick lang. Abends durch München
schlendern in Erwartung von Erna Freiberger. Die eigenhändig
ihren Namen und ihre Adresse in Vaters Merkbuch schreiben
durfte.

Zerfällt jetzt, in diesen Jahren, in denen er der Rente entgegenlebt,
das Merkbuch als Arbeitsroman, als persönlicher Geschäftsbericht? Er schreibt die Geburtstage von Angehörigen hinein; er
schreibt die Orts- statt der Firmennamen hinein.
Das Merkbuch 1959 ist ab dem 18. August, Geburtstag Else
Lympius, leer. Der letzte Eintrag davor ist Flörsheim, 13. August,

Donnerstag. Und am 3. August, Montag, heißt es Dr. Heckmann, Weinheim. Das Arbeitskapitel Flörsheim scheint also überhaupt nicht zu enden; dass ein Arbeitskapitel Dr. Heckmann, Weinheim, bis zum 13. August, bis Flörsheim reicht, kann man nur schlecht glauben: Vater führt, so muss man folgern, die Aufzeichnungen über seine Arbeit nicht mehr mit der gewohnten Disziplin durch. Mit den Lympius-Geburtstagen beginnt keine neue Disziplin: Die Geburtstage der Hübners, von Onkel Alfred und Tante Erika tauchen nie auf.

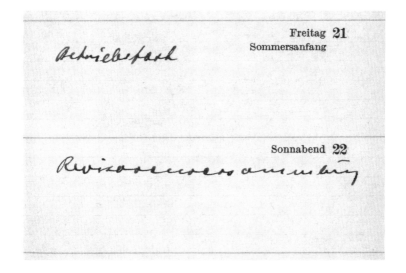

Am 21. Juni 1957 verzeichnete das Merkbuch Betriebsfest, und am 22. Juni fand, wie Vater schrieb, eine Revisorenversammlung statt.
Im Familienalbum entdeckt man Fotos, auf denen man Vater bei einer Veranstaltung sieht, die als Betriebsfest identifiziert werden kann. Vater sitzt – dunkler Anzug, weißes Hemd, Schlips – mit anderen korrekt gekleideten männlichen und weiblichen Kollegen im Freien um einen runden Tisch, unter dunkelfarbenen (roten oder blauen) Sonnenschirmen mit hellen Punkten. Eine Terrasse, von der man in eine Landschaft blickt. Da stehen mehrere solcher

Tische, dicht besetzt, eine große Gesellschaft. Vor einem steht eine Kellnerin im historischen Kostüm, man denkt an Burgfräulein, also ein folkloristisches Betriebsfest, weiter draußen.

Keines der Fotos zeigt eine signifikante Situation. Man sitzt herum, Teller mit Kuchen stehen auf den Tischen, aber niemand langt zu. Einige Frauen wenden sich um und schauen in die Kamera. Es scheint kalt zu sein: Die Frauen haben ihre Mäntel übergehängt – womöglich will es regnen. Wer möchte, kann behaupten, sie sehen traurig aus, die Angestellten, keine Spur Festlaune, die sie zu zeigen hätten, voller Dankbarkeit gegen die Firma.

Mühelos erkennt man Vater auf den Gruppenfotos – unverständlich ist, womit er sich beschäftigt. Er hält einen kleinformatigen Gegenstand in der linken Hand und hat die rechte knapp darüber erhoben: Vielleicht eine Zigarettenpackung, auf der Vater den Tabak einer Zigarette festklopft? Eine verloren gegangene Geste – aber das lässt sich unmöglich klären.

Auf einem anderen Foto, das dieselbe Situation zeigt, dreht Vater sich auf seinem Stuhl halb um und scheint, lächelnd, mit einem Kollegen zu sprechen, von dem man meinen darf, er habe jenen kleinformatigen Gegenstand in die Hand genommen und studiere ihn sorgfältig. Es wäre also keine Zigarettenpackung; vielleicht ein Foto, das Vater an ihn weitergereicht hatte, mit einem humoristischen Kommentar – aber es bleibt unmöglich, den Sachverhalt zu klären.

Ein drittes Foto zeigt Vater im Profil, die Harry-Truman-Frisur ist genau zu erkennen, im Hintergrund die Kollegen. Vaters dunkler Anzug (Heinrich Hupfeld, Elbersdorf) hat feine Nadelstreifen (was auf den Gruppenfotos unsichtbar blieb), was unmissverständlich die Teilnahme an einem festlich-offiziösen Ereignis signalisiert.

Das Betriebsfest dient 1957 nicht einfach der Geselligkeit, der Unterhaltung, dem Wohlbefinden der Angestellten. Vielmehr handelt es sich um ein Ritual, das die Firma selber zu einem Objekt der Verehrung erhöht.

Vater im dunklen Nadelstreifenanzug, die Haare frisch geschoren, zündet sich auf dem Foto eine lange Zigarre an. In der rechten Hand hält er das Streichholz – die Hand verdeckt es –, in der linken das Rauchwerk, dessen anderes Ende in seinem Mund steckt und an dem er saugt, damit der Tabak Feuer fängt. Vater schaut tiefernst aus, hingegeben an den Akt.

Der ein Element des betrieblichen Rituals ist. Chefhaft in dunklen Nadelstreifen gekleidet, darf sich der kleine Angestellte zur Feier des Tages eine Zigarre anzünden – eine Gabe der Firma, so wie der Kuchen, der auf den Gasthaustischen steht. Wie die Alkoholika, die Fleischspeisen, die die Firma an diesem Abend auffahren lässt. Mittels der Firma feiert die Bundesrepublik sich selbst – und die traurigen Gesichter der Angestellten, ihre Verstimmung, zeigen, dass das noch misslingt.

Was in den Merkbüchern der drei Jahre regelmäßig zur Mitteilung drängt, sind die Zahlungen an Wegener, die Pension in Mannheim, in der Vater wohnt, wenn er die Bücher der Hommelwerke oder Stromeyers prüft.

Wegener zur Aufbewahrung DM 300
An Wegener DM 150
Wegener abgerechnet. An Wegener DM 250
Von Wegener DM 150
An Wegener DM 200
Wegener bis 28. V. bezahlt DM 178. Guthaben DM 22
Wegener bis 6. VI. bezahlt

Wegener scheint zeitweise als Depot zu funktionieren: Vater zahlte ein und erhielt immer wieder Auszahlungen. – Eine zweite solche Aufzeichnungssorgfalt findet sich im Jahr 1958: Im November arbeitet Vater wieder bei der Einfuhr- und Vorratsstelle, Frankfurt/Main (Kapitelüberschrift) und notiert regelmäßig Mietzahlungen für ein Fremdenzimmer, das, wenn man den

Adressenteil des Kalenders zu Rate zieht, Frau Harms in der
Windmühlstraße 16 anbietet.

> Hotel am Rathaus, Kassel
> obere Königstrasse 15. 14257
>
> Dr. Heckmann, woanders [?]
> [?]straße 9   4209
>
> Frau Harms, [?],
> Windmühlstrasse 16
>
> Hotel [?] Flörsheim
> am Main   Tel. 401

Miete vom 6. bis 15. XI. 1958 9 × 6 54
Miete 17. – 24. XI. = 7 Tage à 6 = 42
DM 48 Miete bis 23. XII. bezahlt

Wegener in Mannheim wurde ein persönlicher Vertrauter. Ihn zu
bezahlen – oder sich die Einlage auszahlen zu lassen – kam einem
Freundschaftsdienst nahe, den Vater mit Genuss in seinem Merkbuch verewigte. Frau Harms dagegen, möchte man spekulieren,
war ein Drache. Vater fühlte sich unter ihrer strengen Kontrolle,
wenn er in dem Fremdenzimmer logierte. Ihre Blicke sagten stets,
dass er ihr was schuldig war. Um seiner Freiheit willen, bezog er
das auf die Bezahlung des Fremdenzimmers – denn so konnte er
das Schuldigsein vermindern. So gewann er jedes Mal tiefe Befriedigung daraus, dass er die Miete an Frau Harms im Merkbuch
eintragen konnte, eine Befriedigung, die andere Aufzeichnungen
ihm schon lange nicht mehr schenkten.

Mutter taucht immer wieder irgendwo auf, so die Psychoanalyse, wenn man es nicht geschafft hat, Kapitän auf großer Fahrt zu werden. Gern verpuppt sich Mutter in Vermieterinnen, deren Räumlichkeiten man nur vorübergehend bewohnt. So war es ja auch bei Mutter.

Am 1. April 1957 (kein Eintrag in Vaters Notizkalender) rückten die ersten Wehrpflichtigen in die Kasernen der Bundeswehr ein. Vater, von seinen Erinnerungen an den Kaiser und den Ersten Weltkrieg geleitet, hielt bei den üblichen Gelegenheiten heftige Reden gegen die deutsche Wiederbewaffnung. Dass Deutschland wieder über Soldaten verfüge, erklärte der Sohn Tante altklug, erfülle ihn mit Befriedigung – und Tante schien hoch erfreut. Dass der Bundeskanzler gleich Atomwaffen für die Bundeswehr forderte, löste bei Vater eine ausführliche Hasstirade aus. Mutter redete voller Wohlwollen von den 18 Atomwissenschaftlern, die in Göttingen, wie sie erzählte, sich strikt gegen Atomwaffen ausgesprochen hatten. So gehört sich das. Ein Heiliger dieser Zeit, Albert Schweitzer, der Arzt von Afrika, warnte vor den, wie er sagte, Atomstrahlen, die der Sohn so heftig für seinen Weltallinnenraum benötigte. Wir schicken niemand anderes als Hans Speidel zum Kommandostand der Nato, tobte Vater, einen verdienten Hitler-General. Alle sind sie jetzt wieder da, alle.
Am 15. September 1957 (morgen wird Vater sich an die Bücher der Kleinbahn Kassel–Naumburg machen, deren Verwaltung in Frankfurt am Main residiert) gewinnen Konrad Adenauer und die CDU/CSU bei der Bundestagswahl die absolute Mehrheit der Parlamentssitze – noch tiefer erschütterte Vater der Untergang des Segelschulschiffs Pamir am 21. September. Nur sechs der 86 Besatzungsmitglieder überlebten – aber mit dem tiefsten Schmerz redete Vater vom Verlust des schönen, des prachtvollen Segelschiffs. Er war den Tränen nahe; seine eigene Jugend, als er sich auf die Kommandobrücke eines solchen Schiffes träumte, ging mit der Pamir verschüttet – er könnte der Kapitän sein.
Am 4. Oktober 1957 schickt die Sowjetunion den Sputnik in die

Erdumlaufbahn, eine silberfarbene Kugel, von der ohne Eleganz Antennen abstehen, und den Sohn enttäuschte das unbemannte Raumschiffchen, wenn er es mit der Nautilus oder seinem zum Weltraum-Shuttle umgebauten Messerschmidt-Kabinenroller verglich; zu schweigen von der durch das All schwebenden Stadt unter der Plexiglaskuppel. In den Augen des Sohnes versagt die SU bei der Eroberung des Weltalls. – Den USA teilte der Sputnik mit, dass der Sowjetsozialismus vor der kapitalistischen Demokratie, vor der freien Welt, wie man damals sagte, den Raum erobern könnte.
Am 15. Oktober 1957 nehmen die DDR und die Sozialistische Föderative Republik Jugoslawien diplomatische Beziehungen auf, und Vater hat viel zu spotten, als die Bundesrepublik Deutschland, der Hallstein-Doktrin folgend, die diplomatischen Beziehungen zu Jugoslawien abbrach. Sein alter Freund Kui hatte einen Sommer dort mit seiner Frau und den Kindern Ferien gemacht – kein Vergleich mit dem Gardasee, das Essen, der Wein, die bäurischen Kellner, die schlichten Hotelzimmer. Der Sozialismus ist ärmlich. Aber dass wir deshalb gleich den Botschafter abziehen müssen… Gelächter.
So ging es in die Frühgeschichte der Bundesrepublik ein. Der frisch entstehende Massentourismus widmete sich Jugoslawien, weil Italien zunächst zu teuer war für den kleinen Angestellten. Aber sie räsonierten darüber, wie diese Seite des Mittelmeers sehr zu wünschen übrig ließ.
Freilich war dieser Kui doch gar kein kleiner Angestellter mehr, vielmehr auf dem Weg zu seiner ersten Million.

Am 1. November 1957 findet man in Frankfurt am Main Rosemarie Nitribitt, 24, erwürgt in ihrer Wohnung. Ein Callgirl – das Wort verbreitete sich von hier aus im deutschen Sprachgebrauch –, eine teure Prostituierte mit reichen und mächtigen Kunden. Die vollständige Aufklärung des Mordes misslingt.
Es entsteht ein Roman, in dem man nach Belieben alle Reichen und Mächtigen Westdeutschlands auftreten lassen konnte. Ir-

gendwie sind sie doch alle verwickelt. Es setzt sich die Erkenntnis durch, dass es Reiche und Mächtige in der Bundesrepublik gibt. Sie besteht nicht nur aus den kleinen Angestellten. Vater und sein alter Freund Kui führten saftige Männergespräche, welche Freuden die Nitribitt ihren Kunden für das viele Geld schenkte; was alles dem Sohn, 14 Jahre alt, beim Zuhören kräftig einheizte, umso mehr, als er sich die Körpervorgänge nicht richtig vorstellen konnte. Das Eiland, das sich explodierend unermesslich vergrößert.
Erst seit Rosemarie Nitribitt, könnte man den Eindruck gewinnen, gibt es in der Bundesrepublik offiziell Sexualität. Aber im Ernst: Die Fama, die der Mord auslöste, gehört zur Vorgeschichte der sexuellen Revolution, die in den sechziger Jahren die Verhältnisse umwälzte.

Was immer noch im Vordergrund lärmt, das ist die Todesangst, Kriegsangst. Dass sie so traurig, so verstimmt ausschauen, die kleinen Angestellten bei Vaters Betriebsfest, dass es ihnen so gar keine Freude macht, der Kuchen, die Alkoholika, die üppigen Fleischspeisen, das macht die Erwartung des nächsten Krieges, der sie alle vernichten wird.
Am 7. März 1958 gründet sich das Komitee Kampf dem Atomtod. Vom 4. bis 7. April findet von London ausgehend der erste Ostermarsch gegen die Atombewaffnung statt, ungefähr 10 000 Teilnehmer versammeln sich bei der Abschlusskundgebung in Aldermaston. Am 19. April veranstaltet das Komitee Kampf dem Atomtod in verschiedenen deutschen Städten Kundgebungen. Mutter und Vater und Sohn leben zu weitab, um sich zu beteiligen – ohnehin liegt ihnen so etwas fern –, aber Vater und Mutter begleiten mit Wohlwollen, dass der Sohn an den Ostermärschen und den verwandten Aktivitäten samt seinen Freunden ein so starkes Interesse nimmt; keine Spur der Kriegsbegeisterung, die Vater 1914 erfüllte. Auf die jungen Leute ist Verlass; sie werden eine neue Welt schaffen.

Die Todesangst, die Kriegsangst fließt aus der deutschen Frage, wie man damals sagte. Im März 1958 schlug der Bundeskanzler der SU vor, der DDR Neutralitätsstatus zu verleihen, wie sie ihn der Republik Österreich gewährt hatte. Das erörterten Vater und Sohn mit Behagen; Neutralität wäre für die BRD ebenfalls gut: raus aus der Weltgeschichte und den Weltkriegen.
Am 2. Juli verlangt der Deutsche Bundestag, dass die vier Mächte – die Alliierten gegen Hitlerdeutschland – ein Gremium bilden, das die deutsche Frage auf höchster Ebene in Angriff nimmt. Am 4. September fordert die DDR in Noten an die Bundesregierung und die vier Mächte, eine Kommission zu bilden, die einen Friedensvertrag mit Deutschland vorbereitet. Am 10. November kündigt der sowjetische Ministerpräsident Chruschtschow bei einer Kundgebung in Moskau an, dass die SU Ostberlin der DDR unterstellen, also der Kontrolle der Westmächte entziehen werde. Westberlin soll eine entmilitarisierte freie Stadt werden – die reißt er sich doch gleich unter den Nagel, so Vater, wie Hitler damals Danzig.

Am 8. Januar 1959, Donnerstag (Vater prüft wieder die Bücher der Einfuhr- und Vorratsstelle Zucker in Frankfurt am Main und logiert bei Müller in der Moselstraße, wie er aufschreibt), wird Charles de Gaulle zum Staatspräsidenten der französischen Republik proklamiert, eine neue, die V. Republik, deren Verfassung Charles de Gaulle auf den Leib geschneidert ist, wie man so sagt.
Vater nahm schon die ganze Zeit dankbar die Gelegenheit wahr, genüsslich auf den alten Erbfeind zu schimpfen. Wie Charles de Gaulle es während des Krieges schaffte, sich zwischen Großbritannien und die USA zu drängeln und das geschlagene Frankreich zu einer der vier Siegermächte über Hitler zu machen; wie er sich in den Fünfzigern als Retter des Vaterlandes rufen ließ in dem Bürgerkrieg um die Unabhängigkeit Algeriens – und der rechtsnationalen Parole Algérie francaise! zu folgen versprach –, und dann ging's ihm bloß um ein persönliches Regiment mit

autokratischen Vollmachten. Vater liebte es, Charles de Gaulle parodistisch nachzumachen, das fliehende Kinn, die vorspringende Nase, die müde-hochmütigen Augen. Dazu legte er, gern in der Badehose, oben im Garten, die rechte Hand zum militärischen Gruß an die Schläfe, und Mutter und Sohn lachten sich schief. Gern ließ sich Vater von Mutter und Sohn bitten, den Auftritt zu wiederholen – und lachen musste man schon deshalb, weil Vater klein und dick war, während Charles de Gaulle den Spitznamen die Giraffe trug, und die Darstellung einer hochmütigen Giraffe, wie sie La Grande Nation verkörpert, durch einen kleinen Dicken macht eo ipso ein starkes Gefühl. – ... ein schöner Film, könnte der Kinogeher plappern, The Day of the Jackal (1973), von Fred Zinnemann, mit Edward Fox als Berufskiller, der die Giraffe liquidieren soll im Auftrag der rechtsnationalen Bürgerkriegsfraktion. Von Fred Zinnemann stammt übrigens der Edelwestern, wie man damals sagte, High Noon (1952), mit Grace Kelly und Gary Cooper, der deutsche Eltern und Lehrpersonen davon überzeugte, dass der amerikanische Western ein politisch-hochmoralisches Genre sein kann. Die Kulturbürger werteten es als weiteres Zeugnis für den Kulturverfall, den die Amerikanisierung in Deutschland seit 1945 bewirkte – Dekadenz nannte es die DDR und bekämpfte die Amerikanisierung nach Kräften.

1957 erhält Albert Camus den Literaturnobelpreis, einer der algerischen Franzosen. Die Pest, sein Roman von 1947, galt als eine Art Parabel auf Nazi- und Sowjet-Tyrannei, auf den Totalitarismus: Die Seuche überfällt und durchdringt eine Stadt, und jeder muss zeigen, wie er sich zu dieser Herrschaft verhält, Anpassung oder Widerstand. Das handelt der Roman – den Mutter in der deutschen Taschenausgabe von 1950 las – am Modell unserer (kleinen) Stadt (in Nordafrika) ab; leicht an Grimmburg oder Melsungen oder Arolsen anzuschließen. Überhaupt übte das Modell von Our Town (1936), unserer kleinen Stadt, das Theaterstück von Thornton Wilder, stärkste Wirkungen im frühen Westdeutschland aus; leicht lässt es sich mit dem Edelwestern High Noon verknüpfen, der ja gleichfalls in Our Town spielt: weitere Beiträge zur Amerikanisierung, die den westdeutschen Kulturbürgern ebenso wie der DDR so verhasst war.

»Zugegeben, die Stadt selber ist häßlich. Sie sieht so gesetzt aus, daß man einige Zeit braucht, bis man merkt, was sie von so vielen anderen Handelsstädten auf dem ganzen Erdball unterscheidet. Wie soll man auch eine Stadt anschaulich beschreiben, die keine Tauben, keine Bäume und keine Gärten besitzt, in der weder Flügelschlag noch Blätterrauschen zu hören ist? Ein farblos-nüchterner Ort! Einzig am Himmel ist der Wechsel der Jahreszeiten abzulesen. Den Frühling erkennt man nur an der veränderten Luft oder an den Körben voll Blumen, die kleine Verkäufer in der Umgebung holen; der Frühling wird hier auf dem Markt verkauft. Im Sommer versengt die Sonne die ausgetrockneten Häuser und bedeckt die Mauern mit grauer Asche; dann ist das Leben nur noch im Schatten der geschlossenen Fensterladen möglich. Im Herbst dagegen überschwemmt eine Flut von Schlamm die Stadt. Erst im Winter kommen die schönen Tage.«[22]

1958 erhält Boris Pasternak den Literaturnobelpreis für seinen Roman Doktor Schiwago, die Geschichte eines Arztes, der die Russische Revolution, den Bürgerkrieg, der alle Schrecken beim Aufbau des Sozialismus durchlebt. Es war genug Geld da, damit Mutter das Buch gleich kaufen konnte (dass sie nicht erst die Taschenbuchausgabe abwarten musste), und sie las den dicken Roman angelegentlich. Aber irgendwie verpuffte die Erzählung. Ja, schrecklich, die Geschichte der Sowjetunion, die armen Russen – vielleicht wird es jetzt besser? Vielleicht geht es jetzt aufwärts? Aber dass sie den armen Pasternak zwingen, den Preis zu verschmähen, das ist kein gutes Zeichen …
Der Film (1965), immerhin von dem großen David Lean, könnte der Kinogeher klagen, ließ sehr zu wünschen übrig (kein Vergleich mit David Leans Lawrence of Arabia). Allein die furcht-

baren Perücken, klagte Mutter lustig – dabei hat der Omar Sharif so schönes Haar (wie man in Lawrence of Arabia sieht).

Mutters Notizkalender für 1960 fehlt, dafür aber sind diejenigen von Vater und Sohn überliefert.
Vaters Kalender stammt wieder von Kohlenstromeyer, das Werbegeschenk. Keine Veränderungen im Format oder auf der ersten Seite, mit den Angaben über den Spender, Lagerhausgesellschaft, Hauptverwaltung Mannheim – nur ist natürlich die Jahreszahl 1960 neu. Nebeneinander gestellt, ergeben die Kohlenstromeyer-Kalender eine niedliche Miniaturbibliothek.
So fragt man sich, ob die Außenhülle wirklich aus Kunst- oder womöglich die ganzen Jahre schon aus echtem Leder besteht. Die Frage scheint sich zu beantworten, wenn man an der Außenhülle riecht – ganz leicht meint man obendrein Tabakrauch wahrzunehmen.
Den Kalender des Sohnes umhüllt unzweifelhaft Kunstleder, beige. Das Büchlein ist in ein Mäppchen eingeklebt, dessen linke Innenseite ein Gefach für kleinformatige oder eng zusammengefaltete Zettel offeriert – tatsächlich stecken welche drin. Auf dem Gefach liest man eingeprägt Baur & Horn, der Spender des Werbegeschenks. Der jede weitere Mitteilung über sein Metier, seine Produkte, seinen Standort unterlässt.

Ein sehr gut eingeführtes, traditionsreiches Geschäft von rein lokaler Reichweite, möchte man spekulieren, das darauf setzt, dass jeder weiß, wer Baur & Horn ist. Die Diskretion steigert den Wert, die Bedeutung. Die Diskretion erzeugt eine In-Group, die Baur & Horn kennt – und scheidet eine Out-Group aus, die keine Ahnung hat. Gewiss keine Lagerhausgesellschaft für Kohle und andere Brennstoffe, die Filialen überall in Westdeutschland betreibt.
Kassel, möchte man spekulieren, jeder kennt Baur & Horn, ein

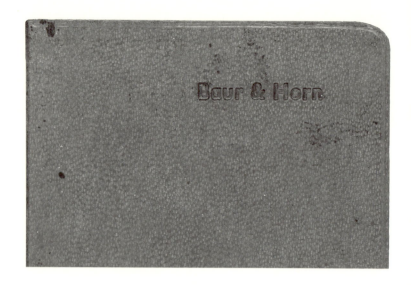

exklusives Fachgeschäft für Lederwaren. 1875 taten sich der Gerbermeister Otto Baur, aus Klagenfurt gebürtig, und der einheimische Kaufmann Friedrich Horn zusammen und eröffneten ihr Geschäft für feine Lederwaren in der Unteren Königsstraße, das hier seitdem unverändert aushält, durch alle Zeitläufte hindurch.
Was in Kassel unter den bürgerlichen Käufern feiner Lederwaren ein spezielles Kapital bildet. Spinnfaser, Henschel, die Innenstadt fielen in Schutt und Asche, aber Baur & Horn verkörpert hartnäckig die Dauer, die longue durée …

Außen besteht die Mappe, in die der Kalender von Baur & Horn eingeklebt ist, aus einem glatten, dunkelblauen Material, von dem man gern glauben würde, es sei Echtleder. Die Fortschritte der Plastikwelt.
Auf der Steckbrief-Seite – wie bei Kohlenstromeyer Persönliches überschrieben – notiert der Sohn in Druckbuchstaben seinen Namen, die Adresse, die Telefonnummer, immer noch 434. Geändert hat sich der Name der Straße.

Druckbuchstaben sind offiziös. Die Schrift will von Zweiten und Dritten gelesen werden – nicht bloß vom Autor – und jedes persönliche Merkmal abgestreift haben. Der Autor will sich Zweiten und Dritten präsentieren mit einer nichtssagenden Schrift – damals, 1956, misslang sie ihm noch gründlich.

Der neue Straßenname findet sich schon in Vaters Merkbuch für 1958: Die Wohnung war unbedingt zu verlassen, in der das Unglück mit Mutters Gehirn sich ereignete. Das Unglück durchdrang die Räume restlos, stank aus den Wänden.
Sie lag endgültig im Tal, die neue Wohnung. Und der Sohn verfügte zum ersten Mal über ein eigenes Zimmer. Jedenfalls im Sommer – das Zimmer war nicht heizbar und verbot sich im Winter als Aufenthaltsort.
Den größten Vorteil aber bot die neue Wohnung durch ihre Nähe zum Bahnhof. Vater und Sohn benötigten höchstens zehn Minuten; und sie mussten keinen Hang hinauf (und hinunter), sie bewegten sich in der Ebene. Der alte Vater und der junge Sohn genossen die Erleichterung.
Man kann es wieder unter sozialem Aufstieg verbuchen. Jetzt steht Wohnraum in größerem Umfang zur Verfügung; die vielen Neubauten, mit denen unsere kleine Stadt ihr Gebiet ununterbrochen ausdehnte. Das Deutsche Reich wird als Bundesrepublik Deutschland restauriert. Und dabei kommt etwas ganz anderes heraus als das Deutsche Reich.

Der Sohn lässt die Tage bis zum 21. Januar verstreichen, bevor er zum ersten Mal in sein Merkbuch für 1960 schreibt. Mit Bleistift: fahl/kein fleisch. Dann wieder Schweigen, bis zum 4. März, Neue Musik, Ernest Ansermet, A. Honegger: Pacific No. 231, Decca LW 5155. Und am 8. März: Abend, movens; dazu die schematische Zeichnung eines Fisches und darunter in Großbuchstaben das lateinische Wort videre (sehen) – wobei der Fisch ebenso ein Auge sein könnte. Alle Eintragungen in Bleistift; die Schallplatte wieder in Druckbuchstaben.

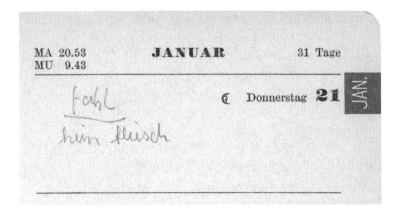

Ein junger Dichter, der seine poetischen Einfälle notiert. Die man entschlüsseln könnte, wenn es ein fertiges Gedicht gäbe, zu dem sie die Vorarbeiten darstellen. Fahl, kein Fleisch, ein Fisch im Aug erblicken. Dazu Musik, die in weite Ferne führt.
Es verhält sich vermutlich so, dass die Notizen tatsächlich auf die betreffenden Tage fallen, kein Fleisch auf den 21. Januar, Honegger auf den 4. März, videre auf den 8. März. Anders als bei Mutters Canasta-Rechnungen. Aber es fehlt jeder Kontext: Weshalb der Sohn an diesen Tagen notiert, was er notiert, die Schule, die Familie, die Landschaft, unsere kleine Stadt, sie bleiben uns vollständig verborgen.

Flörsheim, schreibt Vater am 21. Januar, Brief Dr. Fabian. KK-Salden-Anzahl, DB 1958. Dem Adressenteil des Kalenders können wir entnehmen, bei welcher Firma in Flörsheim er die Bücher prüft – neulich war sie ja unleserlich –: Papierindustrie Döbbelin & Boeder, Flörsheim/Main, Telefon 06145/ 317 – heute wiederum tot.
Flörsheim, schreibt Vater am 4. März in sein Merkbuch und dann ein Wort, das an den Tagen davor ebenfalls unter Flörsheim steht, Rabsieber – heute: Rabsieber 1958, während es am Montag hieß: Rabsieber 1955/57; am Dienstag Rabsieber wie vor; am Mittwoch und Donnerstag dasselbe wie Freitag, also

Rabsieber 1958. Vermutlich eine Firma, mit der Döbbelin & Boeder regelmäßig Geschäfte tätigen, und deren Verlauf zeichnet Vater jetzt prüfend nach.

Rabsilber, wieder ein poetischer Einfall, fahl, kein Fleisch.
Ja, womöglich schreibt Vater Rabsilber statt Rabsieber. Und genau besehen, ist es der Kontextmangel, weshalb die Aufzeichnung Flörsheim Rabsilber so poetisch wirkt wie das fahle Fleisch des Sohnes.
Floersheim könnte in den USA die Familie Rabsilber eines ihrer Kinder nennen, Floersheim Rabsilber. Is it a boy? Or is it a girl? Dazu erklingt die Musik von Arthur Honegger, die Reise an den Pazifik.
Jedenfalls setzt Vater 1960 die Regression auf Ortsnamen, Familiennamen, den Rückzug aus dem Arbeitsleben nicht fort, den die Verrentung mit sich bringt. Im Gegenteil, er trägt in den Kalender Daten ein, die seine Arbeit identifizierbar machen, machen würden, wenn wir wüssten, wer Rabsieber oder Rabsilber ist. Immerhin scheint das Jahr 1958, was die Geschäftsbeziehungen von Döbbelin & Boeder angeht, besonders fruchtbar für die Prüfung der Bücher – Vater verbringt insgesamt viel Zeit mit ihnen. Es muss um irgendetwas im Zusammenhang mit der Papierindustrie gehen.
Flörsheim kam oft vor in Vaters Erzählungen daheim, der Ortsname Flörsheim prägte sich ein. Wogegen die Papierindustrie Döbbelin & Boeder verloren ging; trotz der literarischen Interessen von Mutter und Sohn (und in deutlichem Unterschied zum Plexiglas, mit dem sich Röhm & Haas so unauslöschlich einschrieb).

Ganz anders als in den Notizkalendern der vergangenen Jahre verzeichnet Vater, was genau er geprüft hat in den Büchern von Döbbelin & Boeder.
Rechtsanwälte. Briefentwürfe. Belege 1957 geprüft. 1954 Konto-Differenzen.

Belege berichtigen. Vertreterkonten. Sonstige Forderungen und Verbindlichkeiten.
Abschlussdifferenzen. Entwicklung der Baudarlehen. Grethen-Abrechnung, Schmitt u. Ziegler. Abrechnung Rabsilber 1055. Buchungsbelege 1955 bis 1958 geordnet.
Belege ergänzt. Seitenüberträge. Vertreter-Journale. Abstimmung 1958 Abschlussbuchungen. Akten ordnen.

Detektivarbeit, möchte man spekulieren. Vater konnte in Flörsheim ein raffiniertes Lügengewebe aufdröseln. Es trieb ihn, jeden Schritt der Entdeckung genau zu verzeichnen.
Literarisch gesehen, ein Schaffensrausch – wenn wir das Spiel fortsetzen wollen, dass dies hier irgendwie Literatur sei. So haben wir Vater noch nie erlebt. Bei einem richtigen Arbeitstagebuch, Belege 1957 geprüft – wobei die Formulierung verrät, dass es sich tatsächlich um Aufzeichnungen handelt, res gestae. Nicht um die Agenda, die Vaters Firma ihm für die Prüfung der Bücher von Döbbelin & Boeder, Flörsheim am Main, aufgetragen hat; die Dr. Fabian oder Dr. Schlögl ihm mittels einer Aktennotiz zukommen ließ und die Vater aus dem Ordner in sein Merkbuch kopiert hätte. Dann stände da Belege 1957 prüfen.
Seit er in Rente ist, beschäftigt ihn seine alte Firma zwar noch regelmäßig, aber mit Aufträgen, die er als freier Mitarbeiter ausführt. Das ändert die Arbeitsmotivation. Das steigert die Arbeitsmotivation. Vaters Aufzeichnungen wenden sich nicht mehr – wie einst – als (imaginäre) Tätigkeits- und Arbeitsberichte an seine Vorgesetzten, nein, Vater ist als Schreiber ihr impliziter Leser, niemand anderes. Er wird anhand dieser Aufzeichnungen mit seiner Firma abrechnen über die freie Mitarbeit.

Am 24. September, Samstag, verzeichnet Vater mit Bleistift seine Rente, 634.10. Unterhalb von Flörsheim, begleitet von Aktenzeichen und KK-Verträge, was immer das heißt.

MÄRZ   SA 6.09 SU 18.46 MA 6.20 MU 19.07

27 Sonntag

28 Montag Flörsheim
Rahsilber 1455 KK-saldenen

29 Dienstag Flörsheim
wie vor

30 Mittwoch Flörsheim
wie vor

Sonnabend **24**

Der Sohn fährt mit seinem Merkbuch erst am 1. April, Freitag, fort, davor nur leere Seiten. London steht dort als Einzelwort, London. Der Sohn, im nächsten Monat wird er 17, ist nach Großbritannien gereist.

Ein Schüleraustausch, zwischen dem Gymnasium in Melsungen, das der Sohn seit 1954 besuchte, und der Grammar School in Bedlington, Northumberland.
Man fuhr mit dem Zug über Köln nach Hoek van Holland in den Niederlanden, schon das eine Ungeheuerlichkeit. Man nahm die Fähre nach Dover, überquerte also das Meer, den Kanal, und betrat England – »dies Kleinod, in die Silbersee gefaßt, / die ihr den Dienst von einer Mauer leistet, / von einem Graben, der das Haus verteidigt, / vor weniger beglückter Länder Neid«,[23] pflegte Mutter zu zitieren. Der Sohn war außer sich.
Der geblümte Plüsch, mit dem die Sitze in der Eisenbahn von Dover nach London bezogen waren, der Geruch, der das Abteil durchdrang: Er ging von dem Ofen aus, der in einer Ecke stand – ein Ofen in einem Eisenbahnabteil! –, der süß-ekelhafte Geruch verbrannter Braunkohle, der Nase des Sohnes seit den Kindheitstagen in dem Haus am Wald tief vertraut. Das Land Churchills, das Land Königin Elisabeths, deren Krönung der Sohn vor dem Fernseher auf dem Schlossberg unserer kleinen Stadt beigewohnt hatte – jetzt war er wirklich dort, jetzt war England Wirklichkeit, ein Wunder.

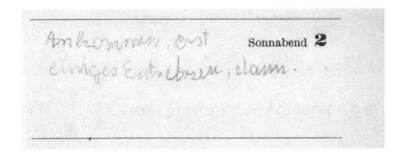

Sonnabend 2

Die Schülergruppe verbrachte die Nacht in einer Art Jugendherberge; am nächsten Tag ging es mit der Eisenbahn – das neueste Modell, kein Kohleofen mehr im Abteil, keine Plüschsitze – durch ganz England hinauf nach Newcastle-upon-Tyne.
Ankommen schreibt der Sohn mit seiner krakeligen Kurrentschrift am nächsten Tag in den Notizkalender von Baur & Horn, erst einiges Entsetzen, dann ...

Ashington hieß diesmal unsere kleine Stadt, eine ärmliche Bergarbeitersiedlung, keine Ähnlichkeit mit Arolsen oder Flörsheim oder Grimmburg. Reihenhäuser aus gelb-schmutzigem Klinker säumten so gleichförmig die Straßen, dass man sie nur mittels der Namen auseinanderhalten konnte. Chestnut Street hieß die, wo Walter Purdy mit Ehefrau Molly und Sohn Walter jr. eines der Reihenhäuser bewohnte, drinnen und draußen der durchdringende Braunkohlengeruch. Der Sohn war mitten in die englische Arbeiterklasse hineingeraten.
Eine Arbeiterklasse, könnte ein Soziologe kommentieren, wie sie der westdeutschen nur wenig glich.

»Die Tradition der Freundlichkeit scheint mir ihre Stärke aus der allgegenwärtigen Erfahrung des engen, gedrängten, innig vertrauten Lebens zu gewinnen, dass wir alle in derselben Lage uns befinden. Du musst dich Menschen nahe fühlen, mit denen du den Waschraum und die Toilette auf dem Innenhof teilst. ›Darling‹, das immer noch die weitestverbreitete Anrede ist, und nicht nur gegenüber Angehörigen der eigenen Klasse, von Straßenbahn- und Busschaffnern und Ladenbesitzern, wird zwar automatisch gebraucht, aber bedeutet immer noch etwas. Jemanden einen ›guten Kumpel‹ oder ›echt gemütlich‹ zu nennen bedeutet ein großes Kompliment: Ein Club kann dafür gelobt werden, dass er ›wirklich gemütlich‹ ist; die wichtigste Empfehlung für eine Unterkunft oder eine ›Bude‹ an der See ist, dass sie ›gemütlich‹ sei, und das ist wichtiger als irgendeine Exklusivität. Eine Kirche wird nach denselben Maßstäben beurteilt. ›Unsere Elsie hat in All Saints geheiratet‹, erzählt man von der Kirche, die man unter mehreren in der Nachbarschaft ausgewählt hat und zu deren regelmäßigen Besuchern man nicht zählt, ›es ist eine nette, hübsche, freundliche Kirche‹. Die Erzählung über eine Weihnachtsfeier im örtlichen Gasthaus schließt mit: ›Es war richtig nett. Alle waren wirklich freundlich.‹ Gute Nachbarschaft besteht nicht einfach darin, dass man ›anständig miteinander umgeht‹, sondern in ›echter Anteilnahme‹, dass man ›immer bereit ist zu echter Anteilnahme‹.«[24]

Das war ein berühmtes Buch, damals, unter Soziologen und Kulturkritikern viel besprochen: Die angloamerikanische Forschung besetzte ja gänzlich die westdeutsche Aufmerksamkeit. Ein nostalgisches Buch: Die ärmliche, aber reichgestaltige Kultur der englischen Arbeiterklasse, eine Form des guten Lebens, werde von der neumodischen Unterhaltungsindustrie, die sich unaufhörlich in sie hineinfresse, unwiederbringlich zerstört.

Angekommen, erst einiges Entsetzen, dann … Dann begann der Sohn zu reden, englisch zu reden. Der jahrelange Unterricht im Englischen – erste Fremdsprache auf dem Realgymnasium Melsungen – war ja bloß Trockenschwimmen, aber jetzt, draußen, in der offenen See, zeigte sich, dass ihn das Wasser trug. Da er hier noch nie im Leben gewesen war, erschien es dem Sohn wie ein Wunder: Er konnte englisch sprechen in England, tatsächlich, niemand anderes als er, mit Molly und Walter Purdy und ihrem dicken Söhnchen Walter jr., dort in ihrem Reihenhaus in

der Kastanienstraße, Ashington, Northumberland. Dies steht als Monument im Gedächtnis, der Sohn sprach englisch.
Er war, wo er noch nie gewesen war, bei armen Leuten – und diese Armut ähnelte in nichts der westdeutschen Armut in der Nachkriegszeit. Die Arbeit unter Tage hatte Walter Purdy sen. zum Invaliden gemacht. Jetzt beschäftigte ihn die Bergbaufirma in der Abteilung für die Wartung der Grubenlampen – eine höchst verantwortungsvolle Arbeit, wie Molly Purdy wiederholt betonte, schließlich ist der Bergmann unten in den dunklen Schächten unter Lebensgefahr darauf angewiesen, dass seine Lampe funktioniert. Ihr schmaler Mann hörte großäugig zu, als verstünde er nicht so ganz. Das Matriarchat galt als Grundelement der englischen Arbeiterklasse und ihres ärmlichen, aber guten Lebens. Die Toilette, hier lag sie in keinem Innenhof, vielmehr auf der anderen Seite der Chestnut Street. Den Sohn weckte nachts um vier ein mächtiger Kotdrang, und ihm war entfallen, wo im Haus das Klo sich befand. Gar nicht im Haus, wurde er nach längerem Umherirren, das den Kotdrang widerlich steigerte, schläfrig von Walter jr. belehrt. Er müsse hinaus, auf die andere Straßenseite, dies aufgemauerte Büdchen. Jedem der gleichförmigen Häuser war auf der anderen Straßenseite ein solches Scheißhaus zugeordnet. Dies Bild bewahrt das Gedächtnis, wie der Sohn im Morgengrauen, mit einem hellen Frühjahrsmantel über dem Schlafanzug, über die regennasse Straße zu dem externen Klo eilt, um dort endlich Erleichterung zu finden. – I'm so sorry!, erklärt Molly Purdy am anderen Morgen, da hätte sie ihn vorwarnen sollen, dass der Yorkshire Pudding, den es zum Supper gab, solche Wirkungen zeitigt …

Er schrieb dann an jedem seiner englischen Tage was in sein Merkbuch, er versuchte es wieder ernstlich mit einem Diarium, dies ist doch unbedingt erzählenswert, der Aufenthalt in England. Aber es fällt ihm schwer, das Wichtige vom Unwichtigen zu unterscheiden. Wichtiges treffend zu formulieren.

Am Meer, erste Steine. Abends Kino, Urteil unmöglich (The Unholy Wife).
Erster Tag in der Schule. Deutschstunde. Ganz hübsche Schule (Mr. Jones). Welcome party: different from the german partiess. Konzert. 2 Mal. Zum Verrücktwerden. Deutsch. Geography. Konzert. Newbiggin. Strand. Stein. Poetisches mit C.
Hallenbad, ziemlich gechlort. C. doesn't understand theoretische und angewandte Wirklichkeit. Dancing in the evening. Große Halle. Interessant das Gemeinschaftsgefühl, ich kanns nicht anders nennen. Many square dances.
Tea bei Jones. Morgen Wunschkonzert. Uhr eine Stunde vorgestellt.
Visit at York. Kathedrale. Schokoladenfabrik. Ziemlich müde. M. mit C. Brief bekommen.
Halb eins geschlafen, therefore ... Tea bei Floyds. Birthday party.
Durham. Ice Rink. Kathedrale, Schloss. lost Vistember mais wiedergefunden. Zeile: möwen/rauch aus meinem Herzen.

Newbiggin, Sturm, Regen. Fischer. Kirche, banks. Bad in der Grube. Unterhaltung mit den Kollegen des host. I think my English becomes worse instead of better.
Allan. Newbiggin. Aunt Doris, schlampig. Tea bei Jones. Billard. Kino: Career. Autofahrt. Englische Landschaft. Snooker Institute. Film mit Sabu.

Church, methodistisch. Trocken, kein Mystizismus. Tea party.
Vicar. Poetisches mit C.
Seifenkistenrennen. Mischung von Volksfeststimmung und Grausamkeit. Kino: On the Beach. Tragische Schnulze.
Edinburgh. Castle. Holyrood Palace. Stadt.
Castles. Warkworth. Bamburgh. Am Strand.
Newbiggin, gebadet. Farewell Party.
Morpeth. Newbiggin. Byebyesagen. (Mr. Hill).
Departure. 8 h London. Piccadilly, Trafalgar, Lichtreklamen.
Buckingham. Wache. Westminster. Parliament. Marianne getroffen. Großer Brall.
Tower, City, St. Paul's. Buchhändlerei.
Windsor. St. George's Chapel (gotisch bzw. perpendicular). Buchhändlerei. Mr. Chambers. Britisches Museum.
Abschlussberichte. Abfahrt London 15.00. Stürmischer Kanal.

Ja, man muss es nicht durchlesen.
Jedenfalls war das eine Erfahrung, die den Sohn fürs Leben prägte, mit 17 für vier Wochen im Vereinigten Königreich, in Ashington, Northumberland, bei der englischen Arbeiterklasse.
Von da an gehörte der Sohn ein für alle Mal zur angloamerikanischen Welt – während die Fünfziger für die Community, zu der er mal gehören wollte, doch noch durch Frankreich geprägt waren, den Existenzialismus, Sartre, Camus, die Jazzkeller von Paris. Freilich machte sich schon der Rock 'n' Roll aus Amerika hörbar, die Beatles und die Rolling Stones aus Großbritannien standen vor der Tür. Der Sohn konnte als Jüngling bei der Documenta in Kassel die Malerei der New York School bestaunen, Bilder, vor denen die École de Paris verblasste …
Hätte sein Gymnasium, wie das Gewohnheit wurde in Westdeutschland, das die Erbfeindschaft mit Frankreich liquidierte, zu seiner Zeit mit einer französischen École den Schüleraustausch gepflegt, der Sohn wäre vermutlich Franzose ebenso wie Engländer geworden; solche Prägungen unterliegen der Kontingenz.
Und Vater, der noch an der archaischen Erbschaft des Wilhel-

minismus laborierte, hätte ihm einen Aufenthalt in La Rochelle oder Clermont-Ferrand mit anschließender Verliebtheit in Land und Leute keineswegs ausgeredet.

Aber wenn dieser Aufenthalt in Northumberland den Sohn fürs Leben prägte, so verschweigen seine Aufzeichnungen vor Ort die Erfahrung und ihre Reichweite doch gründlich.
Oder anders. Dass es hier heiß wird, worin immer die Hitze sich ausgibt, der Sohn weiß es: indem er Tag für Tag in Northumberland was aufschreibt nach der Disziplin des Kalendariums; eine Aufzeichnung ist besser als keine Aufzeichnung – was sie für die Zukunft bringt, bezeugt erst die Zukunft.
Aber jetzt ist die Zukunft, und jetzt müsste die Bedeutung erscheinen. Wurde der Sohn ein Dichter, auf dessen grandiose lyrische Erfindungen die Zeilen möwen/rauch aus meinem herzen vorausdeuteten, wir würden es wissen. Wurde der Sohn ein Sänger, der regelmäßig vielbesuchte Konzerte gibt, nachdem er damals in Bedlington bei deutsch-englisch gemischten Konzerten mitgewirkt hatte? Gewiss sammelt er am Meeresstrand keine schönen Steine mehr – mittels deren man die Landschaft, das Meer, das Jetzt, die Unendlichkeit in Besitz nehmen kann. Später hat man gelernt, wie das misslingt. Im ostasiatischen Museum kann man die hübsch aufmontierten Steine bewundern, die der chinesische Gelehrte auf seinen Schreibtisch stellte, um sich mit seinen Blicken darauf zu ergehen, als wäre er in corpore im Gebirge – aber wir sind keine chinesischen Gelehrten.

Längst tauscht der Sohn mit C. sich nicht mehr über Poetisches aus, ja, er hat vergessen, wer C. war. Dasselbe gilt für Marianne, die er in London trifft – nein, Unfug, Marianne war eine Nichte der Tante ohne Namen, der das Haus am Wald gehörte und die den Sohn bei verschiedenen Gelegenheiten, wenn Mutter weg war, beherbergte. Marianne – der Adressenteil verzeichnet die ihre mit 12 Waldeck Road, Ealing W 13, London, Telefon PER 3812 –, Marianne hatte Krankenschwester gelernt und brachte

sich vor der Familie nach England in Sicherheit. Zuerst arbeitete sie in einem Hospital; dann in einem Kosmetikstudio, das auf Körperenthaarung spezialisiert war und viel besser zahlte. Solche Studios kannte Westdeutschland damals noch nicht; den Frauen steckte noch die Rassenhygiene der Nazis im Leib, der zufolge Natürlichkeit des weiblichen Leibs, Verzicht auf Kosmetik und alles Tralala der Vermehrung des deutschen Blutes nützt. Marianne tat sich in London mit Istvan zusammen, einem Flüchtling aus Sowjetisch-Ungarn.
Noch ein Roman. Mädchen vom Lande lernt standes- und geschlechtsgemäß Krankenschwester und flieht vor der Familie nach Babylon. Sie schändet ihr Ansehen und das der Familie, indem sie den weiblich-ehrenhaften Beruf aufgibt und einen leicht anrüchigen in der Schönheitsbranche annimmt – einer Branche, die in Deutschland noch weitgehend fehlt und die man deshalb für ein Indiz der westlichen Dekadenz hält, der wir nicht unterliegen. Niemand weiß, dass dies die Zukunft ist. Und in der Zukunft wird häufig das Mädchen vom Lande einen exilierten Ausländer für eine wilde Ehe, wie das damals hieß, erwählen.
Was den Sohn betrifft, so bezeichnen in der Zukunft Namen wie Morpeth und Newbiggin heilige Orte, auf ewig sie selbst, da man dort nie wieder war. York, Durham, Edinburgh zu besuchen läge immerhin touristisch nahe und bringt sie näher.

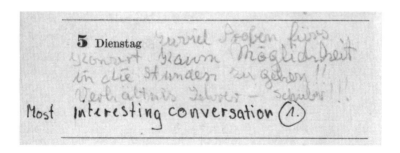

Am 5. April fügt der Sohn seiner Tagesnotiz – in Bleistift geschrieben – mit Tinte hinzu: Most interesting conversation und

gibt den Worten eine Eins mit Kringel bei. Sie verweist auf ein Zettelchen, das mit anderen zusammen in dem Gefach steckt, auf dessen Außenseite Baur & Horn, der Spender des Kalenders, seinen Namen in Prägedruck hinterlassen hat. Mr. Hill, ein Lehrer an der Bedlington Grammar School – von dem der Sohn sich, wie er verzeichnet, am 24. April extra verabschiedet – ist der Gesprächspartner.

He thinks, that it will not be necessary for a country to have a tradition and arrangements by the history. He thinks, that we are luckier, being able to form our future, having passed all the events happening before '45. I objected, because I suppose it is necessary for a people, to have a great tradition. It must have arrangements and events, which it can be engaged in.
He said too, that the south part of the country is more conservative than the northern one and that he accepts the queen or king, but that he doesn't like them very much.
Then he says, that he is hoping for the world's unification against nationalism, because it is unprobable and an anachronism.

Der Brite beneidet also die Westdeutschen um die Geschichtslosigkeit, in die sie nach '45 eingetaucht seien, während der Westdeutsche die Briten um das Königshaus und seine großen Rituale beneidet; die Krönung von Elisabeth II. wirkt unwiderstehlich fort.
Auf einem zweiten Zettelchen in dem Gefach – mit einer eingekringelten Zwei markiert – hat der Sohn die Musikfolge notiert, was am 6. April bei dem Konzert gespielt wurde, als er in dem deutsch-britisch gemischten Chor mitsang.

Scheußliches Orchester. Programm: Brahms, Mozart, Volkslieder, Spirituals, Jazz, Oper. Ganz interessant die Unbekümmertheit.

Der deutsche Kulturbürger in the making möchte missbilligen, wie Großbritannien den Unterschied zwischen U- und E-Musik ignoriert. In der Zukunft werden die avancierten Kader des deutschen Kulturbürgertums den britischen Weg gehen und auf den Dünkel, den die Unterscheidung von U und E einbringt, verzichten. Diese Zettelchen in dem Gefach, das sind Vaters Akten in der heiligen Aktentasche, in verkleinertem Maßstab.

Ein drittes Zettelchen in dem Gefach enthält Gedichtzeilen, die der Sohn mit Bleistift notiert hat.

wir brechen unser hirn aus den gebirgen
aus den höhlen
in den wänden die buchstaben
die zeichen der anderen
wir trinken vom meer
das mit gerundeter lippe
meinen mund überschwemmt

So etwas erweckt, erklärt die Psychoanalyse, ein durchdringendes Gefühl von Peinlichkeit – was darauf deutet, dass uns das Gedicht mit Triebgeschehen befasst: Der 17-Jährige lässt uns teilhaben an seinen grandiosen Sexualfantasien, die seinen Leib mit Mutter Erde und Vater Meer verschlingen. Er lebt gerade weit entfernt von zu Haus, im Ausland, Vater und Mutter weit hinter diesem Meer, da kann man sich was erlauben …

Am 14. April schrieb Vater Urlaub in sein Merkbuch und ließ alle Datumsfelder bis zum 8. Mai frei: Er war also zu Haus, als der Sohn aus Großbritannien zu Vater und Mutter zurückkehrte.

Das Strahlen seiner exorbitanten Erfahrung übertrug sich auf die Eltern. Vater erfreute es als Zeichen von Mannbarkeit, dass der Sohn die Ferne so heftig genossen hatte; Mutter kämpfte, ohne es richtig zu merken, mit schwerer Eifersucht. Immer wieder kam sie darauf, wie erschöpft und mitgenommen und, ja, schmutzig nach der langen Reise der Sohn ausschaue.

Am 9. Mai schreibt Vater in seinen Notizkalender: Frankfurt/M., Schlappeschneider, J. u. C.A. Schneider, Mainzer Landstr. 281/91.

Schlappeschneider, wie man in Frankfurt sagte, formell JCAS (Ikas), gründeten 1908 die Brüder John und Carl August Schneider als Spezialfabrik für Babyschuhe, und die Firma entwickelte sich bald zur weltgrößten Produktionsstätte für Hausschuhe und zum größten jüdischen Unternehmen der Stadt. Daneben profilierte sie sich, die schon 1911 die Brüder Adler übernahmen, zum Sponsor des Fußballclubs Eintracht Frankfurt, der deshalb als Schlappekicker bekannt war; der Firmenchef Walter Neumann, ein Cousin der Adlers, firmierte humoristisch als Schlappen-Stinnes und gewann qualifizierte Spieler aus dem ganzen Deutschen Reich, indem er ihnen Arbeitsplätze in seiner Firma anbot. Der legendäre Rudi Gramlich beispielsweise, später Vereinspräsident, arbeitete bei Ikas als Ledereinkäufer.
Er trat in die Waffen-SS ein, und Ikas wurde zwangsverkauft. Die Brüder Adler und Walter Neumann, die nur drei Prozent des Unternehmenswerts erlösten, emigrierten 1938 aus dem Deutschen Reich.
Das verfluchte deutsche Kapital, mit dem Vater immer wieder in Berührung kam.
Nein, Unfug, nach dem Krieg wurde die Firma den Brüdern Adler zurückerstattet. Sie verkauften 1954 ihre Anteile – und die Bücher dieses Unternehmens sind es, die Vater im Jahr 1960 prüft.
Dass er am 9. Mai 1960 zu Schlappeschneider nach Frankfurt reist, verzeichnet Vater mit seinem Füllfederhalter, den er all die Jahre neben seinem Bleistift verwendet. Die Flörsheim-Eintragungen dagegen, dafür verwendet er in diesem Jahr ein neues Schreibgerät, einen Kugelschreiber. Er drückt beim Schreiben so kräftig auf damit, dass sich stets Prägespuren auf den nächsten respektive den vorausgehenden Seiten finden.

Im Juni wieder Hommelwerke, Hommelwerke, Hommelwerke (Füllfederhalter). In Bleistift Berechnungen der Tagewerke, so der Terminus technicus, die er als freier Mitarbeiter dafür bei seiner Firma abrechnen kann. Normal 7 ½ Stunden pro Tag, heißt es, = 1 Tagewerk, unter dem 18. Juni in dem Notizenfeld.

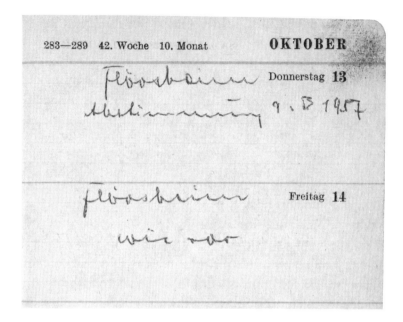

Der Sohn kehrt in seinem Merkbuch für 1960 nicht zu den täglichen Aufzeichnungen zurück, deren er sich im Vereinigten Königreich befleißigt hatte. Allerdings bleibt das Büchel ebenso wenig einfach leer (wie 1956, nach der Mutterkatastrophe); entweder täglich oder gar nicht als Parole. Bei den spärlichen Notizen handelt es sich um Agenda, um Vorhaben, die abgearbeitet werden müssen; einschließlich der Titel von Büchern.

Axel. Tanztee. Dr. Engel. Programm Coca Cola. Musikalisches Wochenende.
Mac Zimmermann. Greguerias. Grasharfe.
Rainer, Zeitungskasten. Schulfest.

Dr. Engel, Resolution. Bezirkstagung. Blumen.
Schülerratssitzung.
Konzert.
Aula, Stühle, Harmonium, Helfer. Kurz.
Rotenburg.
Tagung Ludwigstein.
Schülerratssitzung. Tresckow.
Kreisjugendring.
Kirmes Wichte.
Party Ilse.
Wolfhagen.

Der Sohn war dies Frühjahr zum Schulsprecher gewählt worden, und so musste er Tanztees und Schulfeste organisieren, mit dem Chef und Dr. Engel, Kurz und Tresckow konferieren, Schülerratssitzungen leiten und an Tagungen in Ludwigstein und Wolfhagen teilnehmen. SMV nannte sich das, Schülermitverwaltung – was man später in Schülermitverantwortung änderte, weil die Juristen herausfanden, dass Schüler nicht mitverwalten dürfen.
Die SMV in Westdeutschland erkennt man als Mischprodukt. Einerseits die Tradition der deutschen Reformpädagogik, die Schüler intensiver am Schulgeschehen beteiligen wollte, indem die Anstalt begann, »eine seltsame Art von staatsbürgerlicher Erziehung zu betreiben, in der alles Notwendige noch einmal freiwillig und alles im Grunde Freiwillige notwendig sein soll«, wie einer aus der Frühzeit es sarkastisch beschrieb.[25] Andererseits die amerikanische Re-education, die Schulen nach pädagogischen Grundsätzen demokratisieren wollte, learning by doing. Das sollte für die Zukunft politisch interessierte Bürger, aber auch Politiker rekrutieren.
Jetzt befinden wir uns in der Zukunft, und von dem Sohn weiß niemand, dass er auch nur Kommunalpolitiker in unserer kleinen Stadt geworden wäre. Ganz anders als Helmut Kohl, der stets darauf hinwies, dass er schon auf dem Schulhof Politik machte und der es bis zum Kanzler der Einheit brachte …

Das Merkbuch von Baur & Horn bietet keinen Adressenteil, dafür (perforierte) Notizblätter.
Vielleicht handelt es sich um ein Merkbuch speziell für Frauen? So wie Vaters Kalender 1952 speziell einer für Männer war? Baur & Horn offerierte seine feinen Lederwaren ja vor allem der Damenwelt Kassels. Frauen brauchen keinen Adressenteil im Merkbuch, dachte man noch 1960; sie unterhalten ja keine nennenswerten Geschäftsbeziehungen, die brieflich und telefonisch zu pflegen wären.

Die Notizblätter im Kalender des Sohnes enthalten keine außerirdischen Adressen mehr, Graf de la Fère und Vulkania und so. Dafür erfahren wir, dass die Familie Walter Purdy in der Chestnut Street unter der Nummer 113 wohnte. Dann folgt Jürgen Panten in Bad Sooden-Allendorf, Fritsches in Berlin und D. Wurtinger mit einer englischen Adresse in Gosforth, Northumberland – wobei wir annehmen können, dass die Adresse von Fritsches, Onkel Alfred und Tante Erika und so weiter aufzuschreiben inzwischen einen praktischen Nutzen hatte. Das Stadium von 1956, als der Sohn sinnlos Adressen in das Merkbuch schrieb, um dem Vorbild von Vater zu entsprechen, hat er hinter sich.
Dann eine Namensliste, Tante, Fritsches, Hübners, Panten, Schmelz, Bonas. Darüber steht: zu schreiben an – Postkarten aus England, wie man interpolieren kann. Unten steht auf dieser Liste in der Handschrift von Mutter: die Mutter die Mutter die Mutter.

Sie darf sich also das Merkbuch des Sohnes greifen, kommentiert die Psychoanalyse, und eigenhändig was reinschreiben: Er denke in England beim Schreiben der Postkarten und auch sonst immer daran, dass sie und nur sie die Hauptperson in seinem Leben ist.

In dem Notizenteil des Kalenders von Vater findet sich gleichfalls Mutters Schrift. Eine Liste, die abgearbeitet werden will: Reisebüro, wann Abfahrt?, wo Abendessen?, Lunchbeutel?, Photokarten, 6 × 9 Film. Hähnchen, 2 Uhr, 6 Brötchen, Flasche weg.

Zu schreiben an:
Tata, ✓
Fritsches,
Zeitners,
Panten, ✓
Schwarz, ✓
Bonora,
die Mittler ✓
die Mittler ✓
die Mittler . . . . .

Jeder merkt, wenn wir das literarische Spiel fortsetzen wollen, dass so etwas Poesie hat. Sie entsteht an den Elementen, die nicht zusammengehen wollen. Dass man im Reisebüro den Termin von Abfahrt und Abendessen erfragt, ob man sich einen Lunchbeutel packen soll, das ergibt eine plausible Geschichte. Lunchbeutel, Kräuselzwirn, Wickelschlacken – Worte, die man sich merkt. Eine Geschichte, die Photokarten und Filme im Format 6 × 9 fortsetzen, aber Hähnchen 2 Uhr und 6 Brötchen und Flasche weg verharren komplett in Unbestimmtheit und sperren sich gegen die Geschichte, die mit Reisebüro beginnt. Indem du diese Elemente anzuschließen versuchst – kaltes Hähnchen in den Lunchbeutel?, für eine Mahlzeit um 2 Uhr? –, was misslingt, öffnet sich der Raum der Poesie.

Vater und Mutter unternahmen eine kleine Reise, während der Sohn in Northumberland weilte, während der Urlaubstage von Vater im April.

Von Mutters Hand finden sich außerdem im Notizenteil von Vaters Merkbuch zwei Zeichnungen.

Die erste könnte eine Art Lageplan sein, wie ein Weg verlaufen sollte, in dem Garten, den Mutter und Vater seit Anfang der Fünfziger an dem Hang besaßen, den unsere kleine Stadt hinaufwächst.

Ebenso könnte es um eine Wasserleitung gehen, Röhren, an denen das Wasser ins Freie tritt, um dann wieder in Röhren zu verschwinden.

Die zweite Zeichnung zeigt ein Gesicht in der Schräge; der Kopf knickt nach rechts, als würde er in die Hand gestützt, die Augen fixieren die Zeichnerin. Elemente der Wasseranlage kehren im linken Nasenloch wieder; vage Striche führen, ohne sie auch nur anzudeuten, in Richtung des Halses und des Oberkörpers.

Diese Striche bilden dann den Rahmen für ein schematisches Porträt von Adolf Hitler, die Tolle und der Schnurrbart (die Rotzbremse, wie Vater zu sagen pflegte). Hierfür hat Mutter den Kalender von Vater so gedreht, dass das eine mit dem nächsten Blatt

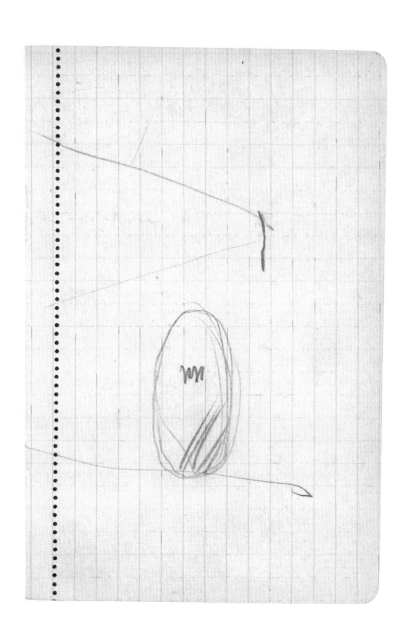

ein Hochformat abgibt. Der Kalender steht auf dem Kopf. Immer noch ist Adolf Hitler immer dabei.

Sie sitzen im Wartesaal des Bahnhofs von Kassel, der Schnellzug an die Nordsee oder ins Allgäu fährt erst in zwei Stunden. Mutter greift sich den Kalender von Vater, in dem er eben eine Zugverbindung nachgeschaut hat, und beginnt ihn zu zeichnen, wie er da an dem Tisch sitzt, den Kopf in die Hand gestützt, in der kanonischen Haltung des Melancholikers.

Auf den Notizblättern im Merkbuch des Sohnes folgen Autorennamen und Buchtitel, Edwin Muir, Dylan Thomas, John Betjeman. J.R. Tolkien, The Two Towers. Adressen wie 19 Bedford Square und 41 Museum Street, Namen wie Mr. Chambers, Bookseller's Association, 14 Buckingham Palace Gardens. Notizen wie Publikum lässt nach (television); zweifelhafte Taschenbücher und gute.
Die Gruppe der Austauschschüler bereitete eine Sondernummer der Schülerzeitung vor, die über den Besuch im Vereinigten Königreich berichten sollte. Es gab Themen für die verschiedenen Arbeitsgruppen – das Thema, das der Sohn bearbeitete, hieß englische Bücher und englischer Buchhandel.
Er folgte strikt den Vorgaben Mutters, welche Bücher sie liebte und bewunderte. Die Bücher, die Vater draußen in der Welt prüfte, blieben für ihn ja unsichtbar, Worte.

Am 8. November, Dienstag – Vater prüft in Flörsheim am Main bei Döbbelin & Boeder die Abschlüsse mit Rabsilber aus den Jahren 1958/59 –, am 8. November wählen die Vereinigten Staaten von Amerika zum Präsidenten John F. Kennedy statt Richard Nixon.
Jetzt beginnt die neue Zeit!, jubelten Vater und Mutter und Sohn. Jetzt endet der Kalte Krieg, jetzt verschwindet die Todesangst, die uns seit dem Zweiten Weltkrieg begleitet.
Illusionäre Hoffnungen. Verständigung mit der Sowjetunion,

Entspannung der Beziehungen, kooperative Lösung, wenigstens Entschärfung der deutschen Frage, das alles stand keineswegs zentral auf Kennedys Agenda. Dort fanden sie sich erst zehn Jahre später, als Richard Nixon doch noch amerikanischer Präsident geworden war …
Am 1. Mai, Sonntag, hatte die Sowjetunion über ihrem Territorium ein Spionageflugzeug der USA abgeschossen; dem Piloten Gary Powers machte sie den Prozess; die Gipfelkonferenz der vier Mächte in Paris am 16. und 17. Mai, auf die sich starke Friedenshoffnungen richteten, ließ die SU scheitern. Am 14. Oktober, Freitag, Vater anhaltend in Flörsheim, kulminierte eine Debatte im Plenum der Vereinten Nationen, New York, bei der es um die Entkolonisierung ging, die unterdessen stetig fortschreitet in Asien und Afrika, in einem Wutausbruch des sowjetischen Regierungschefs Nikita Chruschtschow, als Redner die Sattelitenstaaten der SU in Osteuropa Kolonien nennen. Eine mythische Szene: Chruschtschow zieht seinen Schuh aus und trommelt damit auf das Rednerpult vor Wut. Er war, wie immer, betrunken.
Egal, auf John F. Kennedy richteten sich Heilserwartungen. Er würde bewirken, dass alles sich fügt.
Solche Hoffnungen richteten sich damals noch auf Politiker wie Kennedy (und de Gaulle). Und Kennedy ähnelte am stärksten dem Präsidenten der Vereinigten Staaten von Amerika, welcher der Sohn selber gern geworden wäre. Obwohl er schon 43 Jahre alt war …

Die nächsten Jahre dokumentiert erneut kein Notizkalender von Mutter. Diejenigen Vaters umfassen 1961 und 1962 und 1963; danach verstummt er vollständig. Der Sohn fährt kontinuierlich fort, ein solches Merkbuch zu führen; Jahr für Jahr ließe sich auswerten.
Bei zweien von Vaters Merkbüchern, 1962 und 1963, handelt es sich erneut um die Werbegeschenke von Kohlenstromeyer. In beide schrieb Vater auf die entsprechende Seite seinen Namen und seine Adresse, wie all die Jahre zuvor. 1963 gibt es einen neuen Straßennamen; Vater und Mutter zogen wieder mal um in unserer kleinen Stadt; außerdem erreicht man die Telefonnummer 434 jetzt mittels einer Vorwahl, 05663.
Immer weiter geht es voran mit der Bundesrepublik.

Im Übrigen blieben Vaters Kohlenstromeyer-Kalender von 1962 und 1963 so gut wie vollkommen leer. Das Aufgezeichnete wirkt absolut zufällig: Am 14. Juli 1962 liest man Müller in Urlaub; am 19. Januar 1963 liest man 49,– einmalige Zahlung (Bleistift); im Notizenfeld unterhalb des 13. April liest man ab Saarbrücken 17.17 Uhr, DM 18.56 (Bleistift); am 13. Mai liest man Steuer 64/160, bis 11. 5. (Kugelschreiber). Dann vollständiges Schweigen, leere Seiten.

Ja, das wirkt vollkommen zufällig, als hätte Vater im Schlaf nach dem Merkbuch gegriffen, irgendeine Schreibfläche ist besser als keine Schreibfläche. Damit Poesie aus der Unbestimmtheit entstünde, dafür ist es einfach zu wenig.

Der Notizenteil hinten ist 1963 ganz leer; 1962 vermerkte Vater dort die neuen Postleitzahlen, Berlin 1, Kassel 35, Frankfurt/M.

6, Köln 5, Stuttgart 7, Saarbrücken 66, Korntal (wo sein alter Freund Erich Wertz unverändert in der Friedrichstraße 46 lebt) 7015.
Überhaupt sind es die Adressenverzeichnisse in beiden Kalendern, die Vater noch mit der gewohnten Sorgfalt angelegt hat.

Otto Dahl, Berlin NO 55, Marienburgerstr. 6
Dipl.-Kfm. Klaus Groetke, Bubiag
K. Hübner, Kassel, Tannenkuppenstr. 9, 12722
Dr. H. Heckmann, Worms/Rhein, Dankwartstr. 9, 4209. Weinheim/Bergstraße, Bismarckstr. 1, 4477
Frau Harms, Frankfurt/Main, Windmühlenstr. 16, 338113
H. Wegener, Mannheim, Tattersallstr. 16, 44988
Otto Landau, Flörsheim/Main, Richard-Wagner-Str. 4
Gunter Lill, Berlin N 65, Goethestr. 51/53
Fritz Maier, Dipl.-Kfm., Viernheim, Mainstr. 16

Die Adressen von Leuten, die dort seit langem nicht mehr leben, das könnte die Romanfantasie befeuern. Adressen, die man heute ganz anders schreibt, erst die Straße, dann der Ortsname, und mit der Leitziffer, die Vater damals noch wie experimentell für ausgewählte Orte verzeichnet, als Novität. Und dann die Telefonnummern, unter denen sich niemand mehr meldet …
Vater verzeichnet immer nur wenige Adressen in seinen Kalendern; der kleine Angestellte war schlecht vernetzt – die Adressbücher von Dr. Schlögl oder Dr. Fabian oder Dr. Heckmann waren gewiss weit dichter gefüllt; vermutlich führten die leitenden Herren eigene Büchel mit den Geschäftsadressen, der Anhang im Kalender reichte nicht aus.

Die Sache ist aber die, dass für die Jahre 1961 und 1962 und 1963 andere Merkbücher Vaters vorliegen. Zum ersten Mal 1961 stiftete ihm seine Firma den Kalender, mit dem sie ihre höheren Mitarbeiter ausstattete, den Treuarbeitskalender.
Mittels zahlreicher Vordrucke definiert die Firma Aufgaben und

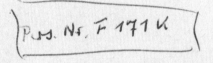

Bedürfnisse des Besitzers; das Regelwerk seines Arbeitsverhältnisses. Die Filialadressen der Firma von Berlin und Bonn bis München und Saarbrücken; der Versicherungsschutz der Mitarbeiter; das Reisekostenkonto, monatsweise auszufüllen; die Urlaubstage; die Tage- und Übernachtungsgelder für teure und für billige Orte und das Stadtgeld (die Spesengelder wurden erhöht: Vater trug die neuen Summen mit Kugelschreiber ein); Hoteladressen; Preise für öfter gelöste Fahrkarten; gebräuchliche Abkürzungen und ihre Bedeutung (von ABC = Allied Banking Commission und ACR = Allied Commission on Reparations bis zu WGB = Weltgewerkschaftsbund [kommunistisch] und WHO = World Health Organisation).

Einen schematisierten Lebenslauf für jedes Jahr bildet der Kalender, den man als Roman hübsch sollte ausfüllen können.

Die Schematisierung setzt sich im Kalendarium fort. So verlangt die Firma vom Mitarbeiter an jedem Samstag einen Tätigkeitsbericht (Vordruck) und am Ende jedes Monats eine Reisekostenabrechnung (Vordruck).

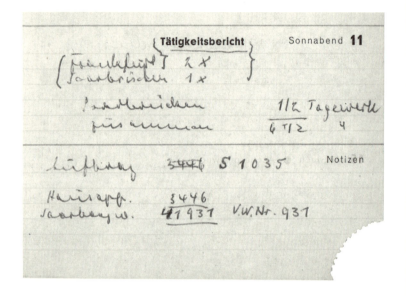

Am 11. Februar hat Vater, wie er vermerkt, drei Tätigkeitsberichte vorzulegen, zwei für Frankfurt, einen für Saarbrücken, zusammen 6 ½ Tagewerke. In Saarbrücken bearbeitet er – erreichbar unter dem Hausapparat 3446 – die Bücher der Saarbergwerke. Der Notizkalender des Sohnes stammt dies Jahr von der MaK Maschinenbau Kiel GmbH, Kiel-Friedrichsort, Falkensteiner Str. Großzügige Platzverteilung, pro Seite zwei Tage, unter dem Samstag (Sonnabend) kommt regelmäßig das Notizenfeld hinzu – der Sohn gebraucht den 11. Februar plus Notizenfeld unabhängig von dem Vordruck: Titel wie Reinemachen, Kindergestalten, Pferd und Zirkuswagen. In Bleistift. St. Nikolo und der Teufel. Aquarelle.

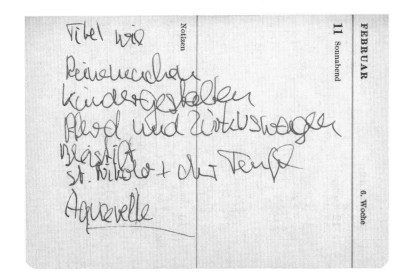

Er war in einer Kunstausstellung. Er nutzt das Merkbuch wie seinerzeit Mutter für die Canasta-Rechnungen und die Listen von Blumensamen. Im Übrigen will sich der Sohn eine neue Handschrift angewöhnen, die aber jetzt noch genauso unsicher verläuft wie die alte; gar nicht verläuft, im Grunde sind es Druckbuchstaben, schlecht gezeichnet wie eh und je.
Vater kehrt zu seiner alten Aufzeichnungstechnik zurück. Zwar schreibt er hin und wieder Saarbergwerke, aber der Regeleintrag lautet Saarbrücken, der Ortsname.

Die Saarbergwerke wurden 1957 gegründet, als das Saarland in die Bundesrepublik eintrat. Allerdings gerieten sie bald in die so genannte Kohlekrise hinein: Das Erdöl begann die Steinkohle als Energiequelle zu ersetzen, und die deutsche Steinkohle war teurer als die ausländische, importierte.
Davon erzählte Vater gern und maliziös: dass die Saarbergwerke in Richtung Pleite steuerten. Schadenfreude strahlte Vater wieder am Mittag-, am Abendbrottisch aus, als zöge er aus der Pleite der Saarbergwerke persönlich Gewinn.
Daran fanden die Westdeutschen insgesamt Geschmack, wenn

einer der Betriebe unterging, die in der Bundesrepublik zunächst so erfolgreich waren. Borgward. Grundig. Als verdanke sich der ökonomische Erfolg Westdeutschlands der Hybris – die irgendwann den Zorn der Götter herausfordert, weshalb jeder Schicksalsschlag sie besänftigt und das Schuldkonto, das der Erfolg anwachsen machte, wieder mindert. Und dann gab es ja noch das andere Schuldkonto, das aus dem Dritten Reich, dessen Bücher noch halbwegs geschlossen blieben ... Worüber Vater so gern schimpfte und klagte am Abendbrottisch.

Vater arbeitet bis in den Mai hinein bei den Saarbergwerken. Und noch einmal von Ende August bis zu Weihnachten. Da schreibt er dann jeden Tag Saarbergwerke statt Saarbrücken.
1962 verbringt Vater seine Arbeitszeit ebenso bei den Saarbergwerken – er schreibt jeden Tag Saarberg. Am 19. März fuhr er um 13.55 Uhr zu Hause ab, stieg in Frankfurt um und kam um 21.49 Uhr in Saarbrücken an. Kein Eintrag, nirgends, in welchem Hotel, in welcher Pension er haust. Erst 1963, das letzte Jahr, das Vater von März bis Juli bei Saarberg verbringt, führt im Notizenfeld unter dem 9. März das Kolpinghaus, Saarbrücken III, Ursulinenstr. 67, 27081/82 auf.

1961 arbeitete Vater vom 24. Juli (Ankunft 9.36 Uhr, er musste früh aufstehen) an den Büchern der Aufbaugesellschaft Allendorf, Telefon 391. Der Auftrag trägt die Nummer F 4203. Vater logiert im Gästehaus Hahnenkrug, Allendorf bei Marburg/Lahn, Telefon 256.
Das Dorf Allendorf im Bärenschießen bildet seit 1960 zusammen mit dem ehemaligen Werksgelände der WASAG und der DAG, das die Aufbaugesellschaft zu einem neuen Ort ausgestaltete, Stadtallendorf. Die WASAG und die DAG produzierten im Zweiten Weltkrieg hier in größtem Umfang Munition und Sprengstoff, eine Produktion, die weitgehend geheim blieb, weshalb keine alliierten Bombenangriffe stattfanden. Das 600 Hektar große Gelände der Rüstungsfirmen verbarg lange Jahre chemische und

andere Rückstände der Rüstungsproduktion, die immer wieder entsorgt werden mussten, während schon neue Wohnquartiere entstanden waren.

Ein Höllengestank, der die Spinnfaser in Kassel weit übertrifft, anhaltend die Wickelschlacken der deutschen Geschichte, das verbrecherische deutsche Kapital. In das Vater am Ende seines Arbeitslebens noch einmal gründlich eintaucht.
Am 11. April 1961 begann in Jerusalem der Prozess gegen Adolf Eichmann.

»Der Saal wird kaum stiller. Fast niemand hat gesehen, wie er aus der Mauer in seinen Glaskäfig trat. Seine Bewegungen, die zugleich stramm und geschmeidig sind, verraten, daß er sein halbes Leben lang eine Offiziersuniform getragen hat. Im Vergleich zur Aufnahme vom vergangenen Jahr ist er gealtert. Er trägt einen dunklen Anzug und eine Brille. Zwei- oder dreimal schaut er mit unbeweglichem Gesicht in den Saal und dann überhaupt nicht mehr. Er sitzt links auf dem Podium des modernen Theatersaals, von sanften Neonlampen beleuchtet.«[26]

Im Dezember 1961 folgt für Vater auf die Arbeit bei den Saarbergwerken ein Aufenthalt in Eiweiler/Saar; die Bücher der Sperrholz- und Furnierwerke GmbH, Telefon Heusweiler 6263 und 6266; Vater wohnt im Bahnhofshotel, Telefon 6475.

Die Bundesrepublik, möchte man wieder mal allegorisieren, konnte der deutschen Geschichte nur ein glänzendes neues Furnier aufleimen ...

Vom 9. Dezember bis zum 23. Dezember 1963, also ganz am Ende, arbeitet Vater an den Büchern seines alten Freundes Kui, der in Kassel eine Firma betreibt, die er nach 1945 gründete, ein echtes BRD-Produkt. Vater schreibt wieder, wie ganz am Anfang, sein Mittagessen auf, 2.75 und 3.30 und 4.30; den Fahrpreis von

Kassel nach Hause, erste Klasse und zweite, die Tagewerke. Wie er sie als freier Mitarbeiter seiner Firma zu berechnen gelernt hat. Am 26. November 1963 wurde er 70 Jahre alt.

```
K. Hübner, Kassel
    Tannenkuppenstr. 9.                 12.722
Dr. H. Heckmann, Worms am Rhein
    Dankwartstr. 9                      42 09
Weinheim (Bergstrasse)
    Bismarckstr. 1                      4477
Frau Harms  Frankfurt/Main
    Windmühlenstr. 16                   33 81 13
Hotel Wagner  Mannheim
    Tattersallstr. 16                   44 988
```

Der Adressenteil des Treuarbeitskalenders 1962 – im Übrigen nutzte Vater für die Adressen ja den Kohlenstromeyer-Kalender, den er sonst vernachlässigte – enthält ganz wenige. Ausnahmsweise in der schönen Druckschrift, die Vater für seine Akten verwandte und für die er berühmt war unter den Kollegen.
Er hatte Zeit, er hatte wenig zu tun und vertrieb sich die Zeit mit Schreiben, mit Kalligraphie, indem er Adressen aus dem Stromeyer-Kalender abzeichnete.

Der Rest ist Schweigen, ja, keine Notizkalender mehr von Vater, kein einziger. Aber Vater arbeitete immer mal wieder in den folgenden Jahren für seine Firma bei den Saarbergwerken, bei

Stromeyer, bei den Hommelwerken; für seinen Freund Kui. Aber dafür brauchte es keine Merkbücher mehr.
Der Zusammenbruch fand 1967 oder 1968 statt; der Sohn kriegte ihn viel später von Mutter erzählt. Er befand sich im Studium und in einer Liebesgeschichte und musste die Elterngeschichte in den Hintergrund drängen.
Vater, erzählte Mutter, prüfte wieder mal die Bücher der Saarbergwerke in Saarbrücken, als er eines Morgens vollkommen die Kontrolle über seine Arbeit verlor. Er saß vor den Zahlenkolonnen der Bilanzen und verstand nicht mehr, was sie ihm sagen wollten. Ihm war ganz unklar, welche Arbeit sie von ihm forderten.
Es dauerte naturgemäß eine Weile, bis er den Kollegen erklärt hatte, was mit ihm vorgefallen war; er wusste es selber ja nur ungenau.
Zwei mal zwei ist vier. Was ist eigentlich zwei? Zweibrücken? Zweibrücken mal. Male. Was soll ich malen? Zwei? Habe ich doch schon gemalt. Ist? Ja, ist gemalt. Vier. Kathrin Vier.
Ein jüngerer Kollege von Vater, erzählte Mutter, packte Vaters Sachen zusammen und setzte ihn in sein Auto und fuhr ihn quer durch Westdeutschland nach Hause. Poittevin hieß der junge Mann, erzählte Mutter, nie werde sie den Namen vergessen. Er war voller Erschrecken und Mitleid. Was einem so passieren kann im Alter.

Das Familienalbum enthält noch einmal Fotos von einem Betriebsfest. Vater sitzt am Ende einer weiß gedeckten Tafel, mit Gläsern und Bestecken, mit Blumenschmuck. Die Mahlzeit scheint vorüber. Rechts von Vater sitzt ein schlanker Herr mit grauem, gescheiteltem Haar – strohig fest schaut es aus –, der, die Augen auf das Tischtuch gesenkt, mit der bekannten Besinnlichkeitsgeste an seinem Weinglas dreht. Rechts von ihm drei Herren, die sich angeregt redend einander zuwenden.
Vater, die rechte Hand auf den weiß gedeckten Tisch gelegt, die linke im Schoß, schaut sinnlos ins Leere. Sehr viel dicker ist er geworden. Zu Anzug und weißem Hemd trägt er einen gestreiften

Querbinder. Das Haar trägt er nicht mehr gescheitelt, vielmehr in einem so genannten Cäsarenschnitt, nach vorn in die Stirn gekämmt. Der Mund scheint ihm ein wenig offen zu stehen, was den Blödigkeitsausdruck steigert – man neigt dazu, den verlegen-besinnlichen Gesichtsausdruck des Weinglasdrehers zu seiner Rechten auf den Geisteszustand des Sitznachbarn zu beziehen, ebenso den strohig festen Scheitel auf dessen sinnlos-flotten Cäsarenschnitt. Man konnte nicht mehr mit ihm sprechen. Er verstand alles falsch und antwortete konfus. Wohlwollend hatte man ihn an das tote Tischende gesetzt, sodass er nur wenigen Kollegen unangenehm auffiel.

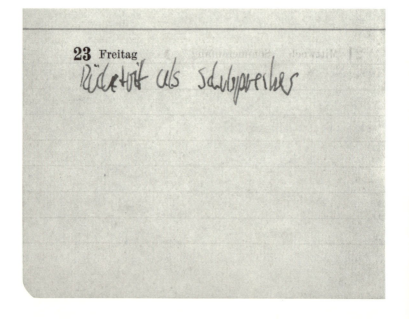

Aber er konnte sich die Fliege binden! Der Querbinder war kein Fertigprodukt, das man unter den Hemdkragen knöpft. Und eine Fliege zu binden erfordert Intelligenz der Hände – dass Vater 1967 oder 1968 schwachsinnig geworden wäre, keine Erinnerung zeigt das unmissverständlich an. Vater sitzt in seinem Wohnzimmersessel und liest den Spiegel; das dauert die ganze Woche, bis am nächsten Montag der Spiegel wieder erscheint – es gab in diesen Jahren ja viel zu kommentieren am Mittag- und Abendbrottisch. Er arbeitete im Garten, den Rasen schneiden, mit der Maschine oder der Sense. Mehrmals machte er Ferien auf Helgoland, allein, ohne Mutter. Vielleicht war er bloß angetrunken bei dem Betriebsfest, als die Aufnahme geschossen wurde.

Zurück ins Jahr 1961, zum Notizkalender des Sohnes. Er nutzt ihn anhaltend als Notizbuch, schreibt Adressen auf, Buchtitel. Peter Berghäuser, Frankfurt/Main, Hansaallee 122. Kant, Grundlegung zur Metaphysik der Sitten, Reclam. Heinrich Dumoulin, ZEN, Sammlung Dalp, Francke, Bern, 14.40. Hartmut Hennings, Kassel, Weinbergstr. 20. Seine Aktivitäten als Schulsprecher: Schülerratssitzungen, Tagungen, Tanztees.
Aber dann, am 13. Juni, verzeichnet der Sohn seinen Rücktritt als Schulsprecher; die neue Handschrift verläuft besonders krakelig.

Eine genuin autobiografische Aufzeichnung. Damit ist der Sohn ja sparsam; Vaters Vorbild wirkt sich weiterhin aus, und bei ihm war Autobiografie tabu.
Es gab einen Skandal, einen richtigen politischen Skandal. Die Jugendrevolte der sechziger Jahre sandte ihre Vorzeichen aus.
Zu den wenigen vaterländischen Ritualen Westdeutschlands zählten Feierstunden, die des 17. Juni 1953 als des Tages der deutschen Einheit gedachten. Musik, Festreden, die Nationalhymne. So etwas findet der junge Mensch auf jeden Fall unerträglich peinlich; das Jugendalter verpflichtet sich seit dem Sturm und Drang dem unmittelbaren Ausdruck, dem Expressionismus, und lehnt Rituale als widerwärtige Entfremdung ab.
Der Sohn saß neben der Chefredakteurin der Schülerzeitung. Gequält ließen sie die Musik und die Festreden über sich ergehen. Aber dann sollte das Publikum aufstehen und gemeinsam die Nationalhymne absingen, die dritte Strophe des Deutschlandlieds, Einigkeit und Recht und Freiheit, und das war zu viel.

Der Schulsprecher und die Chefredakteurin der Schülerzeitung blieben sitzen.

Das schmerzte Vater und Mutter, das schmerzte heftig, dass der Sohn die so sorgsam angehäuften Sozialchancen in den Wind schlug mit diesem Akt des politischen Protests. Hierbei urteilte Mutter – wie es den Geschlechtsstereotypen entsprach – natürlich milder als Vater. Der aber wenig sagte, dafür traurig und bitter erstarrte; und anerkennen musste, dass der Protest des Sohnes seiner eigenen, so gern am Familientisch vorgetragenen Kritik an der westdeutschen Wiedervereinigungspolitik entsprach. Feierstunden statt praktischer Maßnahmen und Vereinbarungen. So erklärte man insgesamt die Protestbewegung der Sechziger, könnte ein Soziologe erklären: Die jungen Leute hielten sich an die kritisch-liberalen Ideen ihrer Eltern, denen die nur noch halbherzig folgten.

Es fällt auf, dass das Gymnasium auf alle drastischen Maßnahmen verzichtete. Klar, endlose Lehrerkonferenzen, heftige Einzelbefragungen der Missetäter; der Sohn musste als Schulsprecher zurücktreten, ebenso seine Freundin Mona, die Chefredakteurin der Schülerzeitung. Aber das war schon alles. Vor fünf Jahren, behauptete Mona genüsslich, hätten sie uns noch von der Penne geschmissen.

Die sechziger Jahre hatten begonnen. Die Institutionen begannen, ihre Regeln und Sitten zu lockern, den Widerstand gegen ihre rigiden Programme zu berücksichtigen.

Der Sohn fährt fort, seine politischen Aktivitäten einzutragen, Ende September: Jahrestagung in Heppenheim; Anfang Oktober: Nachwuchstagung; dann Bundesversammlung in Karlsruhe, wobei er für den entsprechenden Tag den Fahrplan einträgt: 12.22 Uhr ab Liebenzell (wo die Nachwuchstagung stattfand), in Pforzheim umsteigen, 13.36 Uhr an Karlsruhe. Mitte November Hofgeismar, Evangelische Akademie.

Worin immer diese politischen Aktivitäten bestanden, für sein Merkbuch folgt der Sohn genau dem Vorbild Vaters, dem Genre des Tätigkeits- und Geschäftsberichts.
Dabei spart er die schulischen Belange völlig aus. Keine Eintragungen über Unterricht, Klassen- und Hausarbeiten (wie 1956). Aber Gedichtzeilen, der alte garten/die wüstenei, die schritte/der sonne zugewandt/die blinden augen/sind schalen voll trauer. Und die Namen und Adressen von Mädchen: Jutta Turowski, Kassel, Parkstr. 47a; in fremder Handschrift: B.W. bei Wehage, München-Pasing, Kolonie II, Nürnberger Str. 12 ...
Er inszeniert sich als Politiker, als Poet, als junger Mann, der sich für die Mädchen interessiert – den Gymnasiasten streift der Sohn ab im Notizkalender.

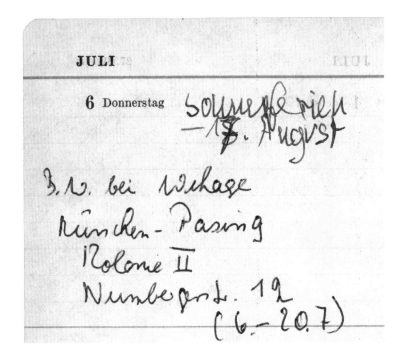

So schreibt es der Sozialisationsprozess vor; während der Gymnasiast noch von seiner Familie aus die Schule besucht, muss er langsam aufhören, bloß Familienmitglied und Schüler zu sein.

Am 3. Juni und 4. Juni 1961 trafen Chruschtschow und Kennedy in Wien zusammen. Chruschtschow präsentiert das so genannte Berlin-Memorandum: Westberlin soll eine entmilitarisierte freie Stadt werden (Abzug der Westalliierten). Am 25. Juli erklärt Präsident Kennedy, dass die USA auf der Anwesenheit der Westmächte in Berlin bestehen und die Westberliner Freiheit garantieren. Westberlin bildete für DDR-Flüchtlinge das offene Tor nach draußen. Man brauchte in Ostberlin nur in die S- oder U-Bahn zu steigen (die Kontrollmaßnahmen auf den entsprechenden Ostberliner Bahnhöfen griffen schlecht). Anfang Januar meldeten die Westberliner Behörden, zwischen Weihnachten und Neujahr seien 2820 DDR-Bürger eingetroffen. Am 9. August 1961 meldeten die Westberliner Behörden 1926 Flüchtlinge, die bislang höchste Zahl für einen einzigen Tag. Am 13. August beginnt die DDR mit dem Bau der Mauer, die Westberlin einschließt und den Flüchtlingsstrom kupiert.

Merkwürdigerweise nahmen weder Vater noch Mutter noch Sohn den Mauerbau in Berlin als grässlichen Schicksalsschlag, Steigerung der Todesangst, Kriegsangst, die sie schon so lange begleitete. Vielmehr als grässliche Form der Befriedung. Hätte man sich die Alternative wünschen sollen, dass die SU Westberlin besetzt?
Wie Vater oft genug erklärt hatte in den vergangenen Jahren, würde die Sowjetunion niemals die DDR als ihren westlichen Außenposten aufgeben – und nichts anderes verlangte doch die Bundesrepublik, der Westen, von ihr. Die Begeisterung, mit der im Westen die Flüchtlingsströme gemeldet wurden, täuschte über die praktischen Möglichkeiten: Dass eines Tages einfach alle DDR-Bürger geflohen wären und deshalb die DDR verschwände, konnte man als Lösung der deutschen Frage ausschließen. Und Stalins

Idee, dass ein vereinigtes Deutschland neutral zwischen den Blöcken stehe – wie die Republik Österreich –, hatte die Adenauer-Regierung, hatten die Westmächte ja verworfen.

Am 17. September verliert die CDU/CSU bei der Bundestagswahl ihre absolute Mehrheit, bleibt aber stärkste Partei im Parlament. Konrad Adenauer kann erneut zum Bundeskanzler gewählt werden; die SPD erringt 36,2 Prozent, mit Willy Brandt, Regierender Bürgermeister von Berlin, als Kanzlerkandidat.
Vater und Mutter und Sohn waren furchtbar enttäuscht. Nach dem Bau der Mauer hätte es doch eine Wende geben müssen in der westdeutschen Politik, und Willy Brandt, eine Lichtgestalt wie Kennedy, hätte sie eingeleitet.
Versteht sich, dass sich zum Mauerbau ebenso wie zur Bundestagswahl 1961 kein Wort im Notizkalender von Vater oder Sohn findet. Warum sollten sie was aufschreiben? Alle Zeitungen waren vollgeschrieben mit den Ereignissen. Was sollten sie hinzufügen?

Das Merkbuch, das der Sohn 1962 verwendet, ist ein Werbegeschenk der AEG. Ein dünnes Büchlein, in braunes Plastik gebunden (kein Versuch, Leder vorzutäuschen), ärmlich. Der Kalender war wohl in ein größeres Mappengebilde eingesteckt (statt -geklebt wie bei Baur & Horn), das als Ganzes gewiss stärker imponierte als dies Büchlein.
Die AEG wirbt mit einer einzelnen Seite für sich (wie Stromeyer), die Strichzeichnungen ihrer Verwaltungsgebäude in Berlin-Grunewald und in Frankfurt (Main)-Süd, Adressen und Telefonnummern zeigt.
Nummern, die in ihrer Vielzahl den Kommunikations- und Medientheoretiker interessieren würden, Landesfernwahl, Ortsruf, Fernruf, Nachtruf, Fernschreiber, Drahtwort. So demonstrierte man Kommunikationsfähigkeit und -bereitschaft. Die Bundesrepublik verabschiedete sich von der stummen Machtdemonstration der großen Apparate, der Arkanpraxis ihrer Entscheidungen.

ALLGEMEINE ELEKTRICITÄTS-GESELLSCHAFT

(1) Berlin-Grunewald · Hohenzollerndamm 150
Fernsprecher: Landesfernwahl 03 11
Ortsruf: 89 02 81 · Fernruf: 89 01 01
Nachtruf: 89 10 94
Fernschreiber: 01-83 581
Drahtwort: elektron berlin

(16) Frankfurt (Main)-Süd · AEG-Hochhaus
Fernsprecher: Landesfernwahl 06 11
Ortsruf: 6 05 21 · Nachtruf: 6 13 03
Fernschreiber: 04-11 076
Drahtwort: elektronwest frankfurtmain

1962 erschien eines ihrer Grundbücher, Jürgen Habermas, Strukturwandel der Öffentlichkeit, das sie, die Öffentlichkeit, als Strukturprinzip der Demokratie feierte (und zugleich für die Gegenwart ihr allmähliches Verschwinden diagnostizierte). Drahtwort, Lunchbeutel, Wickelschlacken, Kräuselzwirn.

Die Seiten 5 bis 32 verwendet das Tagesmerkbuch, wie es sich selbst nennt, auf sorgfältige Adressenlisten sämtlicher AEG-Büros und -abteilungen, Fabriken und nahestehender Gesellschaften, wie es heißt, von Aachen bis zu den Volta-Werken in Berlin-Waidmannslust.

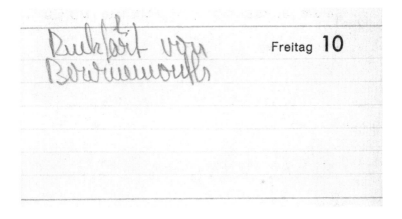

Der Sohn macht wenig Gebrauch von seinem Merkbuch dies Jahr, viele leere Seiten. Der erste Eintrag findet sich am 2. Juni, Samstag, und lautet bei Walters. Am 6. Juni verzeichnet der Politiker eine Bezirkstagung in Rotenburg, die bis zum 9. Juni dauert. Gleich schließt sich eine Jahresversammlung an. Am 5. Juli ist der Ferienanfang verzeichnet, und am 6. Juni heißt es, Birgit kommt. Am 13. Juli bricht der Sohn nach England auf, um 4 Uhr, und kommt am 14. Juli um 1.30 Uhr in Bournemouth an. Es folgen keine täglichen Aufzeichnungen wie 1960. Am 23. Juli, Montag, schreibt der Sohn: Sonnabend, 8.30 Uhr nach Station Highbridge, 1.09 Uhr an – nachmittags vermutlich. Dann verzeichnet er,

nach vielen leeren Seiten, am 10. August, Freitag, Rückfahrt von Bournemouth. Anhaltend Bleistiftschrift.
Seine Beziehung zu Großbritannien – von Vater und Mutter gestiftet – festigt sich durch einen zweiten Aufenthalt.

Der Politiker, der Liebhaber, der Reisende, was ist mit dem Poeten?
Er verschaffte sich andere Gelegenheiten zum Schreiben, Einzelblätter, Hefte, Bücher. Der Füller, der Kugelschreiber, die Schreibmaschine. Seine Handschrift ist auf dem Weg der Festigung. Aber immer noch gezeichnet statt geschrieben.

Am 2. Oktober, Dienstag, schreibt der Sohn: Meeting mit Christian Richter, Offenbach. Vom 6. Oktober bis zum 9. Oktober noch einmal Jahresversammlung, dann bleibt das Tagesmerkbuch bis zum Jahresende leer.

Am 22. Oktober 1962 fordert Präsident Kennedy in einer Fernsehrede, dass alle Raketen samt ihren Abschussrampen, mit denen die Sowjetunion Kuba ausgestattet hat und die Angriffe auf die Vereinigten Staaten ermöglichen, abgebaut werden.
Die Kuba-Krise steigerte die Kriegsangst, Todesangst ins Unermessliche. Wenn der Sohn morgens mit der Eisenbahn in sein Gymnasium fuhr, schlug er sich mit Befürchtungen herum, zur Rückfahrt komme es nicht mehr, der Atomkrieg habe begonnen und verwüste das westliche Mitteldeutschland. Der Atomkrieg, dachte man, erreicht sofort die ganze Welt. Jetzt.
Am 26. Oktober 1962 lässt die Bundesanwaltschaft die Redaktionsräume des Spiegel in Hamburg durchsuchen; der Herausgeber, Rudolf Augstein, und der Chefredakteur, Conrad Ahlers, werden verhaftet: Ein Artikel über den Zustand der Bundeswehr übe angeblich Landesverrat.
Da sieht man's doch, räsonierte Vater, der Spiegel-Leser, triumphierend, sie streben ein autoritäres Regime an – wie de Gaulle in Frankreich –, und deshalb liquidieren sie das einzige kritische

Presseorgan der Bundesrepublik. Welche Unterschiede zur DDR gibt's da noch? Kaum haben Chruschtschow und Kennedy den Atomkrieg abgewendet, schon kriegen wir die vollendete Demokratur ...

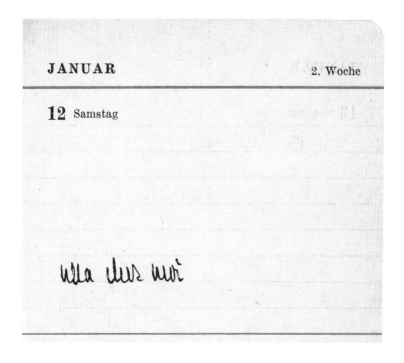

Nachwuchstagung Ludwigstein heißt es am 1. Januar 1963. Schulanfang heißt es am 7. Januar. Palaver mit SMV in Gießen, heißt es am 11. Januar und am 12. Januar in einer anderen Tinte Ulla chez moi.
Französisch bleibt die Sprache der Liebe; auch wenn man eben gründlich Brite geworden ist. Und Ulla kommt auf Französisch viel besser als Birgit.
In der Rolle des Liebhabers, in der Rolle des Politikers soll man ihn anhand des Merkbuchs erkennen, will er sich selbst erkennen, kommentiert; und der Eintrag Schulanfang umreißt die Rahmenbedingungen.

MÄRZ 10. Woche

5 Dienstag

zeugnisverteilung
abschiedsfeier

schwoof
aus ulla.

6 Mittwoch aus ulla

birgit absolut

lesekreis. wolfe referat.

Die Rahmenbedingungen beginnen sich am 21. Januar, Montag, zu ändern. Schriftliches Abitur lautet der Eintrag. Deutsch. Am Dienstag Latein, der Mittwoch ist frei. Englisch ist am Donnerstag dran. Chez Ulla. Chez Ulla. Chez Ulla.
Er verzeichnet, wie er die Gymnasiastenrolle vollendet und das Abitur macht. Was eng mit seinem Liebesleben verknüpft ist.
Am 13. März verzeichnet er Frankfurt, Zimmersuche. Frankfurt-W 13, Ginnheimer Landstraße 40. Und am 30. April Umzug nach Frankfurt. Am 25. Mai verzeichnet er, dass er 20 Jahre alt wird. Es ist noch Annemarie dazugekommen.
Das hörte man damals öfter, erzählt die Psychonalyse, dass der erste Geschlechtsverkehr dann stattfand, wenn der junge Mann das Elternhaus verlassen hatte und allein in der Fremde weilte.
»Fahr wohl«, liest Mutter angstvoll, »du lebest nun oder bleibest. Deine Aussichten sind schlecht; das arge Tanzvergnügen, worein du gerissen bist, dauert noch manches Sündenjährchen, und wir möchten nicht hoch wetten, daß du davonkommst.«[27]

Am 22. November 1963 erschießt Lee Harvey Oswald den Präsidenten Kennedy in Dallas, Texas.

»Alles war langsam und klar. Lee ging auf ein Knie, stützte den linken Ellbogen auf die gestapelten Kartons und legte den Gewehrlauf auf die Kante des Kartons auf dem Fenstersims. Er visierte den Hinterkopf des Präsidenten an. Der Lincoln verschwand hinter der Immergrünen Eiche, fuhr keine zwanzig Kilometer in der Stunde. Links alles klar, rechts alles klar. Im Zielfernrohr sah er den metallischen Glanz des Wagens.
Er schoß durch eine Lücke im Laubwerk.
Als der Wagen wieder auftauchte, setzte beim Präsidenten die Reaktion ein.
Lee stieß den Griff nach oben, schob das Schloß zurück.
Der Präsident reagierte, die Arme gingen nach oben, die Ellbogen hoch und weit auseinander.

Plötzlich waren Tauben da, überall; sie stoben von den Dachrinnen und flatterten nach Westen.
Der Knall hallte über der Plaza, dumpf und deutlich.
Der Präsident hatte die Fäuste am Hals geballt, die Arme waren abgewinkelt.
Lee schob das Schloß vor, riß den Griff nach unten.
Der Lincoln fuhr jetzt langsamer. Er kam praktisch zum Stehen, stand schutzlos auf der Straße, keine achtzig Meter von der Unterführung entfernt.
Genau in der Schußlinie.«[28]

»Noch war der Präsident nicht tödlich verletzt. Das 6,5-mm-Geschoß drang in seinen Nacken ein, streifte die rechte Lunge, riß die Luftröhre auf und trat vorn an seinem Hals aus, wobei es den Knoten seiner Krawatte anschnitt«, las Mutter in der Illustrierten. »Die letzte Kugel zerriß das Kleinhirn des Präsidenten. Zu ihrem Mann gebeugt, sah Jacqueline, wie sich ein Splitter aus seiner Schädeldecke löste. Am Anfang brach nur dieser fleischfarbene Splitter heraus, kein Blut. Aber dann, im nächsten Augenblick, spritzte Blut über sie, über die Connallys, über Kellerman, Greer und über die Polster. Ein breiter Blutstrom ergoß sich auf den Boden des Wagens. Kennedys Anzug war durchnäßt; dicke Tropfen fielen auf die Rosen. Ein roter Regen übersprühte das Gesicht des Polizeibeamten Bobby Hargis, der auf seinem Motorrad dem Lincoln folgte.«[29]

Die Ermordung des Präsidenten Kennedy galt vielen als Urkatastrophe der sechziger Jahre, als Startschuss für das große Tanzvergnügen der Siebziger.
Noch Wochen später brach Mutter in Tränen aus, wenn es ihr einfiel, dass man den Präsidenten Kennedy erschossen hatte.
Das neue Kapitel der Geschichte, mit dem die Nachkriegszeit enden sollte, riss plötzlich mit Schrecken ab. Zwar trat Vizepräsident Lyndon Johnson verfassungsgemäß die Nachfolge an, aber der Präsident heißt bis in alle Ewigkeit Kennedy; Johnson ist ein

Usurpator, wie man schon an seiner mürben Visage erkennt, wenn man sie mit dem Gesicht von Kennedy vergleicht.
Statt den Krieg in Vietnam klug und umsichtig zu beenden, steigerte der Präsident Johnson seine Brutalität. Am 5. Juni 1968 wird in Los Angeles auf Robert Kennedy geschossen, um seine Wahl zum Präsidenten der Vereinigten Staaten zu verhindern – er erliegt seinen Verletzungen einen Tag später; am 4. April hatte man in Memphis, Tennessee, bereits Martin Luther King erschossen, den Helden und Heiligen der schwarzen Bürgerrechtsbewegung.
Am 2. Juni 1967 erschießt in Westberlin ein Polizist den Studenten Benno Ohnesorg, der an einer Demonstration gegen den Schah von Persien teilnahm. Am 11. April 1968 schießt man auf dem Kurfürstendamm den Studentenführer Rudi Dutschke in den Kopf; elf Jahre später stirbt er in Aarhus, Dänemark an den Folgen der Verletzungen.
Und in den Siebzigern dauerte das Tanzvergnügen, worein du gerissen bist, noch manches Sündenjährchen länger. Das Töten als politische Handlung war zurückgekehrt.

Für 1967 ist Mutters Merkbuch überliefert, grünes Plastik, nur flüchtig als Leder inszeniert. Kein Werbegeschenk; vielmehr, wie auf der vorderen Innenseite ein kleiner Aufkleber mitteilt, in der Buchhandlung J. Hoefs, Bürobedarf, Müllerstr. 98, keine Ortsangabe, gekauft.

Die Buchhandlung J. Hoefs, die zugleich Bürobedarf anbietet, rechnet nicht damit, dass ihre Kunden die erworbenen Produkte über die Grenzen unserer kleinen Stadt hinaustragen. Hier kennt jeder die Buchhandlung J. Hoefs – draußen braucht niemand sie zu kennen. Ebenso verfuhr Baur & Horn – noch kein Gedanke an Globalisierung.

Der Steckbrief ist Persönliche Notizen überschrieben, und Mutter trug ihren Namen und ihre Adresse ein; außerdem das Bankkonto; aber keine Telefonnummer. Wieder hat sich der Straßenname geändert.

Mutter und Vater waren in das große Haus am Markt gezogen, um die Vereinsamungsgefühle von Tante zu mildern. Und der Mietpreis lag weit niedriger als bei der Wohnung im Tal – das Geld war wieder recht knapp; jeden Monat erhielt der Sohn ein Fixum für das Studieren.

Michael in Utersum
Michael Abfahrt Utersum
Michael aus Göttingen
Michael Abfahrt Göttingen 8.15 Uhr

1967

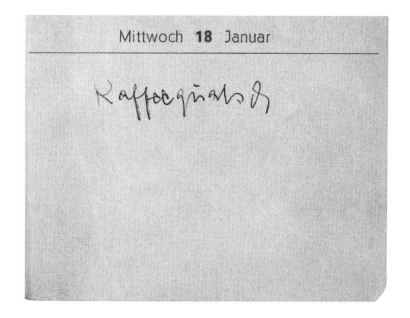

Mutter führt eine Chronik ihres persönlichen Lebens, wobei sie alle Gefühle und Urteile erspart.

Tante Friedel zum Tee. Besuch Margrit und Antja. Kaffeequatsch bei Frau Mänz. Kurt, Margrit, Reinhard, Antja zu Besuch.

Sie möchte das Urteil nicht völlig unterdrücken, das Urteil über die gemeinsamen Nachmittage, -quatsch statt -klatsch, mit ihren Freundinnen. Statt ein gutes Buch zu lesen; statt den Familienbesuch zu organisieren und zu genießen.

Eva Kahn verunglückt. Ich gen Göttingen 18.15 Uhr. Sonnig. Bad geschlossen. Spaziergang in Geismar. Film Yeah Yeah Yeah.

Sie wird in diesem Jahr 59. Sie arbeitet sich ein in die explodierende Jugendkultur, an der ihr Sohn teilhat. Der erste Film mit den Beatles, Regie Richard Lester, eine groteske Reportage über das Leben der Band.

Bilder aus Großbritannien, an dem die Liebe des Sohnes hängt; wo er weit entfernt von Mutter weilte, zweimal.

Regen. Mittagessen Neue Börse. Abfahrt 5.59 Uhr. Kaffeequatsch. Abfahrt nach Regensburg 10 Uhr. Margrit und Declan abgefahren. Donauspaziergang. Mit Antja und Toby gespielt. Antja Kindergarten. Dom. Mit Vater zu Dr. Langenau. Nachmittags Schusterkinder. Sonnig. Vater von Röttgen abgeholt. Frühstück in der Stadt. Kindergeburtstag. St. Jakob. Donauleinpfad. Kornmarkt. Sonnig. Vater und ich Stadt. Gassen, Rathaus. Antja abgeholt. Wer hat Angst vor Virginia Woolf?

Ein wüster Film aus den sechziger Jahren, ein Film über ein wüstes Ehepaar, das Elizabeth Taylor und Richard Burton mühelos gaben. Das Paar, das wüst aufeinander losgeht, kam in Mode.
Aber mit Vater kann man unmöglich Elizabeth Taylor und Richard Burton spielen. Er wird 74 Jahre alt am 26. November 1967; er muss Dr. Langenau aufsuchen; er wird von Röttgen abgeholt. Wohin?
Man versteht: Mutter und Vater hüten in Regensburg ein Kind namens Antja, dessen Eltern zusammen verreisen müssen. Während das Mädchen den Kindergarten besucht, besichtigen Mutter und Vater die Sehenswürdigkeiten der Stadt, wie Mutter verzeichnet, Dom, St. Jakob, Kornmarkt – so fotografieren Touristen, was an einem Ort berühmt ist, eigenhändig, obwohl es in Postkarten breit vorliegt und zu kaufen ist.
Es fällt auf, wie Mutter ich schreibt, Vater und ich Stadt. Es wirkt ungeschickt, ungewohnt, als schriebe Mutter nur selten ich. Konventionell würde es bei diesem Typus von Aufzeichnung erspart, mit Vater in der Stadt würde genügen. Wer sonst als ich? – Die touristischen Fotografien der allbekannten Sehenswürdigkeiten enthalten ja gleichfalls ein solches ungewohntes Ich. Ich war hier (respektive dort). Man gewinnt den Eindruck, dass Mutter unbedingt etwas Persönliches zu schreiben vermeiden wollte. Strikte Sachlichkeit – das Vorbild von Vaters Notizkalendern.

Und so geht es weiter mit unpersönlichen Aufzeichnungen über die persönlichen Beziehungen. Der Sohn aus Göttingen. Kaffeequatsch. Sperling vom Dörnberg. Besuch Ruder Zimmermann mit Frau. Abfahrt Sperling. Besuch bei Frau Mänz. Einladung Fendt, Melsungen. Haddi mit Mann auf Hochzeitsreise bei uns. Kurt, Margrit, Antja, Reinhard mit Begleitung zu Besuch. Vater und Mutter und Sohn nach Nieste.
Wobei Mutter nicht Mutter schreibt, sondern ihren Vornamen.

Maler. Eingeräumt. Erstmalig gesonnt. Gartenarbeit. Bei Frau Mänz. Gartenarbeit. P.G. Hübsch aus Marburg. Die Schwalben sind da. Tod Adenauers.

Das liest sich endlich wie richtig geschrieben, wie geschriebener Text. Die Schwalben sind da, Tod Adenauers – wobei der Toposforscher die ehrwürdige Verknüpfung des Vogels mit der Seele des Toten erkennt. Ein Vogel trägt sie davon … Wenn Fredo Corleone auf dem Lake Tahoe erschossen wird, hört man einen Vogelschrei, und das Tier fliegt weg.
Aber hier trägt der Vogel den Tod herbei, statt die Seele davon.

Michael nach Göttingen 10.50 Uhr. Begräbnis Adenauers. Gespräch Prof. H.P. Bahrdt. Kaffeequatsch. Rasen gemäht. Tante zurück aus Kissingen. Tante zum Frühstück. Kaffeequatsch bei mir. Schwalbennest besetzt.
Michael und Sylvia aus Göttingen. Kurt, Michael, Vater, Sylvia, ich gesegelt, Edersee. Michael und Sylvia abgefahren. Gartenarbeit.

Auf vielen Datumsfeldern im Mai krakelt Mutter aus, was sie zuvor geschrieben hatte. Man kann es nicht entziffern. Aber am 22. Mai ist eine Visite bei Frau Dr. Koelle verzeichnet: Bei dem Ausgekritzelten könnte es sich um Gesundheitsprobleme handeln.
Und Mutter wollte, wenn sie das Merkbuch zur Rekapitulation

ihrer Erinnerungen verwendet (wie ein Fotoalbum), mit diesen Krankheitstagen keinesfalls mehr befasst werden.
Die traditionelle Frauenrolle; das Weib sorgt für die Verschönerung des Lebens.

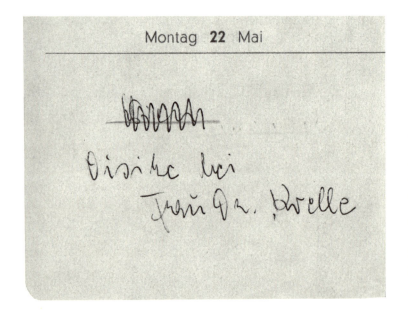

Nein, man muss das nicht durchlesen. Der implizite Leser, das bist nicht du, es ist die Autorin. For her eyes only.
Das Fotoalbum, das nur dem etwas sagt, der alles Fotografierte schon gut kennt.
Am 17. Juli, Montag, bricht Mutter um 4.50 Uhr in der Frühe zu einer Reise auf, deren Stationen sie Tag für Tag genau vermerkt. Vater ist nicht dabei – weil er irgendwo arbeitet? Weil er in Helgoland weilt? Weil er für das Reisen schon zu verwirrt ist? Nach Hause zurückgekehrt, könnte sie ihm anhand des Notizkalenders genau von der Reise erzählen. Ebenso dem Sohn, versteht sich.

Freiburg. Höllental. Titisee. Donaueschingen. Schaffhausen, Hotel Bahnhof, Rheinfall angestrahlt. Zürich. Anny getroffen. Riederpark, Meise usw. Maria Einsiedeln. Vierwaldstättersee. Brunnen, Hotel Elite. Photographiert. Axenstraße. Altdorf. Wassen. Sustenpass! Photographiert. Gadmen. Innertkirchen. Aareschlucht! Brienz. Interlaken, Hotel Hirschen, sehr früh geschlafen.

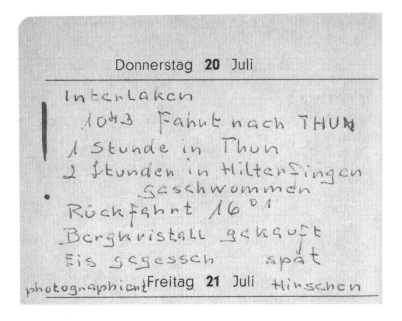

Es beginnt ihnen gutzugehen, den Rentnern – wobei Mutter genoss, was Vater erwirtschaftet hatte (wenig später begann er sie in der demenztypischen Beraubungs- und Verarmungsangst anzuklagen, dass sie ihm sein Geld wegnehme).
Der Aufbau der Bundesrepublik hat sich gelohnt. Dem Sohn das Studium zu finanzieren, das schließt nicht aus, dass Mutter eine Reise in die Schweiz unternimmt. Eine Busreise, wie sie zahlreiche Fuhrbetriebe in unserer kleinen Stadt anbieten und wie sie zu einem fixen Genre des Kulturkonsums sich entwickelte, des Kulturkonsums ungeübter, aber ambitionierter Kulturkonsumenten. Was die Kulturkritik stachelte: die Überanstrengung der Busfahrer; die Überanstrengung der Touristen durch allzu viele

kulturelle Reize. Der Tourismus steigert die Reizüberflutung, die eine der Todsünden dieser unserer Zeit ist ...
Es fällt auf, dass Mutter von ihrer sorgfältigen Kurrentschrift übergeht zu einer ebenso sorgfältig gezeichneten Druckschrift. Das Vorbild von Vaters Akten wirkt sich anhaltend aus. Aufzeichnungen in Druckschrift machen das Merkbuch offiziös; wir kennen das schon aus den Übungen des Sohnes.
Oder anders: Mutter möchte gedruckt sein – möchte mit dem Notizkalender einem gedruckten Buch so nahe wie möglich kommen. Diese Verführungskraft des Kalenders haben wir schon am Sohn kennengelernt, der 1956 gleich mit einem Weltall-Roman anfing, die Merkurianer haben angegriffen ...

In Kurrentschrift verfasst Mutter für den 5. Oktober noch einmal eine Einkaufs- und Besorgungsliste, wovon dies Merkbuch im Übrigen ganz frei ist. Sie verzichtet auf Preisangaben.

Krankenkasse
Hut
Bügelbrettauflage
tiefe Teller
Porzellan-Ei
Post
Besteckkasten 35 × 46

Die Schwalben sind da, Tod Adenauers, das las sich tatsächlich als Text. Während die Einkaufsliste wieder keine Geschichte ergeben will. Allenfalls eine Collage heterogener Elemente, der du selber Poesie abgewinnen musst, wenn das Spiel, irgendwie sei das alles Literatur, fortgesetzt werden soll. Das schaffen wir! Mutter pflegte an so etwas, die Einkaufsliste als Poesie betrachtet, Freude zu haben; sie hängte die Wäsche so zum Trocknen auf, dass sich Farbmuster und Sequenzen ergaben. Ästhetische Übungen aus der Zeit schwerer Armut ...
Von der Krankenkasse in den Hut, aus dem Hut auf die Bügel-

brettauflage, von der Bügelbrettauflage in den tiefen Teller und so fort.

Die Liste als solche ist ein literarisches Genre – das älteste, sagen die Historiker. »Ich liebe es, Listen anzufertigen«, schreibt ein Dichter, »Listen aller Art, die dann einige Zeit in der Schreibtischlade liegen, bis ich sie schließlich wegwerfe und durch neue ersetze. Ich liebe es, zu zitieren, Listen anzufertigen, allerlei Vorbereitungen zum Schreiben zu treffen, das Schreiben selbst kommt erst an vierter Stelle dieser Liste, frühestens.«[30] Die letzten Seiten des Adressenteils in ihrem Merkbuch für 1967 verwendet Mutter für eine Liste mit den Bildtiteln: Fotos aus dem Berlin des späten 19. und frühen 20. Jahrhunderts, die, wie sie vermerkt, in der Landesbildstelle zu finden sind, der die Witwe des Fotografen vor 15 Jahren sein Archiv überlassen habe.

Am Alexanderplatz. Passanten in der Königstraße, 1898
Stettiner Bahnhof. Gepäckabfertigung, 1898
Reisende am Stettiner Bahnhof, 1898
Potsdamer Straße, von der Potsdamer Brücke aus, 1907
Am Landwehrkanal (von der Heydtbrücke), 1900, 2 ×
Herkulesbrücke am Landwehrkanal, 1900
Am Landwehrkanal. Gemüsekahn auf dem Landwehrkanal, im Hintergrund das Lützowufer
Waldemar Titzenthaler, geboren 1869 in Laibach, gestorben 1937 in Berlin, war ein Sohn des großherzoglich oldenburgischen Hofphotographen Franz Titzenthaler, der aus Leipzig stammte und 1900 in Berlin starb. Atelier Leipziger Str. 105, Friedrichstr. 242.

Und so tauschen die Listen untereinander Blicke, Liebesblicke, Gemüsekahn auf dem Landwehrkanal, in Thun Bergkristall gekauft, Kaffeequatsch bei Frau Mänz, Atelier Leipziger Straße. Waldemar Titzenthaler, ein Name, der den Sohn in der Kindheit stets kichern machte, hieß ein Kollege des Vaters von Mutter,

mit dem er freundschaftlichen Umgang pflegte. Beide also Fotografen – und Mutter lernte als junges Ding einen Beruf in diesem Umkreis, Retuscheurin, in einer renommierten Fachschule, die ein Wohltäter extra für die Berufsausbildung von Mädchen gegründet hatte, im Lette-Haus.
Also ein Akt von Vaterkult, wenn Mutter in ihrem Notizkalender Nachrichten über Waldemar Titzenthaler niederschreibt. Wir haben keinen Anhaltspunkt, dass sie zwischenzeitlich in Berlin war und dort in der Landesbildstelle die Titzenthaler-Fotografien angeschaut hätte; so sind die Eintragungen rätselhaft. Weshalb verfällt Mutter plötzlich auf den Vaterkult?

Aber das wären alles nur die Vorarbeiten zum Schreiben.
Mutter schrieb zeitlebens gern Briefe. Gewiss bediente sie sich dabei immer wieder aus ihren Notizkalendern. Was sie in Regensburg erlebten, das Kind Antja hütend, die Gartenarbeit, das Schwimmen, die Besuche bei Altfreund Kui, die Reise in die Schweiz.
Aber sie verschwanden mit den Empfängern, die Briefe, der Text verschwand mit dem Leser.

Waldemar Titzenthaler
geb. 1869 Laibach, gest.
1937 in Berlin, war
ein Sohn des hofpho-
tographen Odenburg-
ischen Oberphotographen
Herrn Franz Titz ein
Bruder der ans Leip-
zig stammte und
1906 in Berlin starb
Atelier Leipzigerstr. 105
Friedrichstr. 242

Das Merkbuch, das Mutter im Jahr 1971 verwendet, ist wiederum kein Werbegeschenk, vielmehr ein TeBe-Kalender, wie es im Innern heißt, in ein rotes Material gebunden, das wieder mal Leder sein könnte.
Ausgabe D, liest man im Innern; ein kleiner Aufkleber belehrt, dass Mutter das Büchlein in Kassel bei Link & Henning kaufte. Einen TeBe-Kalender benutzte Vater im Jahr 1952, Ausgabe G, ohne irgendeinen Hinweis auf die Verkaufsstelle. In der Ausgabe G gab es zwölf Seiten Vorlauf, jeder Monat mit jedem Tag und dem katholischen Namenspatron. In der Ausgabe D gibt es den Vorlauf ebenso – aber ohne die Heiligennamen. Mutter trägt an den entsprechenden Stellen die Geburts- und Todestage ihrer Lieben ein, Mutti, Gisela, Anny Weyland, Hans Salzmann, sodass sie einen tabellarischen Überblick erhält. Schön gezeichnete Druckbuchstaben – ebenso die Adressen hinten im Adressen-Kapitel, schwarzer Kugelschreiber. Die eine Adresse trennt von der nächsten mittig ein roter Strich.
Viel Schreibarbeit investierte Mutter also in den Kalender, bevor das neue Jahr begann.

Winterwetter mit Schnee. Telephonat mit Michael
Kaffee bei Völker. Wunderbarer Schneespaziergang
Telephonat mit Frau Vier
Frau Lendvoit
Kaffee bei Frau Mänz
English
Erste Wärmegrade. Telephonat mit Erika
Schlachtfest
Kaffee bei Frau Ulm
Kaffee bei mir

Stauden und Zwiebeln zeigen Triebe
Wieder kälter
Kaffee bei Frau Massow
Fahrt nach Rotenburg
Kaffee bei Frau Völker
Brunfelsia blüht. Englisch. Kältegrade
Schnee

Die Jahreszeit, das Wetter, der Garten, die Rituale der Freundinnen (Kaffeeklatsch, Telefonate) – der Lebenszyklus der Gartenpflanzen, die Natur setzt keine historischen Marken. Kaffeeklatsch und Gartenarbeit könnten in der Ewigkeit stattfinden. Immer noch die traditionelle Frauenrolle, das Haus, der Garten, die persönlichen Beziehungen.

Kälte. Fahrt nach Kassel. Besichtigung von Kuis neuer Kunststoffproduktion. Nieste. Konzert in der Stadthalle. Frühstück mit der Müllerin. Heimfahrt. Kaffee bei mir.
Frühlingsspaziergang mit dem Hund. Märzenbecher. Erste Gartenarbeit, Äste und Laub. Schuh- und Pulloverkauf in Kassel. Herr Klobes im Garten. Kaffee bei Frau Mänz. Michael Magister Artium!

Am 11. April unternimmt Mutter erneut eine Reise, Abfahrt 17.40 Uhr, nach Rom. Am nächsten Tag trifft sie um 15.55 Uhr in der Stazione Termini ein.

Es folgt die Liste der Sehenswürdigkeiten, wie sie die Reisegruppe abhakt. So geht es an den folgenden Tagen weiter, bis zum 15. April, Donnerstag, Mutter besichtigt Castel Gandolfo, wo es zu einer unvergleichlichen Nachricht kommt: Arm gebrochen.
So absolviert Mutter die nächsten Sehenswürdigkeiten mit gebrochenem Arm und fährt unversorgt nach Hause, wo sie ins Krankenhaus kommt, Station III, Zimmer 240, wie sie vermerkt.

APRIL

Donnerstag 15.

Via Appia Antica
Ganztags römische Villen

Castel Gandolfo
Arm gebrochen

Freitag 16.

im Hotel

Sam./Sonn. 17.

Ostia / Forum Romanum
Piazza Navona gegessen
dort bis abends geblieben
Abfahrt nach Deutschl.

Notizen

16. Woche

Später Zimmer 237; der Verband wird entfernt, Mutter macht Krankengymnastik mit Fräulein Jaun, wie sie vermerkt, und wird von Professor Langenhagel beaugenscheinigt. Später von Dr. Wedemann. Sie erhält Fräulein Rode als Zimmergenossin; sie erhält Besuch von Vater und trinkt mit ihm Kaffee in der, wie sie schreibt, Kaffeestube des Krankenhauses. Der Sohn heiratet. Am 14. Mai, Freitag, wird sie entlassen, und Tante empfängt sie, wie Mutter verzeichnet, zum Nachmittagskaffee. Vorgestern wurde sie 63 Jahre alt ...
Manche der Eintragungen an den Krankenhaustagen sind eng ausgestrichen: Mutter hat erst im Nachhinein, als sie wieder zu Hause war, die Geschehnisse notiert und sich dabei in der Zuordnung der Fakten – zum ersten Mal geschwommen – zu den Tagen vertan.

Das Merkbuch funktioniert, wie gesagt, wie ein Fotoalbum und soll bei Gelegenheit das Erinnern stimulieren, wenn Mutter Briefe schreibt, mit den Freundinnen plaudert, mit dem Sohn telefoniert.

Vater unwohl, notiert Mutter am 22. Mai. Am 24. Mai bleibt er mit Blasen- und Nierenbeschwerden im Bett. In den kommenden Nächten ruft sie zweimal den Arzt zu Hilfe, der Vater eine Spritze gibt. Am nächsten Tag wird ein zweiter Arzt konsultiert, regelmäßig Telefonate mit dem Sohn.

Erster Stuhlgang. Schwach und angestrengt
Erstes Mal im Sessel gesessen. Zigarre geraucht
Wohnzimmerbett. Zigarre geraucht. Dr. Schröder. Harnstoff und Blutzucker normal
Telegramm an Michael. Tante nach Karlsruhe
Mittags 13.45 Uhr Ankunft Michael
Haloperidol abgesetzt. Familienalben angesehen. Kaum geschlafen in der Nacht
Kui Krankenbesuch. Abends Dr. Schröder

Neurocil 3 Tabletten. Nicht ansprechbar. 10 Uhr ins Bett, ruhige Nacht
Michael Abfahrt 10.50 Uhr. Tagsüber nicht geschlafen. 3 Neurocil. Erkennt mich nicht. Anruf Michael
Relativ guter Tag. Erkennt mich nicht. Telefonat Michael
Ziemlich giftig. Im Bademantel. Bei Tante
Schwierigkeiten mit Stuhlgang. Unruhig. »Wo ist meine Frau?« 2 Neurocil
»Wo ist meine Frau?« Im Garten bei Tante. Gegen Abend Frau Mänz. Telefonat Michael. 3 Neurocil. Beschmutzt
3 Neurocil. Giftig: »Was gibt Ihnen das Recht, die Gelder, die für mich eingehen, zu verwenden?« – »Wie Sie das alles drehen und zurechtbiegen!« Anruf Michael
Unten bei der Tante. »Wo ist meine Frau?« Frau Ulm zur Kaffeezeit. Anrufe Frau Massow, Michael. Neurocil
Von früh an böse. Bei Tante im Garten. »Wo bleibt mein Geld?« Besuch Frau Massow. 3 Neurocil

Cerebralsklerose lautete die Diagnose. Sie erklärte den Zusammenbruch in Saarbrücken, als für Vater plötzlich die Bücher der Saarbergwerke unlesbar wurden. Sie erklärte die Verfinsterung seiner Laune, die Verstimmung, Depression, die ihn immer gründlicher überschwemmte; die Verwirrung, die ihn wegen der Tages- und Nachtzeiten ereilte: Tante erzählte, wie er, während Mutter Rom besichtigte, morgens um vier – sie schlief gleichfalls chronisch schlecht – mit dem Hund auf die Straße stolperte, weil ihm entfallen war, dass er um 22 Uhr unten gewesen war.

Mutters Merkbuch für 1971 dünnt aus nach diesen Krisen. Geschwommen. Gartenarbeit, Kaffee bei Staub. Beschwerden wegen des gebrochenen Arms, der mit Schwefelbädern traktiert wird; dann mit Injektionen.
Je weniger Stichworte, um die Erinnerung zu stimulieren, umso besser.
Die Psychopharmaka brachten Vaters Seele vollständig zum Ver-

schwinden. Hatte das Haloperidol, das ihn beruhigen sollte, ihn unerträglich aufgereizt, so stellte ihn das Neurocil still. Er schlief bis tief in den Tag hinein, sodass Mutter ihren Arbeiten im Haushalt und im Garten ungestört nachgehen konnte; irgendwann hörte er völlig auf zu sprechen. Nie verlor er die Fähigkeit, selbstständig zu essen, mit Löffel, Messer und Gabel. Und das Rauchen blieb ihm ebenso erhalten. Nur musste man aufpassen, dass keine brennenden Zigaretten irgendwo auf der Tischdecke liegen blieben.

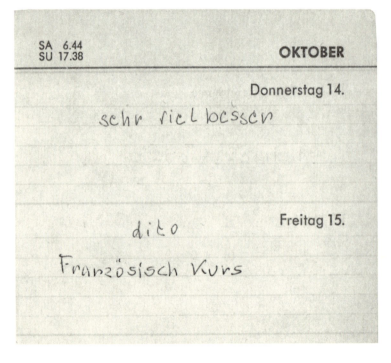

Am 20. Oktober, Mittwoch, schreibt Mutter in ihr Merkbuch Brandt Friedensnobelpreis.

Das war unbedingt erzählenswert. Wo warst du, als Kennedy erschossen wurde, wo warst du, als Willy Brandt den Friedensnobelpreis bekam?

Überreicht wurde er ihm ja erst im Dezember. Eine Geschichte, die sich gewisse Fraktionen der westdeutschen Gesellschaft immer und immer wieder erzählten, weil es ihre eigene Geschichte sein sollte, die sich jetzt so ruhmreich aufgipfelte. Der Bundeskanzler Willy Brandt – den Adenauer 1961, Brandt kandidierte zum ersten Mal für die Kanzlerschaft, als »der Herr Frahm« adressiert hatte – machte sie zu Vollmitgliedern der Bundesrepublik, zu der sie sich zuvor in einer grundlegenden, einer seinsmäßigen Opposition befanden.
Tante, die anonyme Tante, in deren Haus am Wald Vater und Mutter und Sohn einst untergekommen waren nach der Flucht und in deren großem Haus am Markt Vater jetzt der Cerebralsklerose verfiel – immer wieder saßen sie in deren Garten in diesem Sommer –, Tante hielt den Bundeskanzler Brandt, während des Dritten Reichs Flüchtling in Norwegen, diesen Herrn Frahm, für ein nationales Unglück. Den Friedensnobelpreis verliehen ihm seine norwegischen Genossen, weil er den deutschen Osten, den Adenauer so mannhaft verteidigt hatte, an die Russen verschacherte.

1973 verwendet Mutter als Merkbuch den Kalender, den Vaters Firma ihren Mitarbeitern als Arbeitsgerät zuteilt, mit den entsprechenden Adressen, Vordrucken, Tabellen.
Für Vater hat der Firmenkalender jeden Sinn verloren. Er kann nicht mehr schreiben; ihm ist entfallen, wozu das Büchel dient. Der Kalender imaginiert ihn, wie er einst war. Mutter tritt in die Hülle ein.
Die Objektbeziehung, die eheliche Liebesbeziehung, deutet die Psychoanalyse, wird in der Not durch die Identifizierung ersetzt; Mutter wird Vater, indem er verschwindet, damit er nicht verschwindet.

Tägliche Aufzeichnungen, in Druckschrift (unvermindert die Akten von Vater als Vorbild), als gäbe es Leser, denen Mutters Handschrift Widerstand leistet, und dies wäre unbedingt zu vermeiden. To whom it may concern; anonyme Leser, die irgendwann einmal auf dies Material stoßen könnten.
Das Erzählenswerte hält sich still, wahrt Bescheidenheit. Das Unglück west im Hintergrund und kann jederzeit krass hervorbrechen.

Michael mit Frau und Schröter zu Besuch. Schönstes Wetter Aufgeblieben bis 4 Uhr nachts! Mit alten Fotos. Auch Vater
Michael mit Frau und Schröter Abfahrt 10.07 Uhr
Nebel. Telefonat Frau Massow, Michael
Schneematsch
Nebel. Französisch-Kurs. Vater steht nicht auf
Mittelgrau. Vater im Bademantel im Sessel
Sonne. Längerer Spaziergang. Telefonat Frau Mänz

Die Katastrophe, das Unglück im Hintergrund, das jederzeit nach vorn kommen kann (die Vorzeichen: Durchfall, Vater bleibt im Bett), die Erwartung von Sterben und Tod verleiht dem Trivialen (Nebel, Schneematsch, schönstes Wetter, Telefonat Frau Massow) ungewöhnliches Gewicht, macht das Triviale exorbitant.

Dem Merkbuch für 1973 liegt ein Briefumschlag bei – den Brief geschrieben hat Frau Massow, mit der Mutter so oft telefoniert und die zum regelmäßigen Kaffeekränzchen gehört –, ein Briefumschlag, auf dem Mutter in Druckschrift mit schwarzem und rotem Kugelschreiber die Ereignisse zwischen dem 27. Juni und dem 24. Juli notiert hat, um sie später korrekt in das Merkbuch einzutragen.

Früh 5 Uhr Herzschmerzen, 1 ½ 6 Uhr Dr. Schacht. Blutdruck 200:100 Spritze. Besserung
Verschlechterung. Krankenhaus. Frau Heerdt. EKG. Dr. Staedt. Schlechte Nacht
Ankunft Michael. Waschen und Klogehen erlaubt
Befinden leidlich. Michael, Tante kurz
EKG zufriedenstellend. Michael
Michael bei Dr. Wittkop. Verhandlung mit Christoph Bachmann. Hofgeismar. Entlassung Frau Heerdt. Müllerin, Michael, Frau Fendt
Mit Michael zum ersten Mal im Garten. Allein noch einmal
Mittags EKG, unbefriedigend. Frau Simon. Im Bett
Im Bett. 4. EKG. Michael
Vater Einweisung in Philippsthal bei Hersfeld. Besuch Frau Mänz, Petra, Frau Massow. Besuch Tante, Frau Vier, Christine und Robert Klipstein. 2 EKG, Apparat kaputt. Anruf Michael, Vater gut angekommen, Gegend und Zimmer befriedigend!
Besuch Michael und Tante. Michael Abfahrt 10.30 Uhr
Besuch Anneliese Koelle
EKG. Blutdruck – doch Herzinfarkt. Fast verlegt!

Noch 314. Absolut liegen. Frau Mänz und Petra, Kurt. Vater gut in Philippsthal. Anruf Tante und Michael
Teetag. Anruf Kurt
Besuch Tante Friedel. Wieder aufstehen. 1200-Kalorien-Diät
Entlassung Frau Simon. Umlegung nach 301!
Ziemlich grässlich – Anruf Kurt, Tante, Michael
Nervensäge. Sonntäglicher Kirchenchor. Ärger durch Müllerin wg. Vater in Philippsthal
Nervensäge. Besuch Tante. Wechsel Dr. Staedt. EKG. Prof. Maserath
Anruf Kurt. Nervensäge. Besuch Tante. Blutdruck 150:80. 15 bis 20 Minuten aufstehen
Besuch Frau Massow. Nervensäge
Nervensäge
Frau Mänz und Petra, Tante. 15 Minuten gelaufen
Ganzen Vormittag verschlafen
Kurt und Reinhard. Anruf Michael. Müder Tag
Ganz ruhiger Tag. 145:70
1 Kilo abgenommen, Größe 163 cm. Buchpaket von Michael
9. EKG. Entlassung

Beinahe entsteht ein Text, den man durchlesen kann, und dann weiß man, was geschehen ist. Beinahe.
Mutter wachte frühmorgens mit Herzschmerzen auf, der Arzt wurde gerufen und gab ihr eine Spritze. Aber die Herzbeschwerden steigerten sich, statt zu verschwinden, und Mutter kam ins Krankenhaus nach Melsungen. Ein EKG nach dem anderen ergab keinen richtigen Befund; Mutter pflegt der Ruhe und empfängt zahlreichen Besuch. Der Sohn reist herbei, und man beschließt, Vater, die Ursache für den Zusammenbruch von Mutter, in ein Pflegeheim zu verbringen. Was geschieht. Endlich bekräftigt ein EKG die Diagnose Herzinfarkt, und Mutter wird den zeittypischen Beruhigungsmaßnahmen unterworfen, still liegen, nur dosierte Bewegungen. Verschiedene Zimmergenossinnen, von denen eine sich als Nervensäge betätigt, wie Mutter immer wieder

genüsslich vermerkt. Kurt und Frau Müller besuchen Vater in dem Pflegeheim und finden Haus und Zimmer höchst unbefriedigend, wie sie Mutter nicht verhehlen.
Unter literarischem Gesichtspunkt kann man größeren Gefallen an der bröckligen Ereignisliste finden, bei der viele Elemente samt ihrer Verknüpfung unklar bleiben, was die Proportionen verzerrt.
Mutter beabsichtigte keinen kohärenten Text zu schreiben; die Druckschrift, die einen anonymen Leser imaginiert, täuscht. Sie erzeugte ihren kohärenten Text ad hoc, beim Telefonieren mit dem Sohn und Tante, bei den Gesprächen mit Frau Massow und Frau Fendt und Frau Mänz. Sozialtext, wie es die traditionelle Frauenrolle vorschreibt; die Aufzeichnungen im Merkbuch dienen, wie gesagt, als Gedächtnishilfe, wenn Mutter es noch einmal ganz genau erzählen will, samt allen Kalenderdaten (was nie notwendig wird).

Mutter fährt fort mit den Aufzeichnungen, mittags nach Kassel gefahren; ein paar Einkäufe gemacht; Garten, etwas gemäht; staubgesaugt; Anruf Erika; Kaffee mit Frau Völker, Frau Ulm und Corinna, gemeinsamer Spaziergang.
Das Alltägliche, Triviale in dieser Form aufzuzeichnen bietet Trost. Es existiert noch, das Alltägliche; das drohende Unglück bringt es nicht zum Verschwinden. Und Mutter versinkt nicht in einer Depression, die stumm macht.

Mutter beginnt, ihren Aufzeichnungen ein System zu geben: Ihre Besuche in Philippsthal erhalten in roter Kugelschreiberschrift Nummern in arabischen Zahlen; die Einzeltage nummeriert sie lateinisch. Das Vorbild von Vaters Akten und ihrer Beschriftung ist mit Händen zu greifen – das Vorbild für diese Geschichte, die zu Vaters Tod führt.
Sie konzipiert die Geschichte von ihrem Ende her. Die Anzahl der Besuche, der Tage, die jeder Besuch dauert, ist begrenzt. Deshalb möchte man sie zählen.

3 Montag
Wetter!
mittags nach Kassel gefahren
ein paar Einkäufe gemacht
1 std. Bank zur schönen Aussicht

4 Dienstag
Garten!!
etwas gemacht
Frau Tänz + Fr. Massor
im Garten

Nach Philippsthal gefahren; 1 Stunde, 40 Minuten. Vater erfreut!
Wetter! Bisschen umhergelaufen
Mich über Filmtransport geärgert. Mit Vater auf dem Balkon.
Wetter! Viele Aufnahmen gemacht. Oberhalb von Philippsthal
spazieren gegangen. Im Park. Vater an Segelclub-Mitglieder erinnert, mit Erfolg
Durch den alten Park gegangen. An der Werra entlang. Beim Vater
gesessen. Friedhof. Im Kaffee Zollhaus Sahne geholt. Beim Vater
gesessen. Sehr schwül, abends Gewitter
Alle vier Tage fast klar. Zur Bank. Gießkännchen gekauft. Wagenpapiere vermisst!
Fräulein Helms besucht. Auf dem Balkon, sehr schwül. Heimfahrt
halb eins. Verfahren. Doch recht abgeschlagen. Gleich ins Bett.
Anruf Michael

Autofahrt nach Philippsthal bei sehr schönem Wetter. Im Park
gesessen und spazieren gegangen. Vater gut gegessen, sehr hinfällig. Zwei Tage Bett, sehr schwacher Puls

Sehr neblig. Gedeck gekauft. Möbel poliert. Wetter wunderbar. Vater teilnahmslos, abends nichts gegessen. Abendspaziergang
10.30 Uhr Abfahrt. Bei Tante zu Mittag gegessen. Im Garten. Frau Fendt und Karl-Martin. Zwetschgenernte

Fahrt nach Philippsthal, 1 ½ Stunden. Gut zu fahren. Vater nicht gut
Regen. 1 Stunde im regennassen Park. Liege wurde geliefert, enttäuschend das Muster. Vater vormittags besser als nachmittags. Teppich bestellt
Abfahrt von Philippsthal, wunderbare Fahrt. Äpfel geerntet. Telephonat Michael

Nach Philippsthal. Schöner Herbstmorgen. Vater sehr unruhig, Neurocil. Abends plötzlich 38,6 Grad Fieber. Dr. Ludwig: Agonie!
Tiefe Bewusstlosigkeit! Herz und Puls kräftig. 2 Mal Telefonat mit Michael. Papiere doch im Hause. Im Zimmer geschlafen
Michael angerufen, keine Verbindung mit Tante. Bewusstsein wiedererlangt. Nur Flüssigkeit. Befinden sehr schlecht. Komplikationen. Im Zimmer geschlafen. Pullover gekauft
Tiefe Bewusstlosigkeit. 2 Mal Anruf Tante. Im Zimmer geschlafen. Nur mit Wasser den Mund befeuchtet
Tiefe Bewusstlosigkeit
4.55 Uhr tot. Heimfahrt und Überführung. Friedhofskapelle. Anzeigen bestellt, geschrieben und zur Post gebracht. Eingekauft. Telefonat Michael, Frau Mänz

Das hat Schönheit, richtige Schönheit, könnte ein Dichter schwärmen, dass Mutter den Tod von Vater für 4 Uhr 55 am 9. November 1973 in den Kalender schreibt, den die Firma, deren Angestellter Vater so lange war, an ihre aktiven ebenso wie ihre ehemaligen Mitarbeiter verteilt und der, in der Gestalt von Adressen und Vordrucken und Tabellen, metonymisch die Existenz darstellt, die Vater nun endgültig hinter sich hat. Einige Tage vor seinem Tod macht Mutter in dem Kalender eine dieser kleinen Rechnungen auf, mit denen Vater in seinen Merkbüchern – wenn man sie literarisch betrachtet – eine persönlichere Form von Autobiografie betrieb.

```
V.  Trinkgeld      5,-
    Wichtig in dieser Woche!        November
    Zeitungen    2,80
    Teppich     120,-              44. Woche 1973
    Blumen       16,-              302.–308. Tag
    Deckchen     10,-              Sa 7.13 Su 16.58
    Penaten      10,-              Ma 12.23 Mu 20.32

VI. Kreuzberg    wunderbares    2
    Langer Spaziergang  Wetter   Freitag
    Arztbesuch f. Franz
    Bus/18 18 nach Spangenberg
    Franz schlecht   JM
    Tata Anruf
    Telephonat mit Michael

VII. Auto ist da!                 3
    Nebel/schönster Sonnenschein  Samstag
    schöne Fahrt
    Franz schlecht
```

Der 9. November, an dem Vater starb, bildete ein bedeutendes Kalenderdatum in seinem Leben. Am 9. November 1918 dankte Kaiser Wilhelm II., für dessen Deutsches Reich Vater begeistert in den Krieg zog, ab, und Philipp Scheidemann rief die Republik aus.
Am 9. November 1923 erklärt Adolf Hitler in München die bayerische Regierung und die Regierung des Reiches für abgesetzt und sich selbst zum Reichskanzler. Am 9. November 1938 zerstören

in der sarkastisch so genannten Reichskristallnacht organisierte Mobs Synagogen, jüdische Wohnungen und Geschäfte und misshandeln Juden, die ihnen in die Hände fallen. Am 9. November 1989 fällt die Berliner Mauer, die seit 1961 BRD und DDR substanziell trennte und die Vater und seinesgleichen in einer Art Traumlogik als Garant dafür erschien, dass der Expansionsdrang, die Gewalttätigkeit und die Mordlust Deutschlands erfolgreich gebannt wäre. Am 26. November 1989 wäre Vater 96 Jahre alt geworden.

Von Philippsthal pflegte Mutter in ihrer schweifenden Art zu erzählen, dass im Zweiten Weltkrieg mehrere Millionen Bücher aus der Berliner Staatsbibliothek in den Schachtanlagen des Kalibergwerks Hattorf, das Philippsthal seit 1905 in einen Industriestandort verwandelte, überdauerten.
Die Bücher, immer wieder die Bücher.

Aber es geht um ganz verschiedenartige Bücher. Es geht um die Bücher, die Mutter und Sohn lasen – und manchmal auch Vater –, die Bücher von Thomas Mann, von Paul Sethe, von Freder van Holk. Und die Bücher, die Vater in seinem Berufsleben prüfte, die Bücher von Röhm & Haas, von Stromeyer, die Bücher der Spinnfaser. Weder Mutter noch Sohn bekamen sie je zu sehen; der Sohn bekam nur diese Formel zu hören, wenn er nach der Berufsarbeit von Vater fragte: Vater prüft die Bücher. Immer anderswo. So konnte er sich nie ein Bild davon machen, was das heißt, die Bücher prüfen.
Und dann gibt es diese Büchlein, diese Miniaturbibliothek, die Notizkalender aus dem Geheimfach des Schreibsekretärs. Und eines Tages passte das alles zusammen.

Der Ort hiess Kreuzberg.
Im 12. Jahrhundert Bau der
Kirche und Benediktiner Nonnenklosters
1648 in der Reformation fiel
es an Hessen. Landgraf Karl
schenkte es seinem Bruder
Philipp der 1724 das Schloß
baute und den Ort Philipsthal
nannte.

Anmerkungen

1 Hans Magnus Enzensberger: An alle Fernsprechteilnehmer. In: Ders.: Gedichte 1950-2005. Frankfurt/Main 2006, 24 f., hier 24.
2 Thomas Mann: Tagebücher 1951-1952. Herausgegeben von Inge Jens. Frankfurt/Main: S. Fischer 1993, 19.
3 Botho Strauß: Paare Passanten. München: Hanser 1981, 101 f.
4 Marcel Proust: Auf der Suche nach der verlorenen Zeit. Die Welt der Guermantes 2 (= werkausgabe edition suhrkamp in 13 Bdn., Bd. 6). Frankfurt/Main: Suhrkamp 1964, 458 f.
5 Ludwig von Friedeburg: Soziologie des Betriebsklimas. Studien zur Deutung empirischer Untersuchungen in industriellen Großbetrieben (= Frankfurter Beiträge zur Soziologie 13). Frankfurt/Main: Europäische Verlagsanstalt 1963, 16.
6 Ernst Jünger: In Stahlgewittern. Ein Kriegstagebuch. 21. Auflage, Berlin: E. S. Mittler & Sohn 1941, 112.
7 Thomas Mann: Tagebücher 1951-1952, a.a.O. (Anm. 2), 175.
8 Günter Eich: Gesammelte Werke. Bd. 1: Die Gedichte / Die Maulwürfe. Frankfurt/Main: Suhrkamp 1973, 335 f.
9 Simon Sebag Montefiore: Stalin. Am Hof des roten Zaren. Frankfurt/Main: S. Fischer 2005, 740.
10 Joseph A. Schumpeter: Kapitalismus, Sozialismus und Demokratie (1950). Tübingen und Basel: Francke 1993, 267.
11 Joyce Carol Oates: Du fehlst. Frankfurt/Main: S. Fischer 2008, 204 f., 328 f.
12 Martin Heidegger: Was ist Metaphysik? (1929). Frankfurt/Main: Vittorio Klostermann 1969, 30 f.
13 Siegfried Kracauer: Die Angestellten. Aus dem neuesten Deutschland (1929). In: Ders.: Schriften 1. Frankfurt/Main: Suhrkamp 1971, 205-304, hier 263.
14 John Updike: Die Tränen meines Vaters. Reinbek: Rowohlt 2011, 91 f.
15 David Blackbourn: Die Eroberung der Natur. Eine Geschichte der deutschen Landschaft. München: DVA 2006, 229.

16 Der Edersee. Porträt einer von Menschen veränderten Landschaft. Ein Bildbuch von Kurt W. L. Mueller. Text von Herfried Homburg. Kassel: Schneider & Weber 1970, 22.
17 Alexandre Dumas: Die drei Musketiere. Berlin: Karl Voegels Verlag o. J., 750.
18 Georg Heym: Der Krieg. In: Deutsche Lyrik. Vom Mittelalter bis zur Gegenwart. Ausgewählt und herausgegeben von Walter Urbanek. Frankfurt/Main: Ullstein 1958, 172.
19 Jost Hermand: Der alte Traum vom neuen Reich. Völkische Utopien und Nationalsozialismus. Weinheim: Beltz Athenäum 1995, 257.
20 W. E. Richartz: Büroroman. Zürich: Diogenes 1976, 174.
21 Thomas Mann: Königliche Hoheit. Berlin: S. Fischer 1922 (71. bis 77. Auflage), 5, 50.
22 Albert Camus: Die Pest. Reinbek: Rowohlt 1950, 5.
23 William Shakespeare: König Johann. König Richard II. Berlin: Der Tempel-Verlag o. J., 138f.
24 Richard Hoggart: The Uses of Literacy. Aspects of Working-Class Life with Special Reference to Publications and Entertainment. Harmondsworth: Penguin Books 1958, 80f. (Ü. M. R.).
25 Walter Benjamin: Moralunterricht (1913). In: Ders.: Über Kindheit, Jugend und Erziehung. Frankfurt/Main: Suhrkamp 1969, 7-14, hier 11.
26 Harry Mulisch: Strafsache 40/61. Eine Reportage über den Eichmann-Prozeß (1962). Berlin: Aufbau 1995, 46f.
27 Thomas Mann: Der Zauberberg. Berlin und Frankfurt/Main: G. B. Fischer 1960, 657.
28 Don DeLillo: Sieben Sekunden. Köln: Kiepenheuer & Witsch 1991, 499.
29 William Manchester: Der Tod des Präsidenten. Stern 5/1967, 52.
30 Günter Steffens: Der Rest. Köln: Kiepenheuer & Witsch 1981, 15.